全国名师工作室发展联盟荣誉推荐

CHENGYU YU GAOZHONG DILI
JIAOXUE TANJIU

成语与高中地理教学探究

曾 承　倪士昌　董 强　编著

河南科学技术出版社
·郑州·

图书在版编目（CIP）数据

成语与高中地理教学探究 / 曾承，倪士昌，董强编著. -- 郑州 : 河南科学技术出版社，2021.4

ISBN 978-7-5725-0361-0

Ⅰ. ①成… Ⅱ. ①曾… ②倪… ③董… Ⅲ. ①中学地理课 - 教学研究 - 高中 Ⅳ. ①G633.552

中国版本图书馆CIP数据核字(2021)第053313号

出版发行　河南科学技术出版社　　邮编：450016

地址：郑州市郑东新区祥盛街27号

电话：(0371)65788848

网址：www.hnstp.cn

策划编辑　冯俊杰

责任编辑　冯俊杰　李振方

责任校对　耿宝文

责任印制　张艳芳

书籍设计　刘姗姗

排　　版　赵　敏

经　　销　全国新华书店

印　　刷　河南文华印务有限公司

开　　本　720mm × 1020mm　1/16　印张：14.5　字数：303千字

版　　次　2021年4月第1版　2021年4月第1次印刷

定　　价　49.80元

前　言

我国历史悠久，在漫长的发展过程中，经过劳动人民长期使用、千锤百炼，诞生了数以万计的民族语言瑰宝——成语。成语结构固定，历代沿用，形式简洁，言简意赅，积淀深厚，凝结着我国劳动人民的智慧，闪烁着科学的光芒。

教育部制定的《普通高中地理课程标准》（2017 年版）明确提出，要在中学地理教育教学过程中继承和弘扬中华优秀传统文化。根据新课标编写的普通高中地理教科书也已出版，包括人教版、中图版、鲁教版、湘教版等。

高考试题的评价可以从多个维度进行，可以从是否有利于高校选拔人才，是否有利于中学实施素质教育等评价原则的角度；可以从立意、情景、设问、答案的角度；也可以从试题科学性、公平性、政治性、规范性、准确性的角度；还可以从诸如信度、效度、难度、区分度等指标的角度。

本书章节目录总体上与 2019 年人民教育出版社出版的普通高中教科书地理必修第一册保持一致，增加了选择性必修 1（自然地理基础）部分内容，具体包括地球的运动、常见天气系统、塑造地表形态的力量、自然环境的整体性与地域差异性。

每个成语都从三个方面进行：一是对成语的出处进行列示；二是对成语进行专业解读；三是对涉及该成语的部分高考试题进行分析。全书涉及 31 个成语。

在写作过程中，注意通俗性与专业性相结合。一方面必须比较准确地反映成语揭示的诸多地理科学方面的信息，甚至与成语相关联的诸多最新研究成果；另一方面又要深入浅出，使非地理专业的读者能读懂。所以本书基本上不包括复杂的公式，也不采用任何理论推导。探讨成语中蕴含的地理科学知识、地理科学思想、地理科学思维和地理科学方法等，属于尝试性工作，我们在书中也尝试对部分成语提出了一些自己的看法。

本书读者对象定位为地理科学专业在校学生、中学地理师生，以及对成语和地理高考试题感兴趣的读者。

《成语与高中地理教学探究》由武夷学院的曾承、阜阳市城郊中学的倪士昌与董强负责选题、拟纲、统稿和定稿，曾承主要负责成语的遴选和解读，倪士昌与董强主要负责高考试题的遴选和评价。

在写作过程中，我们阅读、参考并引用了不少学者的研究成果，得到了多方面的帮助和鼓励。每一节第一目之前交代成语出处、示例和含义方面的内容，主要引自刘万国、侯文富的《中华成语大词典（修订版）》，因考虑到篇幅，没有在脚注中一一著录文献源，特此说明；阜阳市城郊中学的田从明、张道恒、夏炎节、黄娟、朱明、李明、袁磊、许晓明、朱洪海等地理老师对书稿修改提出了富有建设性的意见和建议。值付梓之际，谨向各位专家学者和同仁表示衷心的感谢和由衷的敬意。

本书在撰写过程中虽曾数易其稿，但囿于作者学识，书中定有疏漏错误之处，敬请读者批评指正。

曾　承

2021 年春于武夷学院

目录

目录

第一章　宇宙中的地球与地球的运动

第一节　地球的宇宙环境

“无边无际、无始无终”部分从时间和空间两个尺度描述了宇宙的范围，列析了两道高考试题。

“寥若晨星”部分分析了晨星可见的条件，并指出了容易看见的晨星，列析了三道高考试题。

“月盈则食”部分则陈述了月相的变化过程，并对涉及该成语的两道高考试题进行了评析。

无边无际、无始无终：宇宙时空范围

【无边无际】

际：边缘。范围没有边际，极其广大。[①]

巴金《寻梦》:“前面是茫茫一片白雾，无边无际，我看不见路，也找不到脚迹。”

茅盾《子夜》:“这浓雾是无边无际的，汽车冲破了窒息的潮气向前。”

亦作“无边无垠”“无边无限”。[②]

【无始无终】

没有开始，没有结尾[③]。

《庄子·知北游》:“无古无今，无始无终。”

《淮南子·说林训》:“无古无今，无始无终，未有天地而生天地，至深微广大矣。”[④]

一、无限的宇宙

人类生活在地球上，地球是宇宙中的一个天体，因此“宇宙”总是人们想要了解的一个对象。什么叫宇宙？战国时代尸佼曾指出“天地四方曰宇，往古来今曰宙”。

①②刘万国，侯文富．中华成语大词典[M].修订版．北京：北大青鸟电子出版社，2004: 3239.

③④刘万国，侯文富．中华成语大词典[M].修订版．北京：北大青鸟电子出版社，2004: 3260.

墨子也曾说："宇，蒙东西南北；久(宙)，合古今旦莫(暮)。""宇"指的是东、西、南、北，四面八方，即空间；"宙"指的是古往今来，早午昏晚，即时间。字义上也模糊地表达了时空的相关性与无限性的概念。用近代的语言对宇宙下定义，则为"普遍、永恒的物质世界"。这就更明确地把时、空、物质运动作为一个整体来看待。"普遍"表示物质在空间上分布的广延性；"永恒"表示物质运动在时间上的连续性。那么宇宙是由什么构成的？空间是否有限？时间是否有开始与终结呢？①

地球和一切天体都是由物质组成的。但由于各类天体的物理条件不同，故物质表现的形态也各异。比如在地球上常见的物质形态为固态、液态和气态，而恒星上由于温度、压力条件不同，大多数物质呈等离子态，还有中子态等。又如地球、其他行星、恒星都是聚集态的间断性物质，而宇宙间又充满光辐射、热辐射这类连续性物质。所以说宇宙一方面是由统一物质构成，但另一方面物质又具有多样性。②

物质世界是无边无际的，具体到任何一个天体或星系在空间都是有限的。从基本粒子这样的"小宇宙"到原子—分子—地球—太阳系—银河系—星系团—超星系团直到总星系这样的大宇宙，就是从有限过渡到无限的一个又一个转折点。每个具体的有限总合起来就是无限。故从整个宇宙来讲空间是无限的。③

空间是无限的，那么时间是否永恒？宇宙的无限性是与空间的无限性以及物质不灭相联系的。时间是伴随事物变化和运动而产生的概念，一个静止不变的宇宙就不会有时间的观念。时空和物质运动彼此相互联系，不可分割。既然物质不可能被创造，宇宙就无所谓起点；又既然物质不可能被消灭，宇宙就无所谓终点。但具体到任何一个天体和星系，在产生、发展到灭止的时间上是有限的。我们的地球既有诞生，也有消亡之日，太阳也有终结之时，而物质运动形态的转化则是无限的。故从宇宙整体来说，无所谓开始与终结，是无限发展的过程。所以说时间是无限的，是川流不息的。从而我们说宇宙在时空上都是有限组成的无限，是有限和无限的辩证统一。④

二、有限的宇宙

前面谈到宇宙在时间上、空间上及物质运动的形态转化上都是无限的。但是，在每一个历史阶段，人们所观测到的宇宙，都是局限于当时科学技术水平所能及的部分宇宙。这却总是有限的。18 世纪以前，人类认识的宇宙的范围只是太阳系，太阳系是有限的，其半径是 10 个天文单位；当发现天王星、海王星、冥王星之后，其半径才逐渐扩展到 40 个天文单位。随后，认识到太阳系之外还有千亿个恒星，它们组成了银河系。银河系是有限的，它的直径约为 10 万光年。19 世纪发现了河外星系，

①②③④ 徐宝棻，应振华．地球概论教程 [M]. 北京：高等教育出版社，1983: 34-35.

才知道银河系之外还有许多恒星系（徐宝荼，1983）。

目前人类把所能探测到的这部分宇宙，叫总星系，现在还没有发现它的边界。20 世纪 50 年代用光学望远镜及摄影的方法探测的距离为 10 亿光年，这是当时总星系的半径。20 世纪 60 年代大型光学望远镜的使用，尤其是射电望远镜的利用，借收集天体发射的射电波使可探测的距离猛增到 100 亿光年。总星系的范围就变成以 100 亿光年为半径的大球所包含的物质系统了（徐宝荼，1983）。

借宇宙航行技术，发射高能天文台，跳出地球大气层的障碍来探测宇宙的奥秘。这样总星系的范围又进一步扩大，今后随着生产及科技的发展，视距还要不断地延长。科学研究中一般谈到的宇宙，都是指我们目前所能观测到的部分宇宙，也就是总星系，这是有限的宇宙，我们的宇宙。这必须与那无始无终，包罗万象的无限宇宙区分开来（徐宝荼，1983）。

三、大爆炸宇宙学

1821 年奥地利物理学家多普勒发现声学中一条著名的原理，即声源接近听者的时候，声调变高；远离听者的时候，声调变低。将这条原理应用到光学上，就得出如下的规律：光源向观测者接近时，所测光波频率比原有频率增高，即光波波长变短，在光谱带中的吸收线或明线向紫色一端移动，称为谱线紫移；相反地，光源背离观测者时，所测光波频率比原有频率减低，即光波的波长变长，在光谱带中的吸收线或明线向红线一端移动，称为谱线红移。这种现象称多普勒效应。①

20 世纪初，人们观测河外星系时，发现它们的光谱中的谱线并不在标准波长的位置上，所有谱线的波长都加长了，也就是说谱线向红端移动了。用多普勒效应来解释就是河外星系与我们的距离在不断地增加，称为星系退行。美国天文学家哈勃根据几十个已确定距离的河外星系，发现它们的红移量恰好与河外星系的距离成正比，这就是哈勃定律。河外星系的谱线红移，也就是说河外星系在向四周远离我们。距离愈远，速度愈大，这正像是一幅四散奔逃的图景。根据这一现象，有人提出宇宙膨胀论。②

宇宙膨胀的观念，大大地改变了传统的大宇宙静态观。星系退行可看作大尺度天区上具有的特征。所以说谱线红移的发现在认识大宇宙中起了一个促进的作用。也可以说它促进了新宇宙学的诞生。在宇宙膨胀论的基础上，结合一些其他观测资料，科学工作者提出了各种各样的现代宇宙学，其中最有影响的就是大爆炸宇宙学。与其他宇宙模型相比，它能说明较多的观测事实。大爆炸宇宙学的主要观点认为我们的宇宙曾有一段从热到冷的演化史。在这个时期里，宇宙体系并不是静止的，而

①② 徐宝荼，应振华．地球概论教程 [M]．北京：高等教育出版社，1983：34–35.

是在不断地膨胀，使物质从密到稀地演化。这一从热到冷、从密到稀的过程如同一次规模巨大的爆炸。①

大爆炸宇宙学是比利时数学家勒梅特、英国物理学家米尔恩提出来的，美国物理学家加莫夫等人作了某些修改。他们同意宇宙膨胀，认为宇宙早期是超高温 (100 亿摄氏度以上)，超高密的原始火球，是由中子、电子、质子、光子和中微子等一些基本粒子形态的物质组成的。在 100 多亿年前由于某种物理条件，火球发生大爆炸，于是膨胀，温度下降。当温度下降到 10 亿摄氏度左右时，中子失去自由存在的条件，要么衰变，要么与质子结合成重氢、氦等元素，各种化学元素就是从这一时期开始形成的。温度进一步下降，到 100 万摄氏度以后，早期形成化学元素的过程结束，宇宙间物质主要是质子、电子、光子和一些比较轻的原子核。在爆炸的头 2.5 亿年内，辐射占优势，当膨胀经过某个转折点，即温度下降到几千摄氏度时，辐射减弱，这时宇宙间实物开始占优势，以气体为主。这些气体逐渐聚成气云，再收缩就产生了各种各样的天体，形成了今天我们的星空世界，在演化过程中，这段时间最长，约为 100 多亿年。我们今天就是生活在这个时期里。② 从大爆炸至今的宇宙进程，见图 1.1.1。

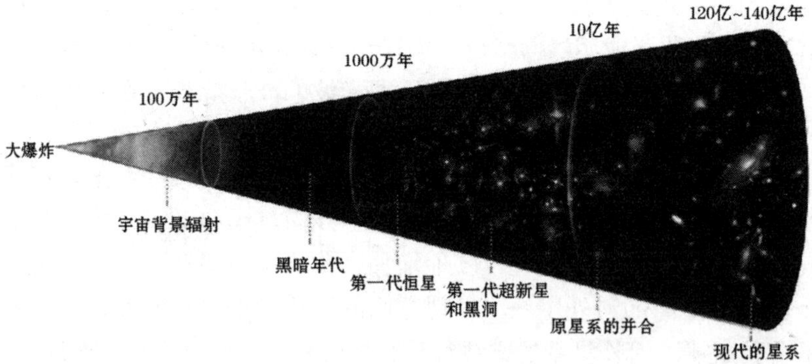

图 1.1.1　从大爆炸至今的宇宙进程 ③

大爆炸宇宙学除了以谱线红移、星系退行为依据外，还有一些观测上的科学依据，如恒星、球状星团以及星系的年龄差不多都是百亿年。宇宙间氦的丰富度约占 30%，这是恒星演化内部核聚变过程不能说明的，可能是在大爆炸高温下形成的。这个假说曾预言，宇宙中应该存在一种爆炸后的剩余辐射，这种辐射弥漫于整个空间，只有几摄氏度绝对温度。1965 年测定的 3K 宇宙辐射证实了这一预言。④

大爆炸宇宙学只是根据几个观测事实推理而成的假说。至于大爆炸前的情况、

①②④ 徐宝棻，应振华．地球概论教程 [M]. 北京：高等教育出版社，1983: 34-35.
③ 苏宜．天文学新概论 [M]. 武汉：华中科技大学出版社，2005: 514.

产生爆炸的原因，以及末期演化等许多问题尚未能解决。所以这一假说尚有待更多的观测事实来加以检验和修订。①

事实上我们只能做到对所能观测到的东西加以研究。我们对无限宇宙的认识也只能通过对局部有限的认识来接近，任何时候都不能穷尽这个无限。反过来，倘若只考虑到宇宙是那样的至大无边，那样的复杂多变，而不加以思维，那就是安于对宇宙的无知。人类在探索宇宙的实践与认识的循环往复以至无穷的过程中，实践与认识每一循环的内容都将使人类对于宇宙的认识进入比较高一级的程度。宇宙是无限的，人类的认识必然也是无限的。②

2019 年诺贝尔物理学奖获得者美国科学家詹姆斯·皮布尔斯对拥有数十亿个星系和星系团的宇宙进行了研究，他的宇宙论框架经过 20 多年的发展，已经成为我们理解从大爆炸到今天宇宙历史的基础。诺贝尔奖评审委员会官方网站发文："今年的诺贝尔物理学奖旨在奖励人们对宇宙结构和历史的新认识。"

四、相关高考试题示例

（一）2007 年高考上海理综卷 2 题

2. 太阳系八大行星公转轨道可近似看作圆轨道，"行星公转周期的平方"与"行星与太阳的平均距离的三次方"成正比。地球与太阳之间平均距离约为 1.5 亿千米，结合下表可知，火星与太阳之间的平均距离约为

表 1.1.1　太阳系部分行星公转周期

	水星	金星	地球	火星	木星	土星
公转周期（年）	0.241	0.615	1.0	1.88	11.86	29.5

A. 1.2 亿千米　　B. 2.3 亿千米

C. 4.6 亿千米　　D. 6.9 亿千米

【答案】B

太阳系中的天体运动是遵循着一定的自然规律的。17 世纪初，德国天文学家开普勒在哥白尼日心说的基础上研究了大量行星的资料，发表了行星运动的三大定律。实际上，小行星、周期彗星也是按这些规律绕日运动的，所以行星运动三大定律也可说是太阳系中天体运动的规律。

（1）开普勒第一定律（轨道定律）：所有行星绕太阳的公转轨道都是椭圆，太阳位于椭圆的一个焦点上。

由于太阳系中的天体绕太阳公转轨道是椭圆，无论是大、小行星或彗星，与太

①② 徐宝棻，应振华．地球概论教程 [M]. 北京：高等教育出版社，1983: 34-35.

阳的距离都是不断地变化的。离太阳最近时，为近日点；离太阳最远时，为远日点。

（2）开普勒第二定律（面积定律）：行星和太阳的连线（即“行星向径”）在相等的时间间隔内扫过相等的面积。

面积不变制约着行星与太阳的距离变化和线速度变化之间的关系。就是说，距离增大，线速度则变小。因此各行星绕日做不等速运动。距日远时速度小；距日近时速度大。

（3）开普勒第三定律（周期定律）：所有行星绕太阳一周的时间的平方与它们轨道长半轴的立方成比例。

各行星与太阳的距离不等，它们绕日公转周期的长短也就不同。离太阳愈近的行星，公转周期愈短。如水星公转周期为 88 日；地球公转周期为一个恒星年，即 365.25 日；火星为 1.88 年；最远的冥王星则为 248 年。

开普勒第三定律在天体测量上具有十分重要的用途：通过观测行星的公转周期可以推算该行星与太阳的距离；用牛顿修订的开普勒第三定律可以确定有卫星的行星质量和恒星中的双星质量。

该题实际上描述的是开普勒第三定律（周期定律）。

（二）2013 年高考上海地理卷 1 题

（一）荷兰某机构计划 2023 年把志愿者送上火星，这个计划可行吗？专家认为技术上很难。

1. 火星虽为地球近邻，实际上路途非常遥远。已知火星绕太阳运行的轨道半径平均为 1.52 天文单位。则地球到火星的最近距离大约为

A.0.52 天文单位　　B.1 天文单位

C.1.52 天文单位　　D.2.52 天文单位

【答案】A

【解析】一个日地距离即 1 个天文单位。火星是邻近地球的行星。由题干知火星距日平均 1.52 天文单位。因此，地球到火星的最近距离大约为 $1.52-1=0.52$ 天文单位。

天文学上经常用以表示距离的单位包括：

（1）天文单位，即地球与太阳的平均距离，常被用作太阳系范围内计量距离的单位。一天文单位约为 1.496×10^{11} 米。

（2）光年，即光在一年时间里经过的距离，银河系里的距离，常用光年来表达。一光年约为 9.46×10^{15} 米，约等于 63238.6 个天文单位。

（3）秒差距，一秒差距约为 3.086×10^{16} 米，约等于 3.262 光年，等于 206283.422 个天文单位。秒差距是用来表示恒星距离的最方便的单位。在专业天文工作中，它比光年应用得更广泛。

由于观测者的移动，所造成的目标物在其背景上的移动，叫作视差位移。在同一瞬间，从地球上和从太阳上所见到的恒星的方向之差，叫作恒星的视差位移。

如图 1.1.2 所示，当地球在轨道上公转到 E 时，恒星 M、太阳 S 和地球 E 组成了一个以地球为直角顶点的直角三角形。这时从地球上和从太阳上所见到的恒星的方向之差，达到一年中视差位移的最大值 π，叫作恒星的周年视差。

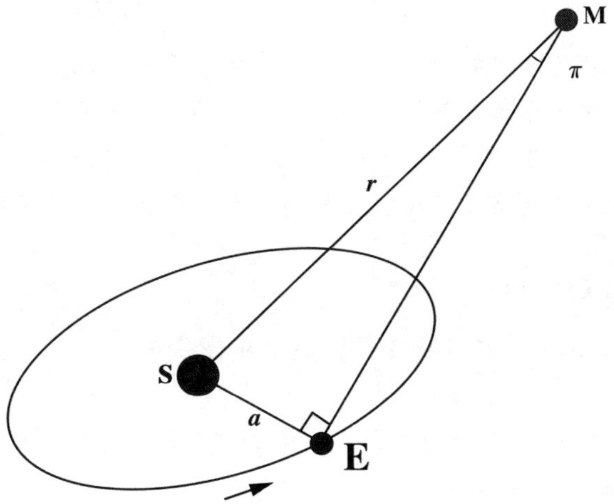

图 1.1.2　恒星的周年视差

在直角三角形 MSE 中，

$$\sin\pi = a/r;$$

由于 π 角很小，可用角度（弧度）代表正弦，得 $\pi = a/r$，

因为 1 弧度等于 206265″，将 π 的单位由弧度化为秒得

$\pi'' = 206265a/r$，$r = 206265a/\pi''$

以 206265a 作为一种长度单位，叫作秒差距（PC），则 $r = 1/\pi''$ （PC）。

由上式可知，只要测得了恒星的周年视差，便可立即算出恒星的距离。

寥若晨星：哪些晨星可见?

稀疏得像早晨的星星一样。形容为数很少或非常罕见。[①]

南朝·齐·谢朓《京路夜发》:“扰扰整夜装，肃肃戒徂两；晓星正寥落，晨光复泱漭。”

唐·韩愈《华山女》:“黄衣道士亦讲说，座下寥落如明星。”

鲁迅《书信集·致山本初枝》:“内山书店经常去，但不是每天，漫谈的人材也寥若晨星，令人感到寂寞。”[②]

与寥若晨星相类似的成语很多，如屈指可数、寥寥可数、凤毛麟角、寥寥无几。

一、何为星星

广义上讲，星星即宇宙间的各类聚焦态星体，包括恒星、行星、卫星、彗星、流星等。

狭义上讲，星星指宇宙中的恒星——由炽热气体组成的，能够自身发光的球形或类似球形的天体。

太阳就是恒星的一个典型代表。其他恒星都极其遥远，因而都成为天空中的光点；除太阳外，离我们最近的那颗恒星是半人马座 a（中国古代称为南门二），其距离是 4.22 光年。当我们极目向太空远眺时，在时间上说，我们是在看过去。我们现在所看到的，都是恒星“过去”的形象；这是严格意义上的“穿越”。

“恒”星的本意是“固定的星”，以区别于行星。所谓“固定”，并非指没有随天穹东升西落的周日运动，而是指它们在天球上的相对位置保持不变。例如，为人们所熟悉的北斗七星，尽管不停地“斗转星移”，却始终保持“斗”的形状基本不变。但是，恒星彼此间相对位置的不变性，只是近似的。事实上，恒星在空间不断地运动，而且，其速度可高达每秒数百千米，只是由于它们的距离太遥远，短期内不易被察觉而已！

恒星要自行发光（指可见光），其温度必然是很高的。为什么恒星能有很高的温度？这里有两方面的问题：一是质量大小问题，恒星有巨大的质量，因此，它有很高的中心温度，才能引起热核反应而释放大量能量；二是发展阶段问题，恒星并不是一开始就发光的，也不会永远是发光的，只是在它生命史上的某个阶段才有发光现象，而且，在不同的演化阶段，会发出不同的光。

究竟要多大质量的天体才能发光？才算是恒星？根据对恒星质量的统计，大多

①② 刘万国，侯文富．中华成语大词典[M].修订版．北京：北大青鸟电子出版社，2004: 1861.

数恒星的质量不小于太阳质量的10%，也不大于太阳质量的10倍。有些恒星的质量仅及太阳质量的百分之几；也有些恒星的质量超过太阳质量的100倍。如此看来，能自行发光的天体，其质量至少要达到太阳质量的百分之几到百分之十。

二、恒星的光度和亮度

恒星的光度表示恒星本身的发光强度；恒星的亮度是指地球上受光强度，即恒星的明暗程度。恒星看起来有明有暗，但是，亮星未必一定比暗星的发光本领强，因为这里还包含着距离的因素，光源的视亮度与其距离的平方成反比。

在天文学上，天体的亮度和光度都用星等表示：表示天体亮度等级的叫视星等，记作m；表示天体光度等级的叫绝对星等，记作M。通常所说的星等是指视星等。星等越大，恒星亮度越暗。两千多年前，希腊天文学家把肉眼可见的恒星分成六等，后人沿袭了这套方法，同时，经过光学仪器的检测，使之更加精确。人们发现，一等星与六等星，星等相差5等。星等按等差级数增大，亮度便成等比级数（2.512）递减。

望远镜和照相术问世后，星等扩展到更暗的恒星。现代最强大的望远镜，能够观测到25等的暗星。另外，星等还向零值和负值扩展。例如，天狼星（全天最亮的恒星）的亮度为 –1.45 等，金星最明亮时亮度为 –4.22 等，满月的亮度为 –12.73 等，太阳的亮度达 –26.74 等。这就是说，太阳的亮度是一等星亮度的 $(2.512)^{27.74}$ = 1300亿倍。

三、为何早晨星星少

据上分析可知，只有无月晴夜，方可繁星满天。绝大部分是自身能发光的恒星，由于距离地球远近不同，亮度也就不同。到了早晨，旭日东升，由于太阳的亮度“高”达 –26.74 等，将天空中其他星星的光芒掩盖了，因此早晨的星星看起来少了！其实星星本身数量没少，只是光芒被耀眼强烈的太阳光掩盖了！

同时需要指出的是，由于满月的亮度“高”达 –12.73 等，故在晴朗的满月夜，“星星”光芒也极易为月亮所遮掩，故有成语“月朗星稀”或“月明星稀”之说。

所以，成语“寥若晨星”中的“晨”时刻可以换作白天中的其他时刻，如寥若“午”星，寥若“昏”星……为什么独有“寥若晨星”而无“寥若‘午’星”或“寥若‘昏’星”呢？会不会有这么一种可能：因为刚从无月晴夜的“繁星满天”过渡到晨曦来临的“星踪全无”，这种“落差”对比过于明显？

四、早晨能看到的星星有哪些

根据上述分析可知，从理论上讲，如果只考虑亮度的话，星星的亮度越“高”，即与太阳亮度差距越小，越容易在早晨可见。

太阳的亮度达 -26.74 等，满月的亮度为 -12.73 等。所以我们有时会在早晨看到“日月同辉”的情形。

金星最明亮时亮度为 -4.22 等，古有“太白”之称。它是地内行星，所以总是以晨星（启明星）和昏星（长庚星）的姿态出现。

作为冬季夜空里最亮恒星的天狼星的亮度为 -1.45 等，也只能在适当环境条件下才有可能在太阳出现的时候使用肉眼观测到——天空非常清澈，观测地点海拔足够高，太阳低低地挂在地平线上，天狼星要在头顶上。①

也有研究表明，在距地表 100000 英尺（约 30480 米）的高空，金星、火星、木星和天狼星肉眼可见；土星、老人星（亮度为 -0.72 等，仅次于天狼星）在特殊条件下可见。②

五、全天星座分布

寥若晨星，虽不可见，但“见或不见，它都在那里”。夜晚可见的，称为星空；白天不见时，星星依然“高悬”头顶。全天 88 个星座，我们可以将星空化整为零，化繁为简。

——划分星区：按一年分为四季的传统，把球形天空（天球）按其赤经分成四个枣核形的星区。每一星区北起天北极，南至天南极，各跨赤经 6^h（90°）；每区的中央赤经线分别是 0^h，6^h，12^h 和 18^h 的时圈，即春分圈、夏至圈、秋分圈和冬至圈。每个星区各以其主要的拱极星座命名，由西向东依次为仙后星区、御夫星区、大熊星区和天琴星区，简称为后、御、熊、琴③。

——删减星座：全天共有 88 个星座，平均每一星区占有 22 个星座。经过删减，只选其中的 20 个，平均每一星区只选 5 个星座。

——简化被选定的星座：全天肉眼可见的恒星约有 6000 颗，平均每一星座拥有 68 颗。我们只选其中比较明亮的 1/10，平均每一星座只含 6 颗，全部共约 120 颗恒星，包括赤纬 -45° 以北全部 15 颗一等星，大多数二等星和部分三、四等星。④

经过这番分区和简化以后，全天星座可用四瓣简明星图表示（图 1.1.3）。

① Henshaw C. On the Visibility of Sirius in Daylight[J]. Journal of the British Astronomical Association. 1984, 94 (5): 221-222.

② Koomen M J. Visibility of Stars at High Altitude in Daylight[J]. The Journal of the Optical Society of America, 1959, 49 (6): 626-628.

③④ 金祖孟．地球概论 [M]. 北京：高等教育出版社，1997：193.

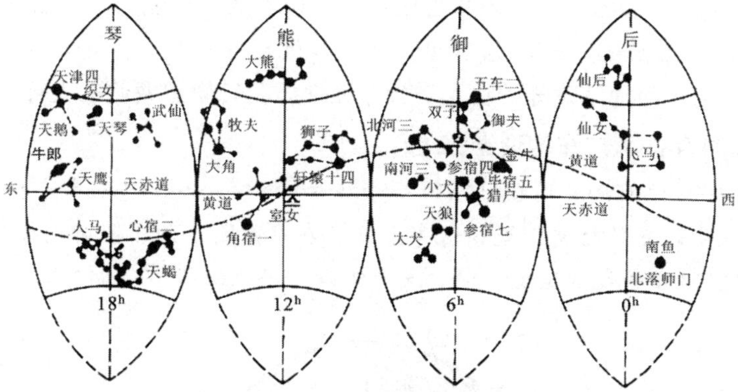

图 1.1.3　四瓣简明星图①

全天按赤经划分为后、御、熊、琴四大星区。各个星区精选的星座和一等星是：

仙后星区：仙后座、仙女座、飞马座、南鱼座和北落师门。

御夫星区：御夫座和五车二，金牛座和毕宿五，猎户座和参宿四、参宿七，大犬座和天狼，小犬座和南河三，双子座和北河三。

大熊星区：大熊座，牧夫座和大角，狮子座和轩辕十四，室女座和角宿一。

天琴星区：天琴座和织女，天鹰座和牛郎，天鹅座和天津四，天蝎座和心宿二，人马座。

六、相关高考地理试题示例

（一）2005 年高考上海地理卷 12 题

下列关于金星的叙述，正确的是（　　）

A. 位于地球和火星之间　　B. 卫星数目比土星多

C. 自身能发光　　D. 表面平均温度比地球高

【答案】D

【解析】本题主要考查考生对太阳系中主要行星知识的理解能力。金星位于水星和地球之间，没有卫星，不能自身发光。由于金星比地球距太阳近，表面温度更高。

（二）1999 年高考上海地理卷 40 题

在太阳系九大行星中，与地球毗邻的行星是（　　）

A. 水星、金星　　B. 木星、火星

C. 水星、木星　　D. 火星、金星

【答案】D

① 金祖孟．地球概论 [M]. 北京：高等教育出版社，1997：193.

【解析】本题考查考生对太阳系各成员相互位置的记忆能力。按照九大行星[①]同太阳的距离，由近及远，依次为水星、金星、地球、火星、木星、土星、天王星、海王星和冥王星。与地球毗邻的肯定是分布在地球公转轨道两侧的大行星。

（三）2004 年高考广东地理卷 12 题

2004 年 3 月 22 日到 4 月 3 日期间，可以看到多年一遇的“五星连珠”天象奇观。其中水星是最难一见的行星，观察者每天只有在日落之后的 1 小时内才可能看到它。在图 1.1.4 中阴影部分表示黑夜，中心点为极地。据此回答 10 ～ 12 题。

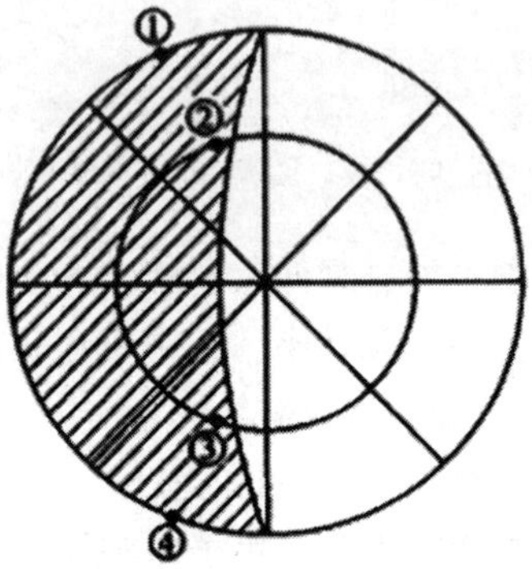

图 1.1.4　某时某区域昼夜分布示意

12. 五星连珠中，除了水星外，另外四颗星是（　　）

A. 金星、木星、土星、天狼星　　B. 金星、火星、木星、海王星

C. 火星、木星、土星、天王星　　D. 金星、火星、土星、木星

【答案】D

【解析】“五星连珠”即水、金、火、木、土出现在同一方向。故正确选项为 D。

① 2006 年国际天文学联合会通过决议，将冥王星从太阳系九大行星中除名，之后太阳系中就变成了八大行星。

月盈则食：月有阴晴圆缺

盈：圆满。食：月食，即月蚀。月亮最圆时才会发生月蚀。比喻事物发展到极盛时期就会走向反面，物极必反。①

《易传·丰》："日中则昃，月盈则食。"

孔颖达疏："盛必有衰，自然常理。日中至盛，过中则昃；月满则盈，过盈则食。"

《史记·田叔列传》："夫月满则亏，物盛则衰，天地之常也。"

唐·杨炯《大唐益州大都督府新都县学先圣庙堂碑文并序》："悲夫！日中则昃，动静之常也；月满则亏，虚盈之数也。"

《宋书·律历志下》："月盈则食，必在日冲，以检日则宿度可辨，请据效以课疏密。"

《红楼梦》第十三回："你如何连两句俗语也不晓得？常言'月满则亏，水满则溢'；又道是'登高必跌重'。"

亦作"月满则亏"。②

一、月相变化

"月有阴晴圆缺。"它时而一钩斜挂，时而冰轮圆涌；残月消逝以后，新月总是如约而来。月亮的这种圆缺变化称为月相，这是最常见且为人们所熟知的一种天象。

月球本身不发光，只能反射太阳光。在太阳照射下，月球总是被分为光明和黑暗两个半球。它们是月球上的昼半球和夜半球。但从地球上看来，这明暗两部分的对比，时刻发生变化：有时看到它的光明半球，有时看到它的黑暗半球；在一个时候，月轮的光明部分不断扩大，黑暗部分持续缩小；在另一个时候则反之。如此往复循环，这便是月相变化。这种变化视日、月、地三者的相对位置而定。它取决于两方面因素：一是太阳照射月球的方向；二是地球上观测月球的方向③。

上半月由亏转盈，凸面向西；下半月由盈变亏，凸面向东（外圈表示地球上所见的月相）。

①② 刘万国，侯文富．中华成语大词典[M]．修订版．北大青鸟电子出版社，2004：4101．

③ 金祖孟，陈自悟．地球概论[M].3版．北京：高等教育出版社，1997：60-62．

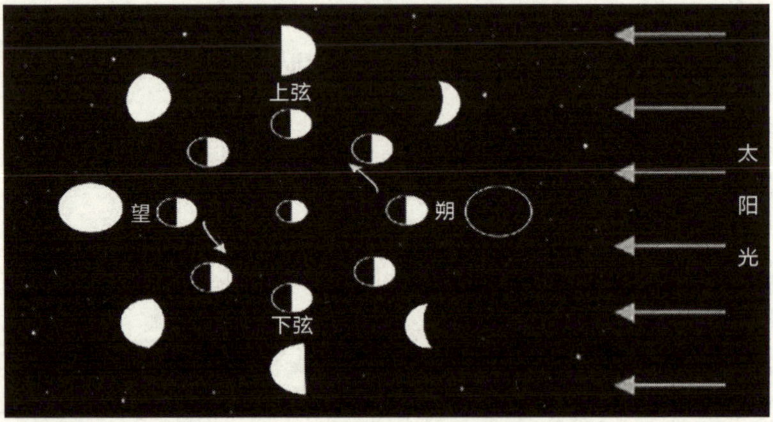

图 1.1.5　月相的变化示意图[1]

如图 1.1.5 所示，当月球与太阳处于地球的同一侧，即日月合朔（旧历每月初一）时，太阳照射月球的方向，同地球上观测月球的方向相反，面对地球的是月球的黑暗半球，叫作新月。它偕日升落，夜晚在天空中见不到它的影子。当月球和太阳分处地球两侧，即日月相望（旧历月半）时，太阳照射月球的方向，与地球上观测月球的方向相同，人们看到的是一轮银盘似的满月。月球的同步自转，使它始终以同一半球对着地球，空中与太阳相距 180°，此起彼落，轮番照耀大地，因而满月通宵达旦可见。由新月变为满月的过程中，当月球绕行其轨道的 1/4 行程时，叫上弦（旧历上半月初八）。这时，太阳照射月球的方向，与地球上观测月球的方向垂直，人们见到的月亮明暗各半，叫上弦月。它在天空中东距太阳 90°，继日而入，上半夜见于西部天空。同理，满月变为新月过程中的下弦月（时值旧历下半月廿三），西距太阳 90°，先日而出，后半夜见于东方天空。民谚有“初八、廿三半夜月”。上弦月与下弦月的区别在于：前者位于太阳之东，明亮的凸面向西；后者位于太阳之西，因而凸面朝东。[2]

新月和满月，上弦月和下弦月，周期性地轮番出现。上半月（旧历）由缺变圆，下半月由圆变缺。从这一次新月（或满月）到下一次新月（或满月）所经历的一段时间，即月相变化的周期，称为朔望月，其长度为 29.5306 日，或 29 日 12 时 44 分 3 秒多。它比恒星月约长 2.2 日。这是因为，月球绕转地球的同时，太阳也在做周年运动（由于地球公转）。恒星月是月球绕地球转动一周所需的时间，而朔望月则是月球同太阳的会合周期。

月相随月球的距角（在天球上同太阳的角距离）而定，那么，月球的出没及中

①② 金祖孟，陈自悟．地球概论 [M].3 版．北京：高等教育出版社，1997: 60-62.

天时刻，自然随月相而变化。以上述的朔、望和上、下弦为例，若不计昼夜长短的纬度和季节差异，便有表1.1.2所列的简单关系。①

表1.1.2 月相与月球出没时刻对应情况

月相	距角	与太阳出没比较	月出	中天	月落	见月时间
新月	0°	同升同落	清晨	正午	黄昏	彻夜无月
满月	180°	此起彼落	黄昏	半夜	清晨	通宵见月
上弦月	90°	迟升后落	正午	黄昏	半夜	上半夜西天
下弦月	270°	早升先落	半夜	清晨	正午	下半夜东天

从表1.1.2可以看出：

——月亮愈圆，夜晚见月时间愈长；月牙愈窄，见月时间愈短。满月通宵可见，弦月半夜可见，新月则不可见。

——月相、时刻和月亮方位（东升、南中、西落），三者之间有固定的联系，特定的月相，必在特定的时刻出现在天空特定的方位，不能混乱。

二、相关高考地理试题示例

（一）2014年高考上海地理卷16~17题

（七）2013年12月14日21时11分，我国嫦娥三号月球探测器在月面成功着陆。

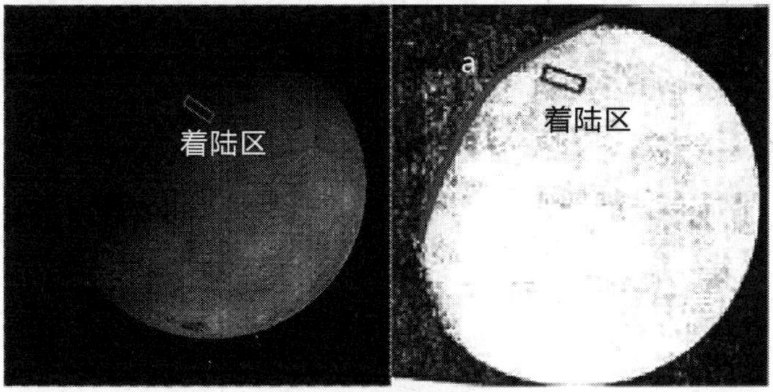

图1.1.6 嫦娥三号月球探测器着陆区及着陆当日月相

16. 嫦娥三号在月面着陆当日，北半球可以看到如右图所示的月相，该日的农历日期大约是十一月的（　　）

A. 初七　　B. 十二

C. 十五　　D. 二十二

① 金祖孟，陈自悟．地球概论[M]. 3版．北京：高等教育出版社，1997: 60-62

【答案】B

【解析】初七是上弦月，二十二是下弦月，二者都是半个月面；十五是满月，只有十二接近满月，故选 B。

17. 当嫦娥三号平稳登月时，着陆区正处于月球一天当中的（　　）

A. 凌晨　　B. 正午

C. 黄昏　　D. 子夜

【答案】A

【解析】月球绕地球公转方向与地球自转公转方向相同，故图中右侧圆弧的方位为太阳的方向，曲线 a 表示晨线，故着陆区位于凌晨，所以 A 正确。

17 题题干“着陆区正处于月球一天当中”其实已经说明地球上的一日（地球自转一周所用时间）和月球上的一日（月球自转一周所用时间）是不一样的。因此 16 题题干中的“嫦娥三号在月面着陆当日”中的“当日”其实是可以有两种理解的，分别对应地球和月球上的一日。

一般认为，由于地球对月球的引潮力的作用妨碍了月球的转动，使月球自转速度减小，最终导致月球的同步自转，即自转和公转周期相同。加上自转和公转方向均自西向东，使得月球绕地球公转时，基本上总以同一面向着地球。

因此，16 题在表述上稍显随意，缺少必要的限定。

同时对“农历”一词的使用其实也是值得商榷的。

再者该题是通过排除法选出正确答案的，这对于解题而言是没有问题的，但对于命题而言是不够的。试想，如果将 16 题的 C 选项改为“十八”，又该如何推导出正确答案呢？如果能够再增加一张嫦娥三号着陆“地球当日”后一两天的月相图就好了。

（二）2015 年高考上海地理卷 26~27 题

（十二）下图所示为某天日、地、月三者的相对位置，箭头为地球公转方向。

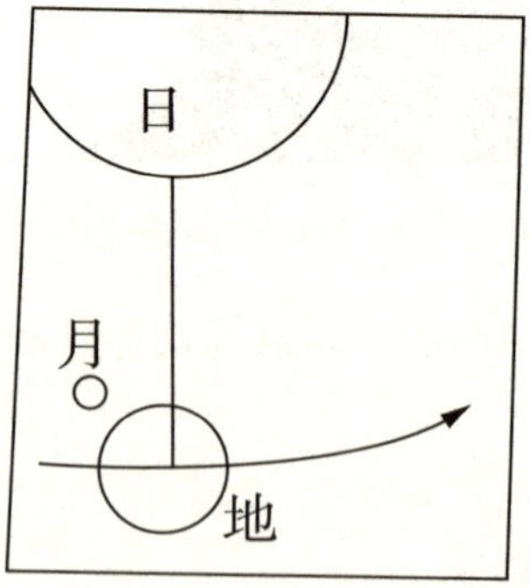

图 1.1.7　某天日、地、月三者的相对位置

26. 从该日起大约经过 4 天，在上海能够看到的月相是（　　）

A. 新月　　B. 上弦月

C. 满月　　D. 下弦月

【答案】B

【解析】月球绕地公转周期约为 28 天，公转方向与地球绕日公转方向相同，为自西向东。在北极上空俯视即为图中逆时针方向。从该日起 4 天后，月地连线和日地连线大体垂直，此时月相应为上弦月。B 正确。

27. 假设一个月内会发生月食现象，则月球从图示位置开始，到出现月食，大约需要的天数为（　　）

A. 3 天　　B. 8 天

C. 12 天　　D. 16 天

【答案】C

【解析】在望月即阴历十五时，日、月、地三者处于一条直线上，地球居中，月球位于地球的本影中时，出现月食现象。结合月球公转周期可知约 12 天后出现月食。C 正确。

第二节　太阳对地球的影响

“立竿见影”部分对其条件进行了分析，列析了九道高考试题。

“狐假虎威”部分揭示了“良好的相关，并不代表有必然的成因联系”，以某道高考试题涉及某地区年平均降水量变化周期与太阳黑子活动周期吻合为例，进行了详细阐述。

“蜀犬吠日”部分则解读了四川盆地太阳辐射少的原因，并对涉及该成语的两道高考试题进行了分析。

立竿见影：立竿一定见影?

拿根竹竿竖在太阳光下，马上就现出竿的影子。比喻见效极快。①

《周易参同契》卷中：“立竿见影，呼谷传响，岂不灵哉！”

明·许仲琳《封神演义》第七十八回：“其如五行变化，立竿见影。”②

老舍《骆驼祥子》：“关于战争的，正因为根本没有正确的消息，谣言反倒能立竿见影。”

一、立竿见影的条件分析

（一）时间条件

显然，立竿见影的首要条件是有光线存在（本文只讨论因太阳光线而导致阴影的出现）。夜晚因为没有太阳光照，故立竿也不可见影。白天，如果不是晴朗天气，即没有太阳直接辐射，立竿也不可见影。

故立竿见影在时间方面的条件是有太阳直接辐射存在。当然，有时候时间尺度和空间尺度在描述方面是可以转化的，故立竿见影的时间条件也可以在一定程度上描述成有太阳直接辐射的地方。如出现极夜的地方即无影。

（二）空间条件

如果一个地方有太阳直接辐射存在，也并不意味着立竿一定见影，“立竿见影”在有的时候有的地点是不对的，如太阳直射时立竿无影。

太阳直射点在南北回归线之间来回移动，春分（3 月 21 日前后），太阳直射点在

①② 刘万国，侯文富．中华成语大词典 [M]．修订版．北京：北大青鸟电子出版社，2004: 1819.

赤道；此后北移，直至夏至（6 月 22 日前后）到达北回归线；夏至，太阳直射点在北回归线上；此后南移，直至秋分（9 月 23 日前后）到赤道；秋分，太阳直射点在赤道；此后继续南移，直至冬至（12 月 22 日前后）到南回归线；冬至，太阳直射点在南回归线上；此后北移，又在春分（3 月 21 日前后）回到赤道（图 1.2.1）。如此周而复始回归运动，周期为一个回归年（365.2422 天）。如图 1.2.1 所示。

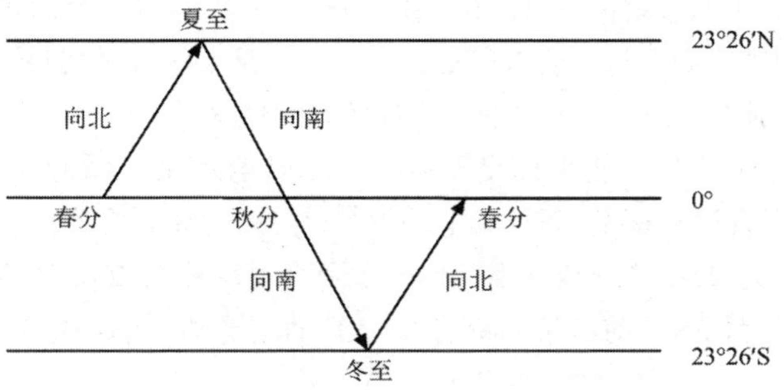

图 1.2.1　太阳直射点的周年移动

即有如下“经典规律”：

在回归线上某点，一年有一次太阳直射现象，回归线之间（不含回归线）每点一年有两次太阳直射现象，回归线以外更高纬度区每点一年中没有太阳直射现象。

二、两个容易被忽略的细节

（一）二分二至是瞬间，而非一日

人教版教材高中地理必修一第 16 页对太阳直射点的周年移动的描述如下：[①]

地球在公转轨道上的不同位置，地表接受太阳垂直照射的点（简称太阳直射点）是有变化的。太阳直射的范围，最北到达北纬 23°26'，最南到达南纬 23°26'。北半球夏至日（6 月 22 日前后），太阳直射北纬 23°26'，之后太阳直射点逐渐南移。到了秋分日（9 月 23 日前后），太阳直射赤道。冬至日（12 月 22 日前后），太阳直射南纬 23°26'，之后太阳直射点逐渐北返。春分日（3 月 21 日前后），太阳直射赤道。到了夏至日，太阳再次直射北纬 23°26'。

并有随后的“活动”环节：

按如下步骤画示意图，表示太阳直射点的移动轨迹。

（1）按等间距画三条直线分别表示赤道、太阳直射点所能到达的最北和最南纬线。

① 人民教育出版社，课程教材研究所，地理课程教材研究开发中心．普通高中课程标准实验教科书地理 1（必修）[M]. 北京：人民教育出版社，2008.

（2）在三条直线的适当位置标注四个点，分别代表北半球二分二至日太阳的直射点。

（3）结合课文关于太阳直射点回归的描述，画一条曲线表示太阳直射点的移动轨迹。

课本上述描述明确无误地告诉我们：北半球夏至日，太阳直射北纬23°26'（北回归线）；冬至日，太阳直射南纬23°26'（南回归线）；二分日，太阳直射赤道。

实际上这种描述恰当与否值得商榷，二分二至是太阳直射某些纬度值时的瞬间，二分二至日则分别为一日，二者是截然不同的时间概念。

准确的描述应该是：北半球夏至（6月22日前后某一瞬间），太阳直射北纬23°26'，之后太阳直射点逐渐南移。到了秋分（9月23日前后某一瞬间），太阳直射赤道。冬至（12月22日前后某一瞬间），太阳直射南纬23°26'，之后太阳直射点逐渐北返。春分（3月21日前后某一瞬间），太阳直射赤道。到了夏至，太阳再次直射北纬23°26'。

而在二分二至日，太阳直射点在移动。在不考虑太阳直射点移动速度变化的情况下（冬半年移动稍快，夏半年移动稍慢），在一个回归年（365.2422日）中的某一日内，太阳直射点平均移动角距离大致为：

$23°26' \times 4 \div 365.2422=15.398'$

若换算为千米，大致为28.55千米。

即有：在北半球夏至，太阳直射北纬23°26'，在夏至所在的夏至日，太阳直射点大约移动了15.398'（28.55千米）。同理，在春分所在的春分日，在秋分所在的秋分日，在冬至所在的冬至日，太阳直射点同样大约移动了15.398'（28.55千米）。

即使“夏至日太阳直射北回归线”包含了“夏至太阳直射北回归线”，也不能因此认为“夏至日太阳直射北回归线”这句描述就是恰当的。因为，一方面，“太阳直射北回归线”可看作是“太阳直射点停留在北回归线上”，显然夏至日太阳直射点并未一直停留在北回归线上，而是移动了约15.398'（28.55千米）。

另一方面，夏至日中只有夏至这一瞬间太阳直射北回归线，夏至日中除夏至以外的所有时刻，太阳均不直射北回归线；夏至这一瞬间太阳也只直射北回归线上一点，在这一瞬间北回归线其他各点均不被直射。针对北回归线上某一具体地点来讲，即使在夏至这一瞬间，受到太阳直射的概率也非常低。故“夏至日太阳直射北回归线”只是在极小的时间尺度（夏至这一瞬间）和极小的空间尺度（北回归线上一点）上才成立，其即使能代表夏至日太阳直射范围的平均状态，也不能代表夏至日北回归线接受太阳直射的平均状态。

综上所述，夏至日中太阳直射点大约移动了15.398'（28.55千米），夏至日中仅夏至这一瞬间，太阳直射北回归线上某点，且夏至直射点逐年变化。夏至瞬间除直射的某点外，北回归线上其他各点均不接受太阳直射。夏至日中除夏至之外的所有时刻，太阳均不直射北回归线。“夏至日太阳直射北回归线”是不恰当的。

同理可知，冬至日中太阳直射点大约移动了 15.398'（28.55 千米），冬至日中仅冬至这一瞬间，太阳直射南回归线上某点，且冬至直射点逐年变化。冬至瞬间除直射的某点外，南回归线上其他各点均不接受太阳直射。冬至日中除冬至之外的所有时刻，太阳均不直射南回归线。“冬至日太阳直射南回归线”是不恰当的。

春分日（或秋分日）中太阳直射点大约移动了 15.398'（28.55 千米），春分日（或秋分日）中仅春分（或秋分）这一瞬间，太阳直射赤道上某点，且春分（或秋分）直射点逐年变化。春分（或秋分）瞬间除直射的某点外，赤道上其他各点均不接受太阳直射。春分日（或秋分日）中除春分（或秋分）之外的所有时刻，太阳均不直射赤道。“春分日（或秋分日）太阳直射赤道”是不恰当的。

由此可见，教材在一定程度上并未有效区分“二分二至”（为瞬间）和“二分二至日”（为一日）。

（二）每年夏至（或冬至等）瞬间出现的具体时刻也在发生变化

先看一道经典的非高考题：

下列地点中，一年中有两次太阳直射现象的是（　　）

A. 23.5°　N，120°　E　　　　B. 60°　S，80°　W

C. 15°　N，90°　W　　　　D. 30°　S，30°　E

根据上述分析，答案为 C。

可 C 真的正确？

换句话讲，回归线之间某地一年有几次直射现象？

一个很容易被忽略的细节是：每年夏至瞬间出现的具体时刻也在发生变化，如经简单查询，2000~2050 年间夏至具体时刻均不为 12：00（北京时间）；意即在不同年份，夏至瞬间太阳直射点在北回归线上的位置也在发生变化。

针对北回归线上某一具体地点来讲，即使在夏至这一瞬间受到太阳直射，也只是某一年的“特殊现象”，而更多的年份里都将接受不到太阳直射。

把上述描述中的夏至换作其他瞬间，结论也是成立的。

基于此，对于回归线之间某点 A 在某年瞬间 T1 接收太阳直射后，当太阳直射点再次“回归”直射瞬间 T2 所在纬度时的直射点已发生移位，不再是某点 A 了。

故准确的说法是：一年中，回归线（不含回归线）之间某纬线有两次太阳直射现象。并且是同一纬线上两个不同点接收到太阳直射。

具体到某点，一年中基本上肯定接收不到两次太阳直射，甚至连一次都没有。

故上题应该修改。

修改方案一：

下列地点中，一年中有两次太阳直射机会的是（　　）

A.23.5°　N，120°　E　　　　B.60°　S，80°　W

C.15°　N，90°　W　　　　D.30°　S，30°　E

即把原题干中的“现象”一词改为“机会”。

答案为C。

修改方案二：

下列地点所在纬线地区，一年中有两次太阳直射现象的是（　　）

A.23.5°　N，120°　E　　　　B.60°　S，80°　W

C.15°　N，90°　W　　　　D.30°　S，30°　E

即把原题干中的“地点”一词改为“地点所在纬线地区”。

三、相关高考地理试题示例

（一）2013年高考广东文综卷地理6题

6.北京时间2012年12月21日19:18，北半球迎来冬至。此刻，日期为2012年12月22日的地区约占全球面积的（　　）

A．0　　　　B .1/3

C .1/2　　　　D .2/3

【答案】A

【解析】本题主要考查时间及日期变更的计算能力。当2012年12月21日北半球迎来冬至的时刻，全球分为12月21日和12月20日两个日期，还没有进入12月22日，故A 项正确。

这题本身也说明了节气为一瞬间。

（二）2012年高考山东基本能力卷40-42题

某同学对我国某地（地处120°　E）每天的日出时间进行了一段时间的持续观测与记录，绘成下图。完成40 ～ 42题。

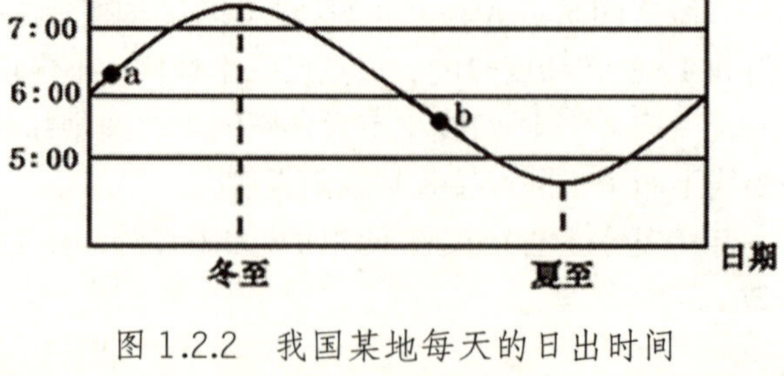

图1.2.2　我国某地每天的日出时间

40. 该同学的观测与记录持续了（　　）

A.3 个月　　B.6 个月

C.9 个月　　D.12 个月

【答案】D

41. 图中 a 点对应的节日可能是（　　）

A. 端午节　　B. 劳动节

C. 国庆节　　D. 元宵节

【答案】C

42. 在图中 b 点对应的日期，世界各地可能会发生的现象是（　　）

A. 日本春光明媚　　B. 北极出现极夜

C. 南非华人欢度春节　　D. 澳大利亚冬雪纷飞

【答案】A

横坐标时间单位为日期，加上第 41 小题题干又强调了曲线上的点对应一日。故默认二至即为二至日，而这种默认或假定值得商榷。

（三）2014 年高考全国文综卷（新课标 I）地理 1~3 题

太阳能光热电站（图 1.2.3）通过数以十万计的反光板聚焦太阳能，给高塔顶端的锅炉加热，产生蒸汽，驱动发电机发电。据此完成 1~3 题。

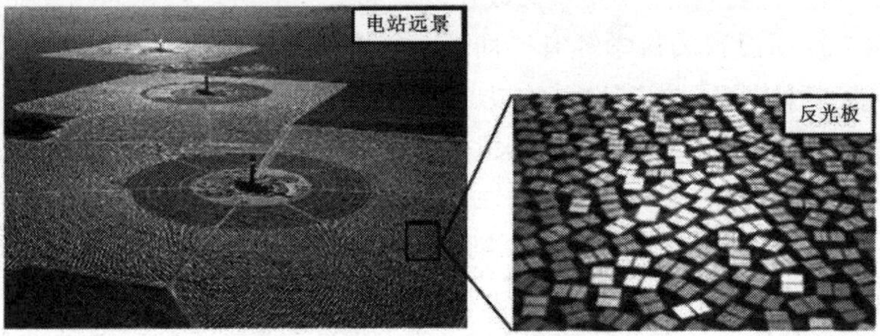

图 1.2.3　太阳能光热电站

1. 我国下列地区中，资源条件最适宜建太阳能光热电站的是（　　）

A. 柴达木盆地　　B. 黄土高原

C. 山东半岛　　D. 东南丘陵

2. 太阳能光热电站可能会（　　）

A. 提升地表温度　　B. 干扰飞机电子导航

C. 误伤途经飞鸟　　D. 提高作物产量

3. 若在北回归线上建一太阳能光热电站，其高塔正午影长与塔高的比值为 P，则（　　）

A. 春、秋分日 P=0　　　　B. 夏至日 P>0

C. 全年日 P<1　　　　D. 冬至日 P>1

【答案】1.A、2.C、3.D

高考试题在完成为高校选拔人才这一功能后，必将成为之后教师的教学素材和学生的学习资源，也必将对中学地理教学产生重大影响。因此，高考试题及其答案必须具有高度科学性和严谨性。遗憾的是，本题组从情境、立意、设问到答案的确定，都存在一定不足，具体阐述如下。

1. 图题伪联系。中学地理高考考核目标第一条就要求学生具备获取和解读地理信息的能力，包括能够从题目的文字表述中获取地理信息，能够快速、全面、准确地获取图形语言形式的地理信息。并且近年来地理高考试题基本上呈现“无图不成题”的态势，可见图在地理高考试题中的地位。试题要求图文都要提供有效信息且相互补充，但本题组中的图即使不呈现，也并不影响解题，即图与题之间伪联系，且三个题均是。显然此题在这一点上不到位，如果在不改变题目的情况下，本题组的图完全可以删除。

2. 第 1 小题可能存在的不足及修改建议。太阳能光热电站建设的资源条件不仅仅包括自然条件中的太阳能，其实还应包括其他条件，如对能源的需求、科技、经济等诸多条件①。建议把题干中的“资源条件”改为“自然资源条件”可能更准确。

3. 第 2 小题可能存在的不足及修改建议。第 2 小题可能存在的问题如下：

（1）四个选项设置的科学性有待加强。经网络查询，有关于美国太阳能光热电站被指镜子反光干扰飞行员遭投诉的报道②，以及“对山谷里面的生物的生存环境造成了可怕的威胁”的报道③。选项的设置应该注意且不限于以下几方面：尽可能相对独立于题干信息保持选项本身的正确性，包括错误选项；错误选项本身不能错得过于明显；尽量遵从归纳而非演绎的原则，演绎在试题设置方面容易出问题；选项，至少正确选项应该真实存在。

（2）考查太阳能光热电站的不利影响有待商榷。本题针对“太阳能光热电站”命题，正确答案落到了太阳能光热电站的不利影响方面。未能呈现出或引导学生了解“太阳能光热电站”或太阳能光热发电技术带来的好处。试题立意不高，或落点不高，不利于情感态度价值观的呈现。

第 2 小题的修改建议：

针对以上问题，可修改选项，正确答案最好为太阳能光热电站的有利影响或包括有利影响。从命题技术的角度，至少有两种方式可以实现这一修改意图：

---

① 陈薇. 太阳能光热电站站址选择及总平面布置分析 [J]. 能源与节能，2013 (5): 36-39.

② http://www.ne21.com/news/show-52878.html.

③ http://www.cecol.com.cn/a/20130731/530551525601 4.html.

（1）四个选项包括不利影响和有利影响，正确答案为有利影响。

（2）组合选择，正确答案为有利影响或包括有利影响。这种修改方式需要在素材或题干上适当增加背景信息，以便让考生能“获取和解读地理信息”。如可将题组素材和第2题改为：

太阳能光热电站通过数以十万计的反光板将太阳能聚焦到圆中心高塔状的集热装置，给高塔顶端的锅炉加热，产生蒸汽，驱动发电机发电，并经由附近的变电站变压后进入电网。据此完成1~3题。

修改方案一：

2. 太阳能光热电站

①可能干扰飞机飞行[①]　　②可以提高作物产量

③可能误伤途经飞鸟　　④可以夜间连续发电[②]

A. ①②③　　B. ①②④

C. ①③④　　D. ②③④

正确答案仍然为C，具体分析从略。

修改方案二：

2. 我国大力发展太阳能光热发电技术，

①需要配套电网建设　　②余热可用于海水淡化

③得益于太阳能资源丰富　　④可适度缓解雾霾现象

A. ①②③　　B. ①②④

C. ①③④　　D. ②③④

正确答案仍然为C（具体分析从略）。

这样一来，既增加了选项设置的科学性，又在对学生进行情感态度与价值观教育上，从彰显太阳能光热电站或我国大力发展太阳能光热发电技术的有利影响的角度去立意，可能比考查太阳能光热电站的不利影响更合适；同时，还在一定程度上避免了“三个小题题干均出现太阳能光热电站，略显不足”这一“问题”。

与此同时，文综全卷地理部分11个选择题在本题修改后，组合选择题从一个增加为两个，也在可以接受的范围内。这样也在一定程度上降低了为减少组合选择题数而在修改过的题干中使用否定词导致考生技术性失分的可能性。

以上几种修改方案中，个人认为方案二最佳。

4. 第3小题可能存在的不足及修改建议。第3小题可能存在的问题：

（1）此题考的是地球运动的规律，而非地理意义，与课程标准和考试大纲要求

① http://www.ne21.com/news/show-52878.html.

② 胡晶晶．白天也懂夜的黑——可夜间发电的太阳能光热电站[J]. 现代工业经济和信息化，2011，(17): 70-71.

不符。课程标准和考试大纲是高考命题的依据。中华人民共和国教育部2003年颁布的《普通高中地理课程标准（实验）》对地球运动的考核要求是“分析地球运动的地理意义”;《2014年普通高等学校招生全国统一考试大纲的说明》（文科·课程标准实验版）对地球运动的考试范围界定为“地球运动的地理意义”。因此，对地球运动的考查，应淡化地球运动的规律，突出地球运动的地理意义，尤其是地球运动只设置一个小题的情况下更应如此。

（2）二分二至是瞬间，不同于二分二至日，选项B正确的概率接近100%。二分二至是太阳直射某些纬度值时的瞬间，二分二至日则分别为一日，二者是截然不同的时间概念。

正是混淆了两者之间的区别，误将二者等同，才出现了答案解析中“北回归线上，夏至日正午太阳高度为90°，影长为0，P=0，B错”的错误判断。当然，“北回归线上，夏至日正午太阳高度为90°”是源于中学地理教材中的“夏至日，太阳直射北回归线”这句描述，遗憾的是教材中的这句描述是不准确的。实际上，夏至日中只有夏至这一瞬间太阳直射北回归线；夏至这一瞬间太阳也只直射北回归线上一点，其他各点均不被直射。“夏至日P=0”只有在“夏至这一瞬间正好为夏至日正午”时才成立。

即有，夏至日仅夏至这一瞬间北回归线上某一特殊点（太阳直射点）才有P=0，夏至瞬间北回归线上其他所有点均为P>0；夏至日除夏至瞬间之外的所有时段，太阳直射点均不在北回归线上，北回归线上所有点均为P>0。

另外，每年夏至瞬间出现的具体时刻也在发生变化，如经简单查询，2000~2050年间夏至具体时刻均不为12：00（北京时间），意即在不同年份，夏至瞬间太阳直射点在北回归线上的位置也在发生变化。

如上所述，若在北回归线上建一太阳能光热电站，只有当电站高塔所在点位在“某年”夏至瞬间正好为夏至日正午时，才会出现P=0的情形；即使如此，“某年”以外的电站高塔存在的几乎所有年份，均为P>0（除非电站高塔逐年沿北回归线移动至夏至瞬间太阳直射点位）。

故，若在北回归线上建一太阳能光热电站，夏至日P>0出现的概率接近100%。

（3）黄赤交角在变化，冬至日P>1、P=1和P<1三种情形都存在，即选项D是错误的。答案解析中“北回归线上，冬至日正午太阳高度为43°，影长大于塔高，P>1，C错，D正确”。

黄赤交角θ目前约为23° 26'，大约以41000年为周期在22.1°~24.5°间变化（当然，有关θ变化的周期和范围，不止一种观点）。显然，当θ<22.5°时，有P<1（若假定黄赤交角匀速变化，则P<1出现的频率为16.67%左右）；当θ=22.5°时，有P=1；θ>22.5°时，有P>1。

故选项 D 错误。

不过当 θ=22.5° 时，是约 8000 年以后的事了（目前，黄赤交角每世纪减小约 47″）。

（4）题目隐含且只隐含“二分二至日正午高塔受到太阳直接辐射”这一前提条件。有必要思考如下几个问题。

问题一：如果某日正午高塔没有影子，能否说 P=0？

问题二：如何区分“因太阳直射而没有影子”和“因没有太阳直接辐射而没有影子”？

问题三：题干中“其高塔正午影长与塔高的比值为 P”这一信息，是否意味着题目已经要求必须存在影子（进而正午高塔受到太阳直接辐射）？

对于问题一，有两种理解：

一种理解：某日正午高塔没有影子，比值 P 就不存在了，就不应该出现 P=0 的描述。可进一步引申为“出现有 P=0 这一描述的选项直接判定为错误”。如果这种理解是正确的，那选项 A 不用做任何推理即可直接排除；显然这种理解值得商榷。

另一种理解：某日正午高塔没有影子，即有 P=0。原有试题解析，即是据此判定 B 选项均错。

对于问题二，如果“因太阳直射而没有影子，P=0”这种描述是正确的话，那么“因没有太阳直接辐射而没有影子，P=0”也应该正确。因为，如果认为“因没有太阳直接辐射而没有影子，就不应该有比值 P”的话，选项 C 很容易就被排除，因为全年几乎不可能每天正午都有太阳直接辐射。即有“因没有太阳直接辐射而没有影子”这种情况出现，当这种情况出现时，就不能出现 P 值。

对于问题三，答案应该为否，因为显而易见，选项 C 所涉及的“全年日”中，正午无影子的情况肯定存在，并且可能存在的天数还不少。如果假定“全年日”正午都存在影子，显然与实际情况相差太远。

综上所述，如果某日正午高塔没有影子，不管是因为太阳直射所致，还是没有太阳直接辐射所致，均应描述为 P=0。且题干“其高塔正午影长与塔高的比值为 P”这一信息并不能意味着题目要求四个选项所涉及日子正午必须存在影子。

这样就面临一个问题，如果高塔在二分二至日中的某天正午真的没有太阳直接辐射呢？显然这种情况出现的概率极有可能远高于“高塔夏至瞬间即为夏至日正午”出现的概率。

于是就出现这么一种情况：题目隐含且只隐含了“二分二至日正午高塔受到太阳直接辐射”这一前提条件。

第 3 小题的修改建议：

综上所述，若要修改此题，必须注意以下几点：二分二至均为瞬间；某一瞬间太阳只直射某纬线上一点；不同年份同一瞬间（如夏至）出现的时刻不同。

据此，有多种修改方案：

（1）修改方案一。改 B 选项 $P>0$ 为 $P \geqslant 0$，即：

3. 若在北回归线上建一太阳能光热电站，其高塔正午影长与塔高的比值为 P，则

A. 春、秋分日 $P=0$　　B. 夏至日 $P \geqslant 0$

C. 全年日 $P<1$　　D. 冬至日 $P>1$

正确答案为 B。

这种修改方案的好处在于充分考虑到“夏至日中只有夏至这一瞬间太阳直射北回归线；夏至这一瞬间太阳也只直射北回归线上一点，其他各点均不被直射”。

这样修改避免了科学性错误，但因为教材和教师都在讲“夏至日太阳直射北回归线”，学生很容易错误地判定 B 为错误答案；除非学生知道二分二至只是瞬间。学生也很能排除选项 D，除非学生知道黄赤交角在变化，且知道黄赤交角大概变化范围（足以变化到可致 $P \leqslant 1$）（错误选项 A、C 不再分析，后同）。

方案一还有一个好处在于通观文综全卷地理 11 道选择题答案分布由之前的“三个 A、两个 B、两个 C、四个 D”变为按方案二修改试题后的“三个 A、三个 B、两个 C、三个 D”，这样选择题的答案分布更趋于均匀。

（2）修改方案二。修改 B 选项“$P>0$”为“$P=0$”，并且给题干限定一个时间段，以确保这个时间段内冬至日 $P>1$。即：

3. 未来几十年内若在北回归线上建一太阳能光热电站，其高塔正午影长与塔高的比值为 P，则

A. 春、秋分日 $P=0$　　B. 夏至日 $P=0$

C. 全年日 $P<1$　　D. 冬至日 $P>1$

正确答案为 D。

这种修改方案的好处在于避免了科学性错误，但如果学生不知道二分二至只是瞬间的情况下，很容易调动和运用教材和教师所讲“夏至日太阳直射北回归线”这一地理知识，认定选项 B 正确。同时，学生可能基于以下几种情况判定 D 正确：一是误以为黄赤交角不变；二是知道黄赤交角变化很缓慢（即使不知道目前黄赤交角是在变大还是在变小）；三是在短暂如“未来几十年内”的时间尺度上，黄赤交角不足以小到 22.5°。

（3）修改方案三。用副词对部分选项进行界定，即：

3. 若在北回归线上建一太阳能光热电站，其高塔正午影长与塔高的比值为 P，则

A. 春、秋分日 $P=0$　　B. 夏至日总体上 $P>0$

C. 全年日均有 $P<1$　　　　D. 冬至日一定有 $P>1$

正确答案为 B。分析同上。

（4）修改方案四。改考查地球运动的地理意义，具体题目从略。

以上几种修改方案中，方案二最佳。

（5）对中学地理教学的启示：教学时确保知识的科学性。今后中学地理老师给学生讲课时一定要确保知识的准确性和科学性。这时候有的中学地理老师的错误讲解反而在解题时会起到大作用。如有的中学老师在讲太阳直射点移动变化如何受黄赤交角变化的影响时，常出下题。

若黄赤交角缩小为 0，则地球上：

A. 北极点永远极昼　　　　B. 没有昼夜交替

C. 没有四季变化　　　　D. 不存在地方时

如果黄赤交角为 0° 或 30°，太阳直射点的移动范围有什么变化?

这种讲解容易给学生留下黄赤交角真的可以变为 0°。

甚至有高考题也如此出题：

2005 年高考广东地理卷 21 题

21. 如果地球的黄道面与赤道面夹角为 0°，则下列说法正确的是（　　）

A. 北京与纽约的昼夜长短一样　B. 广东地区的四季更加分明

C. 大气环境将改变，两极变暖　D. 北半球中纬度 7 月份气温将变低

2003 年高考上海地理卷 39~40 题

39. 为了研究黄赤交角对地球自然环境的影响，假设黄赤交角变为 0°，这时，在地球上将可能会出现的自然现象有（　　）

A. 太阳终年直射赤道　　　　B. 各地全年都昼夜平分

C. 各地气温都无日变化　　　　D. 各地都无四季变化

E. 无大气环流现象　　　　F. 自然地理环境无区域差异

40. 假设黄赤交角变为 35°，这时，地球上北半球夏至日正午太阳高度将自______（纬度）纬线向南、北降低；在地球上“五带”的划分中，与现在相比，范围将扩大的是______________________。

这种题还是少出为好。

所以上述假定，学生要么会认为交角真的可以在此范围内变化；也有可能认为交角其实是不变的。因为另有两个案例：一是“如果地球停止转动，或自转方向相反，……”；这种假定学生也不会认为地球真的就不转动或反向自转了。二是老师为讲解三圈环流而引入单圈环流，但学生不会认为单圈环流真的存在。

老师的“错误讲解”反而导致学生正确解题，即学生以为黄赤交角会变为 0，进而推导出“北回归线上冬至日 P 可能小于 1”这一正确结论。

当然也有在这方面做得比较好的高考题。

2002 年高考广东地理卷 35 题

35. 地轴与黄道面的夹角会发生微弱的变动，据此讨论下列问题。

（1）若此角度变大，北京的正午太阳高度和昼夜长短会怎样变化?

（2）若此角度变小，则地球上太阳直射的范围及北半球副热带高压的位置将如何变化?

如果能给出黄赤交角具体变化范围，就更好了。

（四）2013 年高考福建文综卷地理 11~12 题

福建某中学研究性学习小组，设计了可调节窗户遮阳板，实现教室良好的遮阳与采光。图 1.2.4 示意遮阳板设计原理，据此回答 11~12 题。

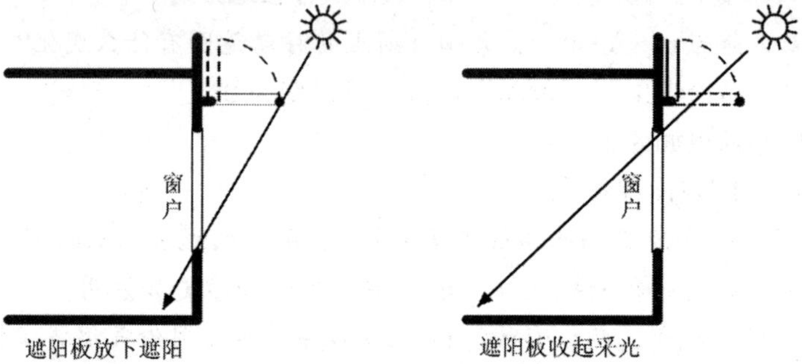

图 1.2.4　利用可调节窗户遮阳板遮阳或采光

11. 遮阳板收起，室内正午太阳光照面积达一年最大值时（　　）

A. 全球昼夜平分　　B. 北半球为夏季

C. 太阳直射 20°　S　　D. 南极圈以南地区极昼

12. 济南某中学生借鉴这一设计，若两地窗户大小形状相同，则应做的调整是（　　）

①安装高度不变，加长遮阳板　　②安装高度不变，缩短遮阳板

③遮阳板长度不变，降低安装高度　　④遮阳板长度不变，升高安装高度

A. ①③　　B. ①④

C. ②③　　D. ②④

【答案】：11. D 12. A

1. 对于 11 题的商榷

其一，“室内正午太阳光照面积达一年最大值”和“太阳直射南回归线”是两个不完全相同的描述。“太阳直射南回归线”发生在冬至这一瞬间；而冬至这一瞬间时刻逐年变化，与冬至日正午 12：00 在绝大多数年份并不吻合。只有当冬至正好为冬

至日正午时，答案D才正确。

换言之，当冬至并非冬至日正午时（而这是常见现象，尤其是针对某固定区域来讲，如福建某中学），“遮阳板收起，室内正午太阳光照面积达一年最大值时”，太阳直射点可能已离开南回归线北移一定距离（当冬至早于冬至日正午时，尽管距离很小）；太阳直射点也可能尚未南移至南回归线（当冬至晚于冬至日正午时）。不管是哪一种情况，太阳均不直射南回归线，答案D均不正确。

其二，当冬至并不为冬至日正午时，不管冬至这一瞬间和冬至日正午相差多长时间（即便十分接近冬至日零时或24时），图示地区室内正午太阳光照面积达一年最大值时的日期仍为冬至日。但此时的冬至日正午太阳并不直射南回归线，而是位于南回归线以北。答案D不正确。

显然，错误的根本原因在于，命题者误以为冬至即为冬至日正午。

其三，该题还隐含另一前提条件，即冬至日正午是有太阳直接辐射的，而非其他天气状况，如多云或雨。如果题目所示地区某年冬至日正午没有太阳直接辐射，那么室内正午太阳光照面积达一年最大值时并非冬至日正午，而在冬至日前后某一天正午，这样一来，答案D显然错误。一种极端情况是，如果该地在某年冬至日向前或向后持续一个月左右正午均无太阳直接辐射的话，答案C也是正确的（在11月21日前后或1月21日前后太阳直射20° S）。

结合以上分析，建议修改为：

11. 遮阳板收起，室内正午太阳光照面积达一年最大值时，以下现象最有可能出现的是

A. 全球昼夜平分　　B. 北半球为夏季

C. 太阳直射20° S　　D. 南极圈以南地区极昼

另外D选项“南极圈以南地区极昼”这种说法不科学，是否应改为“南极圈以南地区出现极昼现象”？是不是为了不让选项D过长，才如此设置？

2. 对于12题的商榷。题干中的“则应做的调整是”有两种理解：

一是选项中的①③必须同时做到；显然①③只需做其中之一即可，并且在实际操作时，往往可能是统一地选择其一。

二是应做的调整只有选项中的①③两项；显然也不正确，完全可以在安装高度和遮阳板长度两方面同时做调整。

建议将“则应做的调整是”改为“则应做的调整可以是”即可。

（五）2007年高考江苏地理卷1~2题

某地是我国重要的人工多层经济林区。图1.2.5为该地“某日太阳处在最高位置时的示意图”，此时北京时间为12：40，树影遮挡地被植物的面积在一年中达到正午

时的最大。读图，回答 1~2 题。

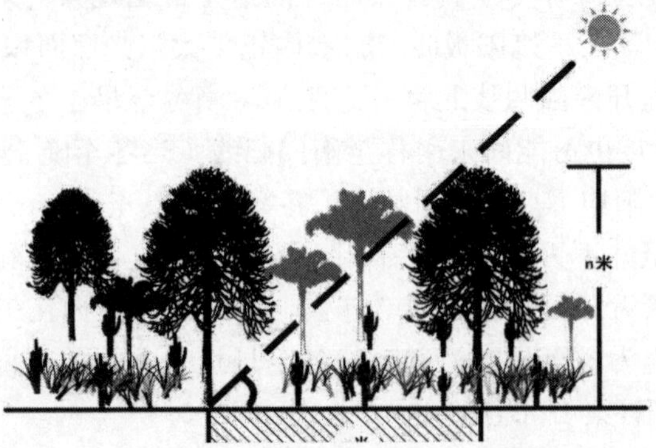

图 1.2.5　某地某日太阳处在最高位置时的示意图（据原图改绘）

1. 该地位于（　　）

A.45° N，110° E　　B.21° 34′ N，110° E

C.45° N，130° E　　D.21° 34′ N，130° E

2. 这一天（　　）

A. 太阳距离地球最远　　B. 江苏省各地昼长夜短

C. 晨昏线与极圈相切　　D. 正午太阳高度由赤道向南北两侧递减

【答案】1. B　　2.C

第 1 题，显然是根据该地冬至日正午太阳高度为 45° 和目前黄赤交角为 23° 26′，进而得出该地纬度为 21° 34′ N。

很显然这种推理隐含“冬至日正午太阳直射南回归线”这一信息，如前面诸题讨论一样，冬至太阳直射南回归线并不等同于“冬至日正午太阳直射南回归线”。

“树影遮挡地被植物的面积在一年中达到正午时的最大”这句描述，依然隐含着一前提条件，即冬至日正午是有太阳直接辐射的，而非其他天气状况，如多云或雨。如果题目所示地区某年冬至日正午没有太阳直接辐射，那么树影遮挡地被植物的面积在一年中达到正午时的最大时并非冬至日正午，而在冬至日前后某一天正午，这样一来，答案 B 显然错误。

建议将题干修改为：

1. 该地极有可能位于（　　）

A.45° N，110° E　　B.21° 34′ N，110° E

C.45° N，130° E　　D.21° 34′ N，130° E

（六）2002 年高考江苏文理大综合卷 4~7 题

近年来，我国房地产业发展迅速，越来越多的居民乔迁新居，居住条件和环境显著改善。请读图 1.2.6，运用以下公式及相关知识回答 4~7 题。

① 某地正午太阳高度的大小：$H = 90° - |\phi - \delta|$

式中 H 为正午太阳高度；

ϕ 为当地纬度，取正值；

δ 为太阳直射点的纬度，当地夏半年取正值，冬半年取负值。

② $tg35° \approx 0.7$　$tg45° = 1$　$tg60° \approx 1.732$

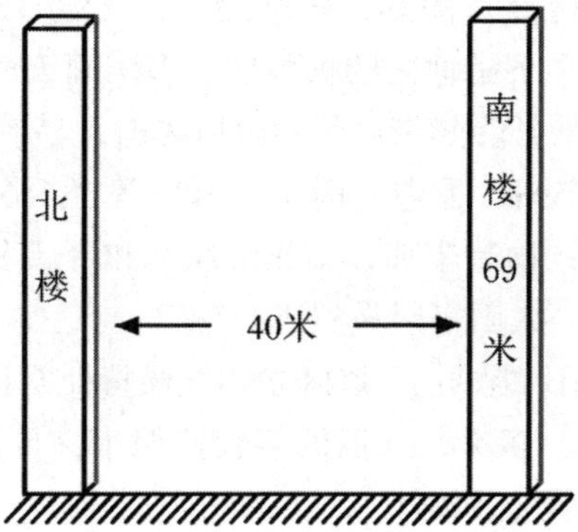

图 1.2.6　北纬 30° 两幢商品住宅楼

4. 房地产开发商在某城市（北纬 30°）建造了两幢商品住宅楼（图 1.2.6），某户居民买到了北楼一层的一套房子，于春节前住进后发现正午前后太阳光线被南楼挡住。请问，该房子一年中正午太阳光线被南楼挡住的时间大约是（　　）

A.1 个月　　B.3 个月　　C.6 个月　　D.9 个月

6. 为避免这种纠纷，房地产开发商在建楼时，应该使北楼所有朝南房屋在正午时终年都能被太阳照射。那么在两幢楼间距不变的情况下，南楼的高度最高约为（　　）

A.20 米　　B.30 米　　C.40 米　　D.50 米

【答案】：4.C　　6.B

据图中给出的南楼楼高与南北楼楼距之比为 $69/40=1.725<tg60° \approx 1.732$

故正午太阳高度必须 >60°，北楼一楼才能全年正午晒到太阳。

显然有当太阳直射南半球时，正午太阳高度都小于 60°。故选 C。

冬至时正午太阳高度为 90−23.5−30=36.5°，假设南楼高度为 h，则有

$tg36.5° = h/40$，故 h 大约等于 28 米

按照《建筑气候区划标准》（GB50178 — 93），根据不同气候条件将全国分为 7 个一级建筑气候区、20 个二级区。

第 I 建筑气候区（哈尔滨、长春、沈阳、呼和浩特等）：该区冬季漫长严寒，夏季短促凉爽；西部偏于干燥，东部偏于湿润；气温年较差很大；冰冻期长，冻土深，

积雪厚；太阳辐射量大，日照丰富；冬半年多大风。

第Ⅱ建筑气候区（北京、天津、石家庄、济南、太原、郑州、西安、兰州等）：该区冬季较长且寒冷干燥，平原地区夏季较炎热湿润，高原地区夏季较凉爽，降水量相对集中；气温年较差较大，日照较丰富；春、秋季短促，气温变化剧烈；春季雨雪稀少，多大风风沙天气，夏秋多冰雹和雷暴。

第Ⅲ建筑气候区（上海、南京、杭州、合肥、武汉、南昌、福州、长沙、成都、重庆等）：该区大部分地区夏季闷热，冬季湿冷，气温日较差小；年降水量大；日照偏少；春末夏初为长江中下游地区的梅雨期，多阴雨天气，常有大雨和暴雨出现；沿海及长江中下游地区夏秋常受热带风暴和台风袭击，易有暴雨大风天气。

第Ⅳ建筑气候区（广州、香港、南宁、海口等）：该区长夏无冬，温高湿重，气温年较差和日较差均小；雨量丰沛，多热带风暴和台风袭击，易有大风暴雨天气；太阳高度角大，日照较小，太阳辐射强烈。

第Ⅴ建筑气候区（贵阳、昆明）：该区立体气候特征明显，大部分地区冬温夏凉，干湿季分明；常年有雷暴、多雾，气温的年较差偏小，日较差偏大，日照较少，太阳辐射强烈，部分地区冬季气温偏低。

第Ⅵ建筑气候区（拉萨、西宁）：该区长冬无夏，气候寒冷干燥，南部气温较高，降水较多，比较湿润；气温年较差小而日较差大；气压偏低，空气稀薄，透明度高；日照丰富，太阳辐射强烈；冬季多西南大风；冻土深，积雪较厚，气候垂直变化明显。

第Ⅶ建筑气候区（银川、乌鲁木齐）：该区大部分地区冬季漫长严寒，南疆盆地冬季寒冷；大部分地区夏季干热，吐鲁番盆地酷热，山地较凉；气温年较差和日较差均大；大部分地区雨量稀少，气候干燥，风沙大；部分地区冻土较深，山地积雪较厚；日照丰富，太阳辐射强烈。

按照《城市居住区规划设计规范》（GB 50180 — 93），在不同气候区的中小城市有对应的日照标准的规定。其中，日照时间计算起点为建筑底层窗台面；日照标准日有大寒日和冬至日两种。

在Ⅰ、Ⅱ、Ⅲ、Ⅶ建筑气候区：大城市要求大寒日日照时数不少于2小时，中小城市要求大寒日日照时数不少于3小时。

在Ⅳ建筑气候区：大城市要求大寒日日照时数不少于3小时，中小城市要求冬至日日照时数不少于1小时。

在Ⅴ、Ⅵ建筑气候区：要求冬至日日照时数不少于1小时。

从上述描述可知：我国不同地区建筑日照标准是不同的，且差异较大。题目把这些标准简化成了“一楼底层窗台面冬至日日照时数不少于1小时”，并且是以“一楼楼底冬至日正午接收到太阳直接辐射”加以替代。

狐假虎威：相关良好，故有成因联系？

出自《战国策·楚策一》：“虎求百兽而食之，得狐。狐曰：‘子无敢食我也。天帝使我长百兽，今子食我，是逆天帝命也。子以我为不信，吾为子先行，子随我后，观百兽之见我而敢不走乎！’虎以为然，故遂与之行，兽见之皆走。虎不知兽畏己而走也，以为畏狐也。”即狐狸借着老虎的威势来吓唬百兽。[①]

北周·庾信《哀江南赋》：“或以隼翼鷃披，虎威狐假。”

南朝·梁·沈约《宋书·恩幸传序》：“曾不知鼠凭社贵，狐藉虎威，外无逼主之嫌，内有专用之功。”

元·方回《桐江续集·梅雨大水》：“狐假虎威逃此辈，鼠穿牛角念吾民。”

清·筱波山人《爱国魂·骂奴》：“更可恨几辈虎威狐假，出宗邦便托足他的腐败生涯。”

后因以“狐假虎威”喻仰仗别人的威势或倚仗别人威势来欺压人。亦作“虎威狐假”“狐藉虎威”。[②]

和狐假虎威相类似的成语有很多，如狗仗人势、为虎作伥。

一、狐假虎威：问题、原因及对策

狐狸成功地让老虎以为百兽怕的不是老虎而是狐狸，进而全身而退。我们在感叹狐狸的狡猾（或聪明）和老虎的愚笨之余，还应思考如下问题：

问题一：老虎为什么会认为百兽怕的是狐狸而不是自己呢？

问题二：之前和之后老虎单独“求兽而食”时，没发现百兽怕的其实是老虎自己吗？

问题三：老虎如何推理出百兽怕的究竟是谁？

问题四：现实生活，以及科学研究中有无类似现象？

对于问题一，因为老虎看到了“狐狸出现”（实际上是“狐狸和老虎同时出现”）之后，即有“百兽躲避”这个现象，即“狐狸出现”和“百兽躲避”之间有良好的相关性，便认为二者有成因上的联系，即“百兽躲避”乃“狐狸出现”所致。老虎据此认为百兽怕的是狐狸而不是自己；所以与其说老虎被狐狸骗了，不如说是被自己的愚笨骗了。

对于问题二，老虎在单独“求兽而食”时，肯定发现百兽怕自己。将问题二的答案和问题一的答案相对照，就很难理解老虎为什么还会犯如此低级错误。

---

①② 刘万国，侯文富．中华成语大词典[M]．修订版．北京：北大青鸟电子出版社，2004: 1220.

问题三是非常关键的问题，即老虎如何推理出百兽怕的究竟是谁。可以从两个方面进行推理。

一方面通过对照实验确定“狐狸出现”和“百兽躲避”之间是否真有良好的相关性，至少有两套方案。

第一套方案为更换同行伙伴法：比如让老虎和兔子同行，看百兽是否会躲避；如果百兽不躲避，证明百兽怕的确是狐狸；如果百兽躲避，证明百兽怕的可能是狐狸，也可能是老虎或是兔子。再让狐狸和兔子同行，看百兽是否会躲避；如果百兽不躲避，证明百兽怕的是老虎；如果百兽躲避，证明百兽怕的或是狐狸，或是兔子，或是老虎。

第二套方案为单独“面兽”法：老虎让狐狸单独“面兽”，但随时处在老虎的监视范围，即百兽见不到老虎，只见到狐狸；然后看“狐狸出现”是否致“百兽躲避”。然后老虎自己单独“面兽”，即百兽只见到老虎，而见不到狐狸；然后看“老虎出现”是否致“百兽躲避”。

另一方面是成因分析，如果通过对照实验确定了“狐狸出现”和“百兽躲避”之间有确实良好的相关性之后，还要从机制上分析为什么百兽怕狐狸，即寻求二者成因上的联系。

对于问题四，在现实生活及科学研究中，这种现象比比皆是。有根据良好相关性即推导出成因联系；有类似老虎一样只是误以为两者间相关性良好（实际上并不良好），并进而认为二者有成因联系；甚至还有故意诱导别人犯前两种错误的，不一而足。

二、相关性简介

（一）相关关系的概念

当一个或若干个变量取一定数值时，与之相对应的另一变量的值虽然不确定，但却按某种规律在一定的范围内变化。变量间的这种相互关系，称为具有不确定性的相关关系。

（二）相关关系的分类

可以根据标准的不同，分成不同类型。

按照不同的标准可以将相关关系分为若干类型。

1.按变量数量

（1）单相关。两个变量间的相关，即一个变量（因变量）对另一个变量（自变量）的相关关系。

（2）复相关。多个变量间的相关，即一个因变量同多个（两个及以上）自变量的相关关系。

（3）偏相关。当自变量为多个，且只研究因变量与其中一个自变量之间的相关关系时，若把其余的自变量当作常量，即为偏相关。

2. 按相关关系变化的方向

（1）正相关。因变量和自变量在数量上同方向变化，同增同减。

（2）负相关。因变量和自变量在数量上反方向变化，一增一减。

3. 按相关程度

（1）完全相关。一个变量的数量变化由另一变量的数量变化确定，且只由其确定，即函数关系。

（2）不相关。两个变量的数量变化各自独立，彼此互不影响。

（3）不完全相关。两个变量之间的关系介于完全相关和不完全相关之间。

4. 按相关关系的表现形式

（1）线性相关。两个变量的数量变化大致均等，又称直线相关。

（2）非线性相关。两个变量的数量变化不均等，又称曲线相关。

5. 按相关性质

（1）真相关。两个变量之间有相关性，且有成因上的联系。

（2）伪相关。两个变量之间有相关性，但无成因上的联系。

据吴柏林的《现代统计学》，伪相关的一个经典案例是：美国印第安纳州的地区教会想要筹款兴建新教堂，提出“教堂能洁净人们的心灵，减少犯罪，降低监狱服刑人数”的口号。为了增进民众参与的热诚和信心，教会的神父收集了近 15 年教堂数与在监狱服刑人数进行统计分析，结果却令教会大吃一惊：最近 15 年教堂数与监狱服刑人数呈显著的正相关。显然不能由此得出，教堂建得越多，就可能带来更多的犯罪。

（三）相关关系的描述

1. 散点图。用 (x_i, y_i) false 代表两个变量组成的多组数据，$(i=1,2,\ldots,n)$ false；用坐标的横轴和纵轴分别代表变量 x、y，每组数据 (x_i, y_i) false 在坐标系中用一个点表示，n 组数据在坐标系中形成的 n 个点称为散点，由坐标及其散点形成的二维数据图称为散点图。

散点图描述了两个变量之间的大致关系，从中可以直观看出变量之间的关系形态及关系强度。但不能准确反映变量之间的关系密切程度，由此引入相关系数。

2. 相关系数。简单相关系数计算公式如下：

$$r=\frac{\sum(x-\bar{x})(y-\bar{y})}{\sqrt{\sum(x-\bar{x})^2\sum(y-\bar{y})^2}}$$ FALSE

其中，$|r|\leq1$ false

若 $r>0$，说明变量之间正相关；

若 $r<0$，说明变量之间负相关。

相关系数 $|r|$ 越接近 1，说明两个变量之间线性相关程度越密切；

相关系数 $|r|$ 越接近 0，说明两个变量之间线性相关程度越不密切。

当 $|r|=1$，两变量之间完全线性相关，二者之间呈函数关系；

当 $|r|=0$，两变量之间不存在线性相关关系。

三、相关高考地理试题示例

（一）2012 年高考上海地理卷

（三）太阳黑子活动的变化会对地球的气候产生明显影响。下图显示北半球部分高纬度地区太阳黑子活动与年均降水量的关系。

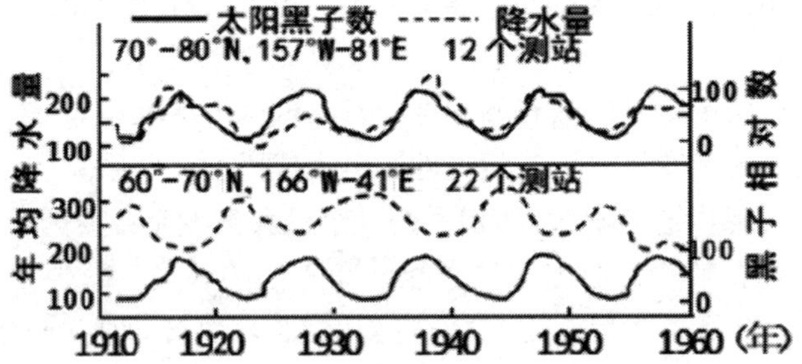

图 1.2.7　北半球部分高纬度地区太阳黑子活动与年均降水量的关系

6. 观测显示，所测地区年平均降水量

A. 随太阳黑子活动的增强而增大

B. 随太阳黑子活动的增强而减小

C. 变化周期与太阳黑子活动周期吻合

D. 变化周期与太阳黑子活动周期无关

【答案】C

从图中确实可以看出，所测地区年平均降水量变化周期与太阳黑子活动周期吻合，即二者具有良好的相关性。但需要注意的是，良好相关并不代表必然的成因上的联系。还需要从机制上分析二者之间的成因联系。

对于下面提及的现实生活中良好相关的几则现象，不做任何成因联系探讨。

案例一：“你不开唱，便是晴天”——雨神萧敬腾先看一组与萧敬腾演唱会相关的天气实况记录：

2012 年 7 月 21 日，萧敬腾在北京开演唱会，结果北京遭遇 61 年来最大暴雨。

2012 年 8 月 8 日，萧敬腾上海演唱会开票，上海遭遇 50 年来最大台风“海葵”。

2012 年 10 月 31 日，萧敬腾新专辑母带留在了纽约，飓风“桑迪”携狂风暴雨肆虐纽约。

2012 年 11 月 5 日，萧敬腾原定在天津体育中心举行世界巡回演唱会，因暴雨延期。

2012 年 11 月 23 日，萧敬腾在伦敦馆举行个人演唱会，英国普降暴雨，甚至多个地区受洪水侵袭。

2013 年 5 月 18、19 日，萧敬腾参加杭州氧气音乐节，杭州下了半周的雨。

2013 年 6 月 7 日高考首日，萧敬腾刚抵达北京首都机场，北京天空顿时一片黑暗，暴雨直下。

整理 2012 年萧敬腾所有场次演唱会，加之 2013 年萧敬腾所有透露其行踪的微博，汇总出萧天王 2012 年 1 月至 2013 年 7 月共 43 天行程。根据行程，查看当地当日的天气实况纪录，发现“雨神”在 43 次出行中，共有 26 天遇到了降雨，占总数的 60.46%[①]。

其他案例：

如果一个家庭在有小孩出生的时候，种一棵树苗，寓意小孩和树一直茁壮成长。如果统计几年之内小孩身高和小树高度之间的相关性，可能高度正相关。

现实生活中还有很多类似案例，如马路上牵着小孩手的爷爷就是小孩的爷爷吗？再如现今一些“大人物”到某些地方，众人皆与之合影，随后，合影往往在很多显见场合出现……

① http://www.tianqi.com/news/17820.html.

蜀犬吠日："恒雨少日，日出则犬吠"

蜀，四川；吠，狗叫。四川雾大，狗看不到太阳，一旦太阳出来了，狗就吠。用来讽刺人少见多怪。也比喻诽谤好人或好的事物。①

唐·柳宗元《答韦中立论师道书》："屈子赋曰：邑犬群吠，吠所怪也。仆往闻庸蜀之南，恒雨少日，日出则犬吠。"

清·程允升《幼学琼林》一卷："蜀犬吠日，比人所见甚稀。"②

一、四川盆地太阳辐射少的原因

四川盆地是我国太阳辐射最少的地区，而临近的青藏高原却是我国太阳辐射最多的地区，为什么会出现这么大的差异？

到达地面的太阳辐射主要受以下因素影响：

（1）纬度位置。一方面随着纬度的增大，到达大气上界的太阳辐射逐渐减少。

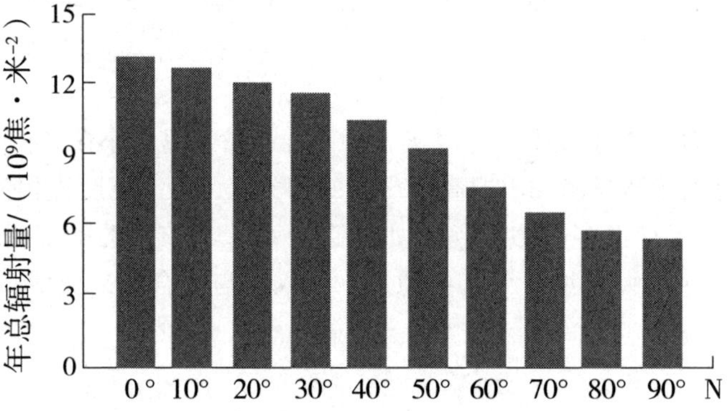

图 1.2.8　北半球大气上界太阳辐射的分布

另一方面，纬度低则正午太阳高度角大，太阳辐射经过大气的路程短，被大气削弱得少，到达地面的太阳辐射就多；反之，则少。这是太阳辐射从低纬度向两极递减的原因之一。

（2）气候和天气状况。晴朗的天气，由于云层少且薄，大气对太阳辐射的削弱作用弱，到达地面的太阳辐射就多；阴雨的天气，由于云层厚且多，大气对太阳辐射的削弱作用强，到达地面的太阳辐射就少。如同纬度的温带海洋性气候区和温带大陆性气候区，由于温带海洋性气候区终年在西风带控制下，降水多且分配均匀，

①② 刘万国，侯文富．中华成语大词典[M].修订版．北京：北大青鸟电子出版社，2004:2884-2885.

光照不足，不适合谷类作物生长，而适合多汁牧草生长。英国伦敦有“雾都”之称。温带大陆性气候区由于深居内陆，距海遥远，降水少，太阳辐射就强。中国新疆吐鲁番成为我国夏季最热的地方。又如赤道地区在赤道低压控制下多阴雨天气，而副热带地区在副热带高压控制下多晴朗天气，所以赤道的太阳辐射弱于副热带地区。

（3）地形起伏。海拔高，空气稀薄，大气对太阳辐射的削弱作用弱，到达地面的太阳辐射就多；反之，则少。如青藏高原成为我国太阳辐射最强的地区，主要就是这个原因。

（4）日照长短。日照时间长，获得太阳辐射量多；日照时间短，获得太阳辐射量少。夏半年，高纬度地区白昼时间长，弥补太阳高度角小损失的能量。如我国夏季南北普遍高温，南方太阳高度角大，北方白昼时间长。

四川盆地多阴雨天。周围群山环抱，北面有大巴山，南面有云贵高原，东面有巫山，西面是青藏高原。源于东部海洋的湿润空气向西进入四川盆地后，受到高山的阻挡，成云致雨，年降雨量大。成都市和重庆市，一年之内的阴天和雨天可达 220 天甚至更多。

四川盆地多云多雾。四川盆地的四周地势高峻，中间低洼，风力弱小，湿度很大，所以很容易形成雾。有时雾和云连在一起，终日不散。像成都、重庆，一年中平均有 100 多天是雾日。处于四川盆地的重庆直辖市也有“雾都”之称。

二、相关高考地理试题示例

（一）2015 年高考安徽文综卷地理题

图 1.2.9 表示一年中大气上界单位面积水平面上每日接收到的太阳辐射随纬度的变化，单位为 MJ/m^2，图中阴影部分表示没有太阳辐射。完成 32 ～ 33 题。

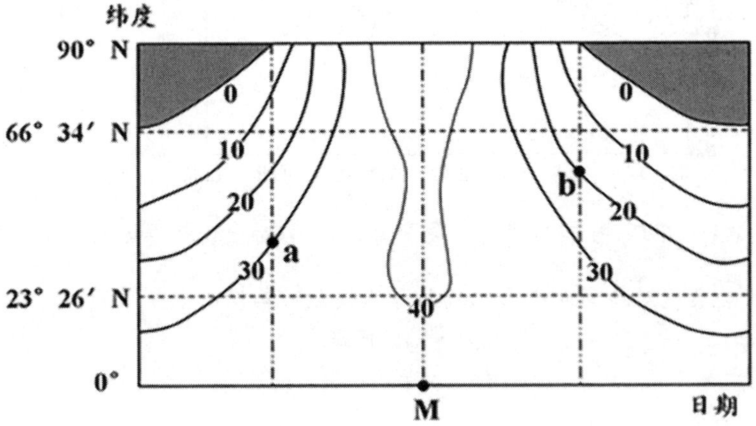

图 1.2.9　一年中大气上界单位面积水平面上每日接收到的太阳辐射随纬度的变化

32. 图中M日最接近（　　）

A. 春分日　　B. 夏至日

C. 秋分日　　D. 冬至日

【答案】B

【解析】本题考查太阳辐射的时空分布。图中M 日北半球大气上界获得太阳辐射最多，应该是正午太阳高度最大、昼最长的日期，即6月22日前后，故选B。

33. a、b两地太阳辐射差异的影响因素主要为（　　）

A. 太阳高度　　B. 白昼长短

C. 海陆位置　　D. 天气状况

【答案】A

【解析】本题考查影响太阳辐射的因素。图中a、b 两点以M 日期（夏至日附近）为中心对称，则a、b 分别对应春分日、秋分日附近，两点此日昼长相差不大，可排除B选项；而b 比a 纬度高，太阳辐射少，故影响其差异的主要因素是太阳高度，应选A。

（二）2009年高考安徽文综卷地理题

图1.2.10表示27° N某地坡向（坡度为10°）对地表获得太阳辐射的影响，纵坐标表示该地坡面与地平面获得太阳辐射量的比值（仅考虑地球运动和地形因素）。完成27~28题。

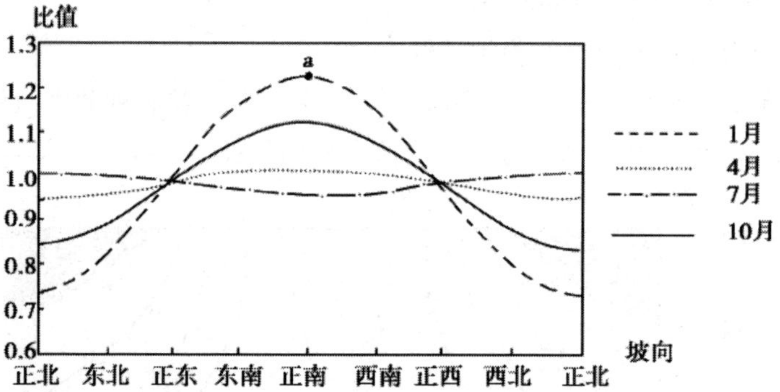

图1.2.10　27° N某地坡向（坡度为10°）对地表获得太阳辐射的影响

27. 该地坡向对地面获得太阳辐射影响最大的季节是（　　）

A. 春季　　B. 夏季

C. 秋季　　D. 冬季

28. 若坡度从10°增大到15°，则a点的数值将（　　）

A. 增大　　B. 减小

C. 先减小后增大　　　　　　　　D. 先增大后减小

【答案】27.D　　28.A

【解析】本题考查考生读图、分析图的能力，运用所学规律原理解释实际问题的能力，推理思考能力；具体考查影响太阳辐射分布的因素、坐标曲线图的判读与应用。

注意审题，强调坡向对地面获得太阳辐射影响，坡度愈大，入射角（太阳高度角）愈大，获取的太阳辐射就越多；图中四个月的曲线中，最大数值排序依次为1月、10月、4月、7月。

由图可知a 点对应的数值为该地坡面与地平面获得太阳辐射量的比值。该地冬半年时，坡面获得的太阳辐射量比地平面多，当坡度增大时，其获得的太阳辐射量增大，因而与地平面获得太阳辐射量的比值增大，故选A项。

第三节 地球的历史

“盲人摸象”部分对盲人摸象的困境和原因进行了分析，并提出了解决之道——交流、重复；在进行古环境演变的研究时，科研人员往往选择多种信息载体、多个研究区域、多种样品，并且采用多种技术方法和多指标分析，即通过“重复”的方式在最大程度上避免盲人摸象式的错误。本节列析了四道高考试题，并结合试题，对地球演化历程、地层系统和地质时代单位进行了简要介绍。

“海枯石烂”部分则对海洋演化的威尔逊旋回进行了详细描述，并对涉及该成语的一道高考试题进行了评析。

盲人摸象：困境与对策

盲人摸象出自《大般涅槃经》卷三二。相传几个盲人摸大象的身躯，各人都以为自己所摸到的是大象的整体形象。“尔时，大王即唤众盲各各问言：‘汝见象耶？’众盲各言：‘我已得见。’王言：‘象为何类？’其触牙者即言象形如芦菔根，其触耳者言象如箕，其触头者言象如石，其触鼻者言象如杵，其触脚者言象如木臼，其触脊者言象如床，其触腹者言象如瓮，其触尾者言象如绳。”（摸到长牙的说像萝卜；摸到耳朵的说像簸箕；摸到头的说像石头；摸到鼻子的说像木头；摸到腿的说像木制舂米器具；摸到脊背的说像床；摸到肚子的说像水缸；摸到尾巴的说像绳子[①]）

宋·释道原《景德传灯录》卷二四：“有僧问：‘众盲摸象，各说异端，忽遇明眼人，又作么生？’师曰：‘汝但举似诸方。’师经行次，众僧随从。”

元·黄溍《书袁通甫诗后》：“正如盲人说象，知其鼻者谓象如杵，知其牙者谓象如芦菔根。”

后以“盲人摸象”或“瞎子摸象”比喻看问题（或观察事物）以偏概全。在不了解全局的情况下，根据自己所掌握的信息或只凭自己的经验妄加揣测，做出自己认为正确的判断。亦作“盲人说象”。

故事告诉我们，看问题不能凭自己的主观片面了解就做判断，应了解事物的全貌。[②]

类似成语有坐井观天、井底之蛙；管中窥豹、窥豹一斑、管窥所及、以管窥天；一叶障目、闭门造车。

①② 刘万国，侯文富．中华成语大词典[M]. 修订版．北京：北大青鸟电子出版社，2004: 1992.

一、问题及原因

每个盲人根据自己对大象的把握和了解描述出大象的形状，结果犯了以偏概全、乱加揣测的错误，闹了笑话。但在笑过之后，我们还应该思考（且不限于）以下几个问题。

问题一：每个盲人是否认为只有自己的判断是正确的或至少自己的判断是正确的，而其他盲人的判断是错误的，或可能是错误的？

问题二：如果摸象的盲人中有一人，或至少有一人在眼盲之前见过大象，其他盲人会不会相信这（几）位盲人对大象形状的正确描述？

问题三：盲人为什么会犯以偏概全的错误？

问题四：如果我们也不知道大象长什么样，我们如何根据盲人的差异描述（“众盲摸象，各说异端”）判断谁对谁错？

问题五：现实生活中，包括科学研究中是否存在盲人摸象的现象？

问题六：如何有效避免盲人摸象可能产生的问题？

上述六个问题，不同的人答案肯定不完全相同（这是否也算“盲人摸象”）。

对于问题一，恐怕每个盲人都认为只有自己的判断是正确的或至少自己的判断是正确的，而其他盲人的判断是错误的，或可能是错误的。当然，产生这种情况的原因之一就在于几位盲人都没见过大象。

对于问题二，如果其他盲人知道某（几）位盲人见过大象，可能会选择相信其正确描述；如果不知道某(几)位盲人见过大象的话，相信其正确描述的可能性较低。

对于问题三，犯错误的盲人一则未见过大象，二则都根据自己的了解做出自己认为正确的判断。但这里面有两个问题值得思考：一是为什么每个盲人都只摸了大象的局部，而不是在摸到大象局部之后，再向其他地方摸去？是他们主动停止向其他部位的摸索，还是他们只被允许摸大象某一局部？如果盲人摸的不只是大象某一局部，其对大象形状的描述可能就会发生变化，哪怕这种变化后的描述也是错误的，但却是可以接受的错误。二是诸位盲人在听到其他盲人对大象形状的描述后，是否会思考诸如“为什么我的描述和他的描述差异如此大”之类的问题。

对于问题四，如果我们也不知道大象长什么样，至少我们可以根据不同盲人对大象形状描述不同，怀疑可能有人出错，甚至所有人都出错。也就是说，即使我们不知道大象长什么样，我们也可以判断肯定有盲人出错了。

对于问题五，因为种种原因，现实生活中，包括科学研究中类似盲人摸象的现象一定存在，并且可能还不少。很多事物都是立体的，孤立地看问题只能是盲人摸象，而得不到真相。某些科学研究，在一定程度上类似于盲人摸象，学者根据自己所掌握的信息做出符合逻辑且自己相信正确（也有的学者自己都不知道该不该相信自己正确）

但可能并不正确的判断。尤其是在古环境研究领域，对于同一地区同一时段的气候和（或）环境变化，不同学者根据各自信息得出不同结论，这很正常。

对于问题六，如何有效避免盲人摸象可能产生的问题，将在本文后面详细阐述。

二、问题的解决之道——交流、重复

根据上述分析，我们知道盲人摸象产生问题的原因可能包括：大家都没见过大象；每个人都只摸了局部，而未摸其他部位；每个人都相信自己的判断是正确的；没有交流；即使交流了也没有思考为何自己和他人的判断不同；其他原因。

那么，如何有效避免盲人摸象可能产生的问题呢？有两点可能非常重要，一是信息共享、交流合作；二是重复检验、统筹考虑。

本文仅以地学研究领域的古环境研究为例，来说明重复检验对于避免盲人摸象问题的重要性。在进行古环境演变研究时，科研人员往往选择多种信息载体、多个研究区域、多种样品，并且采用多种技术方法和多指标分析，即通过重复的方式在最大程度上避免盲人摸象式的错误（起码从形式或程序上来讲是这样的）。另外，我们对于未知的事物，不同人有不同理解很正常，我们都在各自重复或整体重复的状态下不断地正确地接近事物真相。

（一）多载体对照

古环境、古气候在其演变过程中，会在地球表层的不同圈层系统中留下痕迹，可以从诸多地质沉积物、树轮、历史文献中提取并解读气候和环境演变信息。其中地质沉积物包括海洋沉积物和陆地沉积物，而陆地沉积物又包括湖沼沉积物、洞穴沉积物（如石笋）、风力沉积物（如黄土、红黏土）、河流沉积物、冰芯等。

其中，黄土、深海沉积、极地冰芯的记录已成为全球环境变化的三大国际对比标准。2002 年度“泰勒环境成就奖”（国际环境科学的最高奖）评奖委员会评价说，“自然界沧海桑田的环境变化在地球上刻下了三本完整的历史大书：一本是完整保存古环境变化信息的深海沉积，一本是系统反映气候变化的极地冰川，而第三本书则是中国的黄土沉积。这三本书是我们认识地球上自然历史、气候、生物变迁的最佳文献档案”。

对于地球环境演变研究，需要我们选择不同的信息载体分别研究，并在适当的时候进行集成研究，方可一步步地逼近或还原真实。

1. 两次南中国海大洋钻探。人类对海底的大规模钻探已经经历了深海钻探计划（1968—1983，Deep Sea Drilling Program，DSDP）阶段、大洋钻探计划（1983—2003，Ocean Drilling Program，ODP）阶段和综合大洋钻探计划（2003—2013，Integrated Ocean Drilling Program，IODP）阶段，目前已进入国际海洋发现计划（2013—2023，

International Ocean Discovery Plan，IODP）阶段。

其中大洋钻探计划阶段，科研人员在全球各大洋钻孔 1700 多口。

中国曾于 1999 年 2~4 月参与了 ODP184 航次（首次南海大洋钻探）；并于 2014 年 1~3 月主导了 IODP349 航次（第二次南海大洋钻探），为“国际大洋发现计划”（2013—2023）的首个航次。

作为在中国海域的首次大洋钻探，ODP184 航次是根据中国学者的建议和计划“东亚季风历史在南海的记录及其全球气候影响”而开展的航次，由中国科学院院士、同济大学教授汪品先和海洋古季风研究的国际权威、美国布朗大学教授普雷尔（W. Prell）担任首席科学家。ODP184 航次在南海南北 6 个深水站位钻孔 17 口（详见表 1.3.1），从水深 2000~3300 米的海底钻入地层，最深 1 口深入海底以下 850 米，取得高质量的连续岩芯共计 5500 米，取芯率达 95%。取得了南海 3000 多万年来的沉积记录，首次为东亚季风的历史取得了深海记录。后续研究表明，南海深水记录中的季风变迁与我国内地的黄土剖面对比良好，为我国气候历史研究的海陆对比提供了新的依据。这种海陆对比，从逻辑上讲，就是通过不同信息载体的对比，以期避免盲人摸象式的错误。而且发现了大洋碳循环具有的 40 万年长周期，为探索气候变化的热带驱动效应打开了新途径[①]。

表 1.3.1　南海大洋钻探计划 184 航次钻孔资料一览表

海区	站号	位置	水深 / 米	最大井深 / 米	钻孔数	井底年龄 / 万年(B.P.)	岩芯总长度 / 米
南沙	1143	9° 22′ N，113° 17′ E	2272	500	3	1100	1100
	1144	20° 03′ N，117° 25′ E	2037	450	3	100	1110
	1145	19° 35′ N，117° 38′ E	3175	200	3	300	555
东沙	1146	19° 27′ N，116° 16′ E	2092	600	3	1900	1450
	1147	18° 50′ N，116° 33′ E	3246	80	3	140	240
	1148	18° 50′ N，116° 34′ E	3294	850	2	3200	1000

IODP349 航次将重点解决中国南海（SCS）的扩张历史和形成机制，以及对东亚和西太平洋构造和古环境演化影响的科学问题。该勘探在水深 3300~4400 米的 4 个不同区域进行钻探取芯，并穿透沉积物至大洋玄武岩，确定中生代晚期以来南海的

① 苏新．南海大洋钻探计划 184 航次简介 [J]. 现代地质——中国地质大学研究生院学报 [J]. 1999, 13 (2):175-176.

解体和盆地形成的历史；在不同的磁场区及周边主要构造事件的不同年龄段的基底进行岩石地球化学采样，揭示地壳和地幔如何演变，为各阶段的盆地演化提供重要信息。此航次由美国伍兹霍尔海洋研究所（WHOI）资深研究员林间与同济大学教授李春峰担任共同首席科学家。①

IODP349 航次首次在南海东部次海盆和西南次海盆进行了钻探工作，实际完成了五个站位（U1431—U1435）的钻探，以研究南海的构造演化和深海盆洋壳为重点，力图解决“两个次海盆开始扩张和结束扩张的年龄”以及“构造演化对深水沉积和古海洋的影响”等问题；创造了多个科学的首次发现。可以读取南海 4000 万年来的风云变幻、沧海桑田。本航次的钻探总深度为 4317 米，其中沉积岩取芯 1503 米，基底玄武岩取芯近 100 米，获得的最大井深 1008 米。借此，科学家们获取了具有极高科学价值的岩芯，同时还完成了 2 个站位的地球物理测井工作。②

刚刚圆满完成的大洋钻探航次目前主要是取芯、测量工作，全面的科学研究还需要好几年。但仅根据对所取得沉积物的初步分析看，至少已经获得多方面重大发现：一是首次获得南海形成年龄的直接证据，初步标定了不同站位处的南海东西两大海盆的年龄（南海停止扩张的年代范围被缩小到 1600 万 ~1700 万年前）；二是发现南海形成过程中有多期次的大规模火山喷发，此项发现为研究海山的形成原因，以及海底扩张如何停止的历史过程，提供了全新的线索；三是发现南海深海盆反复变化的沉积历史，为研究南海乃至西太平洋演变历史提供了宝贵证据。

IODP349 航次由美国深海钻探船“决心”号执行，现在全球可以钻这种井的只有两艘船，一艘是美国的“决心号”，另一艘是日本的“地球号”。

2. 中国历史文献记载的气候环境变化研究。在历史文献记载中，有关气候的证据，内容十分广泛，既包括直接的气候证据，如水灾、旱灾、霜冻、降雪、冰雹、风沙、逐日天气记载等，也包括许多间接的气候证据，如湖泊、河流封冻，水位变化，沙漠变迁，雪线升降，冰川进退；动植物的物候现象，各种指示生物（包括动物和植物）的分布；某些农作物界限的变迁、耕作措施的变化等。③

特别是竺可桢集多年研究之大成，于 20 世纪 70 年代初发表了《中国近五千年来气候变迁的初步研究》一文，初步建立了我国近 5000 年来的温度变化序列（图 1.3.1），成功地描绘出我国历史时期气候变化的轮廓，至今仍是历史文献气候研究的经典文献。

① 海洋地质与第四纪地质编辑部．IODP349 航次——南海构造演化 [J]. 海洋地质与第四纪地质，2013 (3): 14.

② 李春峰，宋晓晓．南海沧桑问岩芯 [J]. 科学世界，2014 (6): 54-55.

③ 龚高发，张丕远，吴祥定，等．历史时期气候变化研究方法 [M]. 北京：科学出版社，1983.

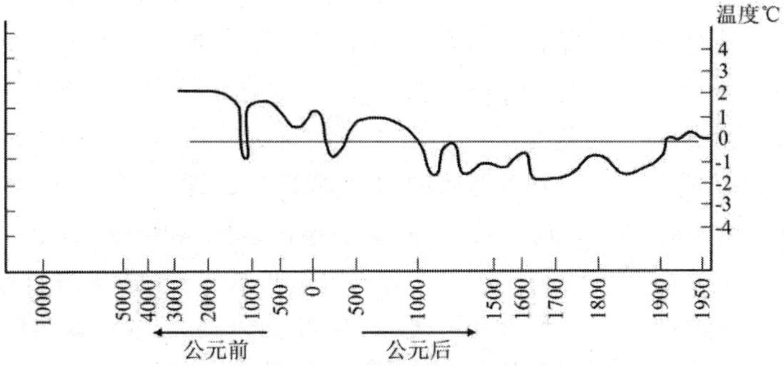

图 1.3.1　中国过去 5000 年来的温度变化①

尽管后来有学者②指出了该文在史料的引用和理解方面存在的某些错误，但对作者确立的理论体系和研究方法毫无异议。并且此后的许多研究成果证明：该序列所勾画出的中国历史时期温度变化的基本框架从总体上看是基本正确的，特别是对主要冷期的识别是较为准确的。③

20 世纪 80 年代以来，随着地球系统科学的诞生与全球变化研究的不断深入，以及研究手段和技术的不断发展，对过去数百年、数千年乃至上万年的气候重建及变化规律研究，也朝着高分辨率、定量化、综合集成研究的方向发展。中国学者在这些方面做了大量工作，手段也从原来单一的文献分析迅速发展为文献资料与考古及自然证据（如孢粉、树轮、湖泊沉积、冰芯等）并举分析与集成。多种信息载体的对比分析，类似于在盲人摸象过程中增加了相互交流校正过程。

之后中央气象局气象科学研究院组织专家对中国历史典籍中记载的气候信息进行了详细搜寻、订正、研究，以五级旱涝指数分类来描述中国 120 个站点 1470~1979 年的干湿状况，并和器测记录连接起来，在 1981 年出版了世界上时间跨度最长的历史气候图集《中国近五百年旱涝分布图集》④。经过两次续补，已将这一旱涝指数数据延伸到 2000 AD⑤⑥。该旱涝等级序列也被作为反映我国过去 500 年旱涝气候变化的基本代用资料而被广泛引用。

① 竺可桢．中国近五千年来气候变迁的初步研究 [J]. 考古学报．1972(1): 15-38.
② 牟重行．中国五千年气候变迁的再考证 [M]. 北京：气象出版社，1996.
③ 葛全胜，方修琦，郑景云．中国历史时期温度变化特征的新认识——纪念竺可桢《中国过去五千年温度变化初步研究》发表 30 周年 [J]. 地理科学进展，2002，21(4): 311-317.
④ 中央气象局气象科学研究院．中国近五百年旱涝分布图集 [M]. 北京：地图出版社，1981.
⑤ 张德二，刘传志．《中国近五百年旱涝分布图集》的续补（1980~1992 年）[J]. 气象，1993，19(11): 41-46.
⑥ 张德二，李小泉，梁有叶．《中国近五百年旱涝分布图集》的再续补（1993~2000 年）[J]. 应用气象学报，2003，14(3): 379-388.

他们还系统收集、整理了我国公元前13世纪至公元1911年三千多年间的各种天气、气候、大气物理现象，水、旱、雨、雪、冷、暖、冰、冻、霜、雹、风、尘霾、风暴潮、雷电、大气光象等出现的时间、地点和情景；各种气象灾害的范围、危害程度和灾后赈济、蠲免情形；与气象条件有关的物候、农业丰歉和病虫害及疫病、饥荒和奇异现象；按公历年序编排（明代以后，即1368~1911年的记录在年序之下又将同一年的记录按省份编排），并为各条记载标明其现代地名，出版了《中国三千年气象记录总集》①，为利用历史文献研究过去气候变化提供了宝贵资料。全书近900万字，共分四册，第一册为远古至元代的气象记录，第二册为明代的记录，第三、四册为清代（上、下）的记录。覆盖面主要是我国东部100° E以东地区。

鉴于竺可桢《中国近五千年来气候变迁的初步研究》一文在历史文献气候研究领域的经典地位，文中“中国近五千年来气温变化曲线示意图”甚至被作为2006年上海高考历史试题，如下：

37. 气候的冷暖会在一定程度上影响人类的活动和历史的进程，以下这幅“中国近五千年来气温变化曲线示意图”（图1.3.2，改绘）。直观地再现了公元前3000年至公元1950年间中国气温的变化过程。观察下图，阅读材料，回答问题。（8分）

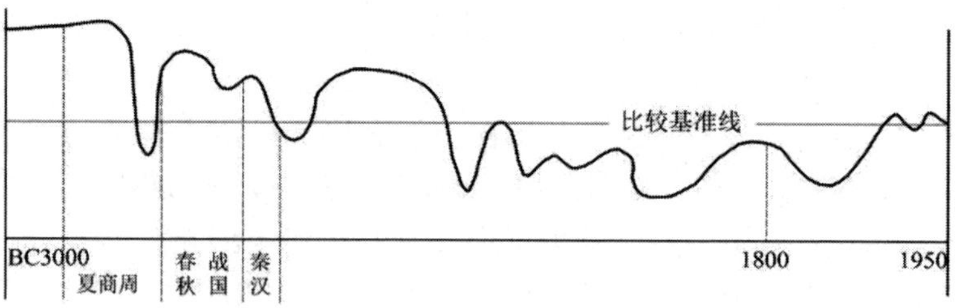

图1.3.2　中国近五千年来气温变化曲线示意图

（1）上图的“比较基准线”为中国现代的年平均气温，历史上年平均气温连成的曲线位于基准线上方时，称为“暖期”；位于基准线下方时，称“冷期”。试问公元前3000年至公元1800年间，中国气候的变化经历了几个暖期？（1分）

（2）如图所示，秦汉时期虽然处于气候史上的暖期，但与此前相比，气温变化已呈缓慢下降的趋势。随着这一趋势的不断加强，北方游牧区的生态开始恶化，自然灾害连年发生，游牧民族开始南下。试问，这一时期有哪个游牧民族南下？他们的南下产生了哪些影响？（4分）

（3）从长时段看，气候变化影响人的活动，而人的生产与生活也影响了气候和环境。试举出近代以来工业文明对气候与环境造成影响的史实。（3分）

① 张德二．中国三千年气象记录总集[M]．南京：江苏教育出版社，2004.

（二）多区域结合

此处仅以 4.2 ka B. P.（距今 4200 年；B. P.: Before Present，以 1950 年为基准向前推算）气候事件为例简要说明在古环境演变研究中的多区域结合。

4.2 ka B. P. 事件大约是全新世中期，即大约 5 ka B. P. 以来最强的一次气候突变，或快速气候变化。其特点是中纬度（45° N）以南到热带（15° N），包括北美洲、北非、地中海到中亚及东亚在内的中、低纬度地区干旱。即上述地区干旱期可能持续 100~200 年，降水量可能减少 20%~30%。[①]4.2 ka B. P. 事件的空间尺度究竟多大，众多科学家在全球范围对此进行了研究，如曾有学者[②]利用之前几年公开发表的有确切年代控制的全新世高分辨率古气候记录等来研究 4.2 ka B. P. 气候事件在中国不同地区的降雨表现，发现 4.2 ka B. P. 左右中国南北方降水普遍减少。

只有通过多区域的集成研究，方可证实或证伪 4.2 ka B. P. 气候事件在中国的降雨表现，以防止类似盲人摸象式的以偏概全错误的发生。

（三）多样品分析

此处仅以青海湖为例，简要分析在古环境演变研究中多样品分析的重要性。

青海湖是我国最大的内陆咸水湖，东邻黄土高原，西北连接荒漠和沙漠，处于东亚季风湿润区和内陆干旱区的过渡带上；既受亚洲季风的影响，又受西风急流的影响，对气候和环境变化反应灵敏；同时青海湖地区环境变化也与青藏高原新近纪隆升和区域构造的环境效应密切相关（图 1.3.3）。独特的区域地理位置使青海湖沉积物的研究具有十分重要的科学意义[③]。

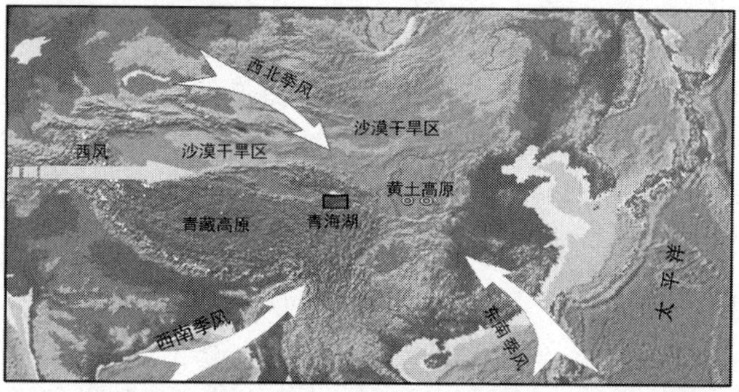

图 1.3.3　青海湖位置示意图

① 王绍武 . 4.2 ka B. P. 事件 [J]. 气候变化研究进展 . 2010，6(1): 75–76.

② 谭亮成 . 4.2 ka B. P. 气候事件在中国的降雨表现及其全球联系 [J]. 地质论评 . 2008，54(1): 94–104.

③ 曾承 . 青海湖及邻近地区碳酸盐同位素环境记录与季风 – 干旱环境变迁 [D]. 中国科学院博士学位论文，2008.

为推动“青海湖环境钻探”大型国际合作计划，中国科学院地球环境研究所联合中国科学院南京地理与湖泊研究所和中国科学院南海海洋研究所于 2001 年、2002 年和 2003 年连续三年分四期对青海湖湖底沉积进行了地球物理勘探，完成电火花测线约 1000 千米，高分辨率的浅地层剖面测量 130 千米，测线范围覆盖了整个青海湖湖盆（图 1.3.4）①。

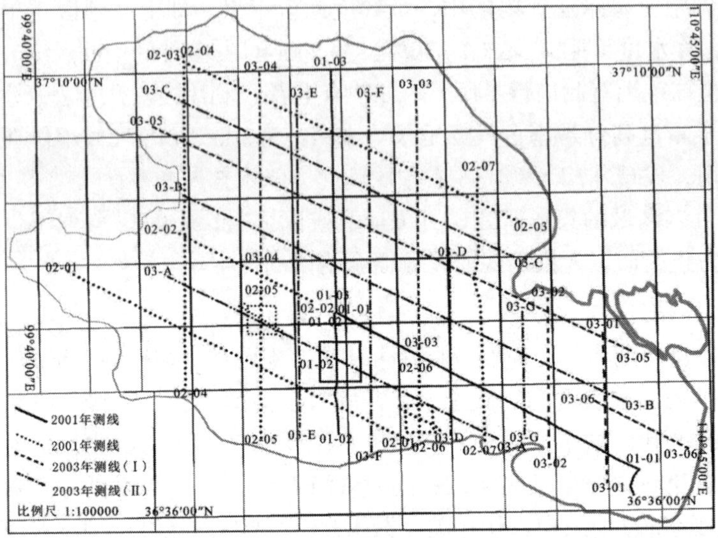

图 1.3.4　青海湖地球物理测线分布

在对青海湖进行地球物理测线的基础上，中国科学院地球环境研究所联合多家单位，于 2005 年 4~11 月开展了青海湖环境钻探工程，共在湖心五个地点获取 13 根，最长达 76.8 米的沉积物柱芯，并在二郎剑和一郎剑两个地方获取两根分别长达 1108.9 米和 626.39 米的湖岸钻沉积物柱芯。这些平行钻孔的钻取，在最大程度上避免了盲人摸象“一掌之见”式的“一孔之见”。

（四）多指标研究

在野外采集到样品后，科研就进入到指标测试环节。在古环境演变研究领域，可测试的指标多种多样，对于同一样品，在条件允许（比如样品量、科研经费、实验条件等）的情况下，有必要进行多指标测试（当然还取决于科学目标）。指标包括物理指标（如磁化率、粒度、密度、宽度）、化学指标（如同位素值、元素比值）、生物指标（如孢粉、硅藻、摇蚊、介形虫、有孔虫）。由于测试指标分类标准的不统一，上述物理、化学、生物指标有重叠，如生物指标中的介形虫就经常被用来进行同位

① 安芷生，王平，沈吉，等．青海湖湖底构造及沉积物分布的地球物理勘探研究 [J]．中国科学 (D 辑)．2006，36(4)：332-341．

素值测定。同时，不同地质载体，因为种种原因，适宜或能够测试的指标是不一样的，比如在湖泊沉积物中便无在黄土中能见到的蜗牛残体以供测试。

下面以湖泊沉积物中总碳酸盐含量 TCC（Total Carbonate Content）为例来说明在进行古环境演变研究时只考虑 TCC 这单一指标可能带来的问题。

1.TCC 测量。可利用滴定法①，测量过程如下：

（1）溶液配制。

1）1%酚酞 指示液：称取 1 克酚酞，溶于无水乙醇溶液，用蒸馏水稀释至 100 毫升。

2）0.1 摩尔 / 升氢氧化钠（NaOH）：称取 4 克 NaOH，注入 1000 毫升无 CO_2 水中，摇匀，密封至玻璃瓶中保存。

3）0.2 摩尔 / 升盐酸溶液（HCl）：量取 18 毫升分析纯盐酸，注入 1000 毫升水中，摇匀，放入玻璃瓶中备用。

（2）氢氧化钠溶液标定。称取 0.3 克于 105~110℃烘干至恒重的基准邻苯二甲酸氢钾，注入 50 毫升容量瓶中，加无 CO_2 水至 50 毫升，制成基准邻苯二甲酸氢钾溶液。将溶液倒入滴定瓶中，加入两滴酚酞指示剂，用约 0.1 摩尔 / 升氢氧化钠溶液滴定至溶液呈粉红色，同时做空白试验。NaOH 的浓度（摩尔 / 升）由如下公式计算

$$c=\frac{G}{0.20422\times(V_1-V_2)}$$ FALSE

其中：G 为基准邻苯二甲酸氢钾质量（克），V_1 为 NaOH 溶液的用量（毫升），V_2 为空白试验 NaOH 溶液的用量（毫升），0.20422 为每毫摩尔基准邻苯二甲酸氢钾质量（克）。

（3）盐酸浓度的标定。量取 25 毫升 HCl 溶液，置入容量瓶中，加入 2 滴酚酞指示剂，利用标定后的 NaOH 溶液滴定，至溶液呈粉红色，同时做空白试验。HCl 的浓度（摩尔 / 升）按照以下公式计算：

$$D=\frac{(V_1-V_2)\times c}{25}$$ FALSE

其中：V_1 为 NaOH 溶液的用量（毫升），V_2 为空白试验 NaOH 溶液的用量（毫升），c 为标定好的 NaOH 的浓度（摩尔 / 升）。

（4）TCC 测定。称取 0.3 克烘干至恒重的沉积物样品，置入离心瓶中，加入 30 毫升标定好的约 0.2 摩尔 / 升的 HCl 溶液，摇匀，并静置 24 小时，使其充分反应。离心反应结束的样品，抽取上层清液 10 毫升，加入滴定瓶中，加入 2 滴酚酞指示

① Hesse P R. A text book of soil chemical analysis[M]. Chemical Publishing C., Inc., New York, 1972.

剂。用标定好的约为 0.1 摩尔 / 升的 NaOH 溶液滴定，至溶液呈粉红色，记下消耗的 NaOH 体积为 V_1，同时做空白试验，消耗的 NaOH 体积为 V_2，样品的碳酸盐含量按如下公式计算：

$$X\%=5D-0.5(V_1-V_2)*c$$

其中 $X\%$ 为样品中的碳酸盐含量（折算为 $CaCO_3$ 含量），c 为标定后的 NaOH 浓度，D 为标定后的 HCl 摩尔浓度（摩尔 / 升），V 为消耗的 NaOH 体积（毫升）。

2. 湖泊沉积物次生无机碳酸盐含量（TCC）可能揭示的气候环境信息。碳酸盐沉积可形成于湿润至干旱区，包括淡水湖、咸水湖及盐湖在内的不同地区不同类型湖泊中。湖积物中次生碳酸盐矿物包括化学沉积碳酸盐和生物碳酸盐；化学沉积碳酸盐矿物以方解石、白云石及文石为主；而生物碳酸盐则包括以方解石为基本成分的介形、以文石为基本成分的腹足类及双壳类等。

（1）湖积物中次生无机碳酸盐沉淀的影响因素：湖泊沉积物中次生无机碳酸盐往往形成于湖水表层，然后下沉到湖底，再沉积。自然水体中产生碳酸盐沉淀的必然条件是碳酸盐在水体中过饱和（活度积超过平衡常数时）。这里以 $CaCO_3$ 在水体中的形成为例，详细讨论无机碳酸盐矿物在水体中的形成及影响因素。水体表层中的 $CaCO_3$ 和水体之间存在下面的化学反应：

$$CaCO_3+CO_2+H_2O=Ca^{2+}+2HCO_3^{-}+Q$$

上式中，Q 代表能量。

当上式达到平衡时，如果对平衡体系施加外力，平衡将沿着减少此外力的方向移动。由此可知，影响 $CaCO_3$ 沉淀的因素如下：

1）CO_2 量的变化。从上述反应可知，若 CO_2 量减少，则平衡向左移动，$CaCO_3$ 增多；若 CO_2 量增加，则平衡向右移动，$CaCO_3$ 减少。湖水中 CO_2 含量变化大致源于几个方面：去气作用（如由于温度升高使 CO_2 溶解度降低，CO_2 逸出水面，从而使得湖水表层 CO_2 减少），光合作用（减少 CO_2），呼吸作用（水生植物吸收 CO_2，而水生动物产生 CO_2），腐解作用（产生 CO_2）等。

2）H_2O 量的变化。从上述反应可知，若 H_2O 量减少，则平衡向左移动，$CaCO_3$ 增多；若 H_2O 量增加，则平衡向右移动，$CaCO_3$ 减少。据湖水量平衡方程可知，湖水量变化受控于湖区降水、蒸发及径流（包括地表径流和地下径流）。对于内陆封闭湖泊而言，主要取决于 P–E。

3）Ca^{2+} 量的变化。从上述反应可知，若 Ca^{2+} 量减少，则平衡向右移动，$CaCO_3$ 减少；若 Ca^{2+} 量增加，则平衡向左移动，$CaCO_3$ 增加。如湖水硬度增加，而其他条件相同的情况下，$CaCO_3$ 沉淀容易增加。

4）HCO_3^- 量的变化。从上述反应可知，若 HCO_3^- 量减少，则平衡向右移动，$CaCO_3$ 减少；若 HCO_3^- 量增加，则平衡向左移动，$CaCO_3$ 增加。

只要湖水中有足够的 Ca^{2+} 和 HCO_3^- 浓度，在条件适合时就可形成 $CaCO_3$，而 Ca^{2+} 和 HCO_3^- 几乎是所有类型的岩石化学风化产生的最常见离子①，故当湖泊汇水区域风化情况发生变化导致进入湖泊的 Ca^{2+} 和 HCO_3^- 量的变化，会影响 $CaCO_3$ 的沉积。

5）pH 值的变化。若湖水表层水体 pH 值升高，平衡向左移动，$CaCO_3$ 增加；若湖水表层水体 pH 值降低，平衡向右移动，$CaCO_3$ 减少。

6）温度的变化。从上述反应可知，若气温升高，则湖水表层水温也升高，平衡向左移动，$CaCO_3$ 增加；若气温降低，则湖水表层水温也降低，平衡向右移动，$CaCO_3$ 减少。温度变化起着最为重要的作用，主要表现在如下几个方面：①温度升高，$CaCO_3$ 溶解度与溶解平衡常数减小，湖水过饱和度系数增大，易于沉淀；②水温升高，CO_2 易于逸出；③高温期湖水蒸发增强，水量减小，且 Ca^{2+} 和 HCO_3^- 浓度增大；④温暖年份湖水中藻类通过光合作用从湖泊表层吸收 CO_2 增多②。

简而言之，去气作用、光合作用、水生植物呼吸作用、水量的减少、Ca^{2+} 和 HCO_3^- 量的增多、pH 值及水温的升高通常会导致 $CaCO_3$ 增多，而水生动物呼吸作用及腐解作用会导致 $CaCO_3$ 减少；反之亦然。

但需注意的是：在湖水表层水体中沉淀的 $CaCO_3$ 在下沉过程中经过静水层时，可能由于水温的降低而再次溶解。

（2）TCC 可能反映的气候环境信息

1）TCC 高值反映暖干。这种模型适用于当温度升高且水分减少时。温度升高对碳酸盐沉淀的影响主要表现为：温度升高，$CaCO_3$ 溶解度与溶解平衡常数减小，湖水过饱和度系数增大，易于沉淀；水温升高，CO_2 易于逸出水面；高温期湖水蒸发增强，水量减小，且 Ca^{2+} 和 HCO_3^- 浓度和 pH 值均增大；温暖年份湖水中藻类通过光合作用从湖泊表层吸收 CO_2 增多。

水量减少对碳酸盐沉淀的影响则主要表现为：水量减少导致更多的碳酸盐沉淀；水量减少使得 Ca^{2+} 和 HCO_3^- 浓度和 pH 值均增加，从而使得碳酸盐沉淀。

从上面的分析可以知道，当湖泊水分减少且温度升高时，非常有利于碳酸盐的沉淀，即 TCC 高值和低值分别代表暖干和冷湿。一般而言，对于淡水湖及咸水湖而言，盐类物质沉淀尚处于碳酸盐沉淀阶段，沉积物中碳酸盐含量的高低分别代表湖水的咸化和淡化，间接地反映湖区气候的干湿变化，即沉积物中碳酸盐含量增多往往出现在当湖水水位降低时，反映干旱程度的增加。有不少学者据此利用 TCC 的变

① 刘传联．稳定同位素地球化学方法在古湖泊学研究中的应用 [C]．见：汪品先，刘传联．含油盆地古湖泊学研究方法．北京：海洋出版社，1993: 96-123.

② 陈敬安，万国江，汪福顺，等．湖泊现代沉积物碳环境记录研究 [J]．中国科学，2002, 32(1): 73-80.

化重建不同湖泊古环境，如沈吉[①]根据青海湖沉积岩芯 QH00A 的 TCC，结合其他指标重建了青海湖地区近千年来的气候变化过程；沈吉[②]重建了大布苏湖 15 ka B. P. 来的气候变化；李世杰[③]恢复了西昆仑山甜水海 24 万年来的气候环境变化；舒强[④]认为苏北兴化钻孔 350~254.5 米间 TCC 高低值分别对应暖干和冷湿；众多研究认为青海湖碳酸盐含量的变化和湖水盐度呈正相关的关系[⑤⑥]；同时,TCC 高低值对应干旱和湿润亦被应用到其他湖泊古环境研究，如岱海[⑦⑧]、青海湖、程海[⑨]。

2）TCC 高值反映冷干。这种模型适用于当温度降低而水分减少时。根据前面的分析，当温度降低时，碳酸盐沉淀减少；但水量减少则有利于碳酸盐沉淀。当水分减少对碳酸盐沉淀增加的影响程度超过温度降低对碳酸盐沉淀减少的影响程度时，温度降低而水分减少对碳酸盐的总体影响是使得 TCC 增加。如岱海晚更新世以来碳酸盐沉积增强段即与冰期的干冷气候吻合[⑩]。

3）TCC 高值反映暖湿。这种模型适用于当温度升高而水分增加时。根据前面的分析，当温度升高时，碳酸盐沉淀增加；但水量增加则会减少碳酸盐沉淀。当温度升高对碳酸盐沉淀增加的影响程度超过水量增加对碳酸盐沉淀减少的程度时，温度升高而水分增加对碳酸盐的总体影响是使得 TCC 增加。

如研究表明，大布苏盐湖一万年以来 TCC 越高湖水越深[⑪]，此研究结论与前人结论截然相反[⑫]；青海湖 16 ka B. P. 以来沉积碳酸盐以文石为主，而文石的高含量时段同暖湿气候相对应，低含量则同冷干气候相对应[⑬]，且与据介形虫体长恢复的盐度呈

① 沈吉，张恩楼，夏威岚．青海湖近千年来气候环境变化的湖泊沉积记录 [J]. 第四纪研究，2001，21(6): 508-513.

②⑫ 沈吉，吴瑞金，羊向东，等．大布苏湖沉积剖面碳酸盐含量、氧同位素特征的古气候意义 [J]. 湖泊科学，1997，9(3): 217-221.

③ 李世杰，区荣康，朱照宇，等．24 万年来西昆仑山甜水海湖岩芯碳酸盐含量变化与气候环境演化 [J]. 湖泊科学，1998，10(2): 58-65.

④ 舒强．苏北盆地兴化钻孔近 3Ma 环境变化记录研究 [D]. 南京师范大学博士学位论文，2004.

⑤ 王苏民，李建仁．湖泊沉积：研究历史气候的有效手段——以青海湖、岱海为例 [J]. 科学通报，1991，46(1): 54-56.

⑥⑦⑨⑩ 王云飞．青海湖、岱海的湖泊碳酸盐化学沉积与气候环境变化 [J]. 海洋与湖沼，1993，24(1): 31-35.

⑧ 曹建廷，徐爱霞，王苏民，等．内蒙岱海湖岩芯碳酸盐含量变化与气候环境演化 [J]. 海洋湖沼通报，1999(4): 21-26.

⑪ 介冬梅，吕金福，李志民，等．大布苏湖全新世沉积岩芯的碳酸盐含量与湖面波动 [J]. 海洋地质与第四纪地质，2001，21(2): 77-82.

⑬ 刘兴起，沈吉，王苏民，等．16 ka 以来青海湖湖相次生碳酸盐沉积记录的古气候 [J]. 高校地质学报，2003，9(1): 38-46.

良好的反相关关系[①]；舒强[②]认为苏北兴化钻孔230~0米间TCC高低值分别对应暖湿和冷干；TCC低值对应冷干的情况也出现在岱海[③]、青海湖[④]、青藏高原北部部分湖泊（如可鲁克湖、托素湖及尕海）、河南泌阳[⑤]，以及滇东、黔、桂等地[⑥]。

对于盐湖而言，碳酸盐沉积已为其他盐类或干盐湖沉积取代，碳酸盐沉淀增多往往反映干旱程度的降低，或有淡水注入[⑦]，如大布苏湖即属于这种情况，其盐度为62.34~347.34克/升[⑧]，为东北地区极为罕见的盐湖。柴达木盆地晚更新世盐湖演化研究，25000 a B. P. 左右，该区已进入盐湖演化阶段。在干旱气候占统治地位的背景下，碳酸盐矿物主要与碎屑沉积共生，反映了古气候相对偏湿的波动[⑨]。

由此可见，TCC高值可能反映暖干、冷干、暖湿三种气候或环境情形。具体到某一实际案例，TCC高值究竟代表何意，单靠这一指标（类似盲人独立摸象），恐怕不能解决问题，这时，多指标综合对比分析就极为重要了。

三、相关高考试题示例

（一）2001年上海综合理科卷十七题

十七、（本题21分）人从哪里来？往哪里去？这是人类永恒的话题……

43. 地球的年龄到底有多大？科学家利用天然放射性元素的衰变规律，通过对目前发现的最古老的岩石中铀和铅含量的测定，推算出该岩石中含有的铀是岩石形成初期时的一半。铀-238的相对含量随时间变化关系如图1.3.5所示。由此推断，地球的年龄大致为 ＿＿＿＿＿＿。

① 张恩楼，沈吉，王苏民，等．青海湖近900年来气候环境演化的湖泊沉积记录[J]. 湖泊科学，2002，14(1): 32-38.

② 舒强．苏北盆地兴化钻孔近3Ma环境变化记录研究[D]. 南京师范大学博士学位论文，2004.

③ 曹建廷，徐爱霞，王苏民，等．内蒙岱海湖岩芯碳酸盐含量变化与气候环境演化[J]. 海洋湖沼通报，1999(4): 21-26.

④ 符超峰．青海湖一郎剑钻孔岩芯的磁性地层学与古环境记录[D]. 中国科学院地球环境研究所，2007.

⑤ 黄杏珍，邵宏舜，闫存凤，等．泌阳凹陷下第三系湖相白云岩形成条件[J]. 沉积学报，2001，19(2): 207-213.

⑥ 杨汉奎，黄仁海，朱文孝．陆相$CaCO_3$的环境相模式讨论[J]. 海洋地质与第四纪地质．1991，11(2): 105-114.

⑦ 王云飞．青海湖、岱海的湖泊碳酸盐化学沉积与气候环境变化[J]. 海洋与湖沼，1993，24(1): 31-35.

⑧ 吴德云，张国防，刘崇禧．从大布苏湖近代地球化学特征探讨我国含盐湖盆的沉积模式与油气关系[J]. 石油实验地质，1988，10 (3): 268-276.

⑨ 陈克造，鲍勒．柴达木盆地晚更新世盐湖演化[A]. // 中国科学院中澳第四纪合作研究组．中国-澳大利亚第四纪学术讨论会论文集[C]. 北京：科学出版社，1987: 83-91.

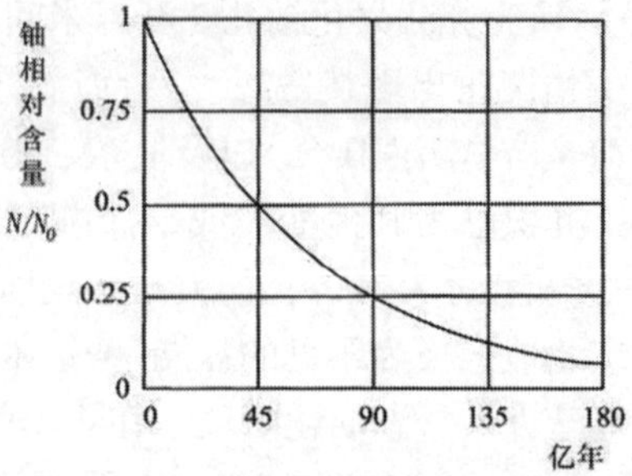

图 1.3.5　地球最古老岩石铀相对含量随时间变化关系

这道高考题有两个地方可能需要商榷：

一是地球上最古老的岩石和矿物。

2001 年在加拿大魁北克省北部哈德森湾东海岸沿线的 Nuvvuagittuq（“努瓦吉图克”）绿岩带的一个古岩床带发现了目前地球上最古老的岩石，岩石样品取自古代火山喷发沉积物，通过测量岩石样品中稀有元素钕和钐同位素的细微变化，研究人员证实岩石距今已有 42.8 亿年历史。①

科学家于 2001 年在澳大利亚杰克山（Jack Hills）上一块露出地面的岩层上提取到一枚大小约为 200 微米 ×400 微米（约为人类头发直径的两倍）的锆石晶体，测量显示形成于 43.74 亿年前，为迄今地球最古老的矿物。②

二是最古老的岩石年龄测定是通过钕和钐同位素获得的。

（二）2015 年山东综合文科卷 11~12 题

某地理兴趣小组在一次野外考察中，选择了一条与考察区域总体构造线方向垂直的路线，观测出露的地层，记录了观测点的相关信息并绘制了考察路线地质剖面示意图。表 1.3.2 为观测点相关信息表。完成下题。

表 1.3.2　观测点相关信息表

地层新老关系	地层代号	观测点坐标
新	C	(31° 38'13″ N，117° 50'12″ E) (31° 37'54″ N，117° 50'59″ E)
↓	D	(31° 38'10″ N，117° 50'19″ E) (31° 37'57″ N，117° 50'52″ E)
老	S	(31° 38'05″ N，117° 50'32″ E) (31° 38'01″ N，117° 50'43″ E)

① O’ Neil J，Carlson R W，Francis D，et al. Neodymium-142 evidence for Hadean mafic crust[J]. Science，2008，321：1828-1831.

② Valley J W，Cavosie A J，Ushikubo T，et al. Hadean age for a post-magma-ocean zircon confirmed by atom-probe tomography[J]. Nature Geoscience，2014（7）：219-223.

11. 该考察区域总体构造线方向为（　　）

A．南北方向　　　　B．东西方向

C．西北—东南方向　　　　D．东北—西南方向

【答案】D

【解析】本题考查经纬网。由表 1.3.2 中六个观测点的经纬度位置可知，其排列方向为西北—东南方向。由题干可知，选择路线与区域总体构造线垂直，故考察区域总体构造线方向为东北—西南方向，D 项正确。

12. 该小组绘制的考察路线地质剖面示意图应为（　　）

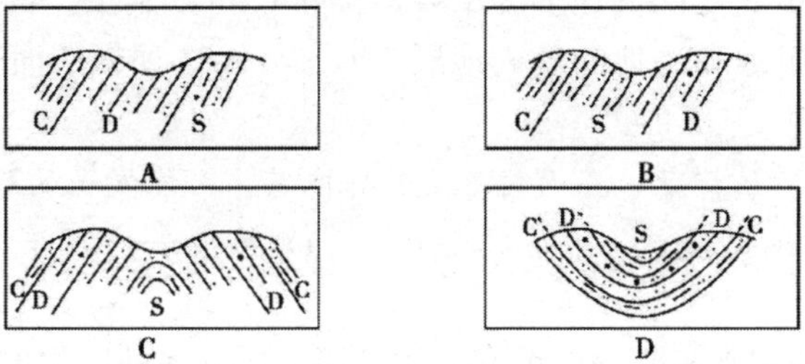

图 1.3.6　考察路线地质剖面示意图

【答案】C

【解析】由表 1.3.2 中信息可知，地层由 C→D→S 为两翼向中心分布，岩层年龄依次变老，应为背斜构造，结合图示可知，C 项正确。

（三）2018 年江苏地理单科卷 5~6 题

下图为“某区域地质简图”。该区沉积地层有 Q、P、C、D、S_2、S_1，其年代依次变老。读图回答下面两题。

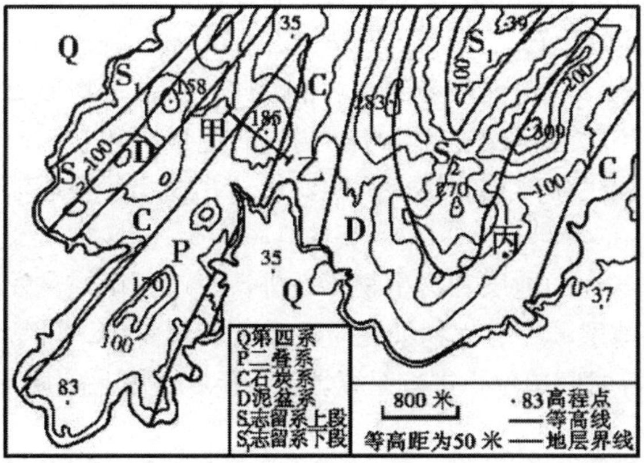

图 1.3.7　某区域地质简图

5. 从甲地到乙地的地形地质剖面示意图是（　　）

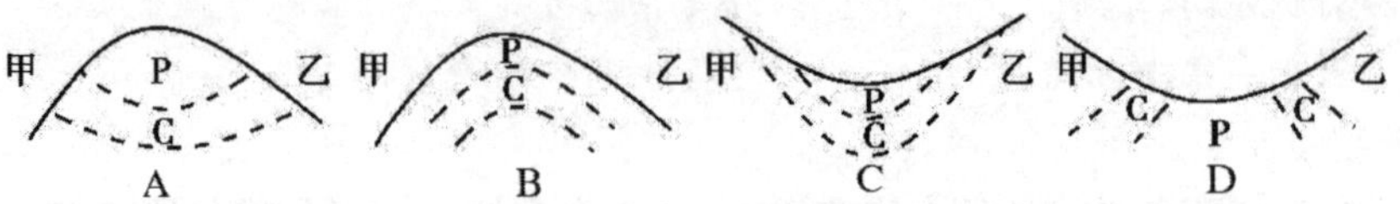

图 1.3.8　从甲地到乙地的地形地质剖面示意图

【答案】A

【解析】由等高线图可看出，甲乙之间最高海拔为 185 米，甲、乙两地的海拔均小于 100 米，因此甲乙之间的地形为山峰，排除 C 和 D 选项。再由图可知，甲乙之间地表地层为 P，甲地和乙地的地表地层为 C，与 A 选项的剖面图相符，故 A 项正确。

6. 为揭示深部地质状况，在丙处垂直钻探取芯，可能发现的地层是（　　）

A. 志留系　　B. 石炭系　　C. 二叠系　　D. 第四系

【答案】A

【解析】沉积地层在垂直方向上的分布规律一般是老地层在下，新地层在上。丙处地表为 D 地层，比其老的地层为志留系地层，故 A 项正确。

上述几道高考地理试题都涉及有关地层和地质年代，现概述如下。

1. 地球演化历程简介。地球约有 46 亿年的历史，在这漫长的时间里，它经历了多次火山喷发、板块碰撞等。要了解这些经历，研究地层是最主要的途径。

地层是具有时间顺序的层状岩石。沉积岩的地层具有明显的层理构造，一般先沉积的层在下，后沉积的层在上。在沉积岩的形成过程中，有些生物的遗体或遗迹会在沉积物中保存下来，形成化石，所以同一时代的地层往往含有相同或者相似的化石。生物总是从低级向高级、从简单向复杂进化的，因此，越古老的地层含有越低级、越简单的生物的化石。

生物的生长过程深受地理环境的影响，因此，由古生物形成的化石种类及特点不可避免地打上了当时地理环境的烙印。通过研究地层和它们包含的化石，科学家发现了不同时期主要生命形式的特点及其变化，并以此了解地球的生命历史和古地理环境。

科学家对全球各地的地层和古生物化石进行了对比研究，发现地球演化呈现明显的阶段性。根据地层顺序、生物演化阶段、岩石年龄等，科学家把漫长的地球历史按照宙、代、纪等时间单位，进行系统性的编年，这就是地质年代表[①]。

① 人民教育出版社，课程教材研究所，地理课程教材研究开发中心．普通高中教科书 地理 必修 第一册．人民教育出版社，2019：15.

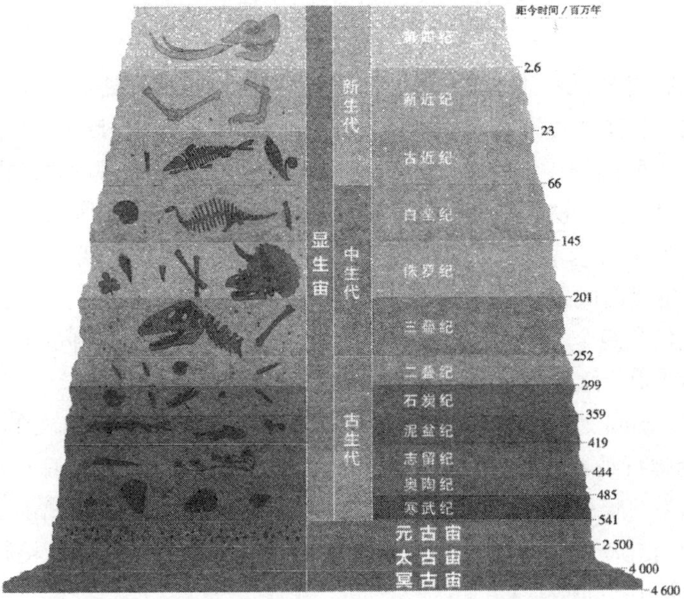

图 1.3.9　地质年代示意

（1）前寒武纪（自地球诞生到距今 5.41 亿年）。前寒武纪包括冥古宙、太古宙和元古宙，约占地球历史的 90%。在此期间，地球的大气层、海洋和陆地慢慢形成，地球也从一个毫无生机的星球变成多种原始生命的家园。

生命的出现和演化与大气层中氧气的增多密不可分。地球形成之初，大气的主要成分是二氧化碳、一氧化碳、甲烷和氨，缺少氧气。冥古宙时期，地球上只有一些有机质，没有生命的迹象。到了太古宙时期出现了蓝藻等原核生物。蓝藻能够通过光合作用制造氧气。元古宙时，蓝藻大爆发，大气成分开始发生改变，生物也因此得到进一步发展，演化出真核生物和多细胞生物。

前寒武纪是重要的成矿时期，大量的铁、金、镍、铬等矿藏出现在这一时期的地层中。

（2）古生代（距今 5.41 亿年—2.52 亿年）。古生代意为“远古的生物时代”，可分为早古生代和晚古生代（以距今 4.19 亿年为界）。其中早古生代包括寒武纪、奥陶纪、志留纪，晚古生代包括泥盆纪、石炭纪和二叠纪。

古生代期间地壳运动剧烈，许多地方反复上升和下沉，海陆格局发生了多次大的变迁，到了后期地球各块大陆汇聚成一个整体，称为联合古陆。

早古生代是海洋无脊椎动物发展的时代。早期，地球上海洋面积远大于现在，海洋无脊椎动物空前繁盛，温暖的海水里出现了多种动物，如三叶虫、笔石、鹦鹉螺等。到了后期，海洋面积缩小，陆地上开始出现低等的植物，但海洋仍是无脊椎动物的世界。

晚古生代是脊椎动物发展的时代。早期鱼类大量繁衍。随着海洋面积进一步缩小，到了中期一些鱼类逐渐进化成能适应陆地环境的两栖类。晚期，气候变得干旱，水源稀少，一些两栖动物慢慢进化成更能适应干燥气候的爬行动物，裸子植物开始出现。晚古生代，蕨类植物繁盛，形成了茂密的森林，是地质历史上重要的成煤期。

古生代末期，发生了地球生命史上最大的物种灭绝事件，几乎 95% 的物种从地球上消失，古生代由此告终。

（3）中生代（距今 2.52 亿年—6 600 万年）。中生代意为“中间的生物时代”，因介于古生代和新生代之间而得名，分为三叠纪、侏罗纪和白垩纪。

由于板块运动剧烈，联合古陆在三叠纪晚期开始解体，各大陆向现在的位置漂移。

这一时期爬行动物盛行，尤其是恐龙，在侏罗纪和白垩纪达到了大繁盛，因此中生代也被称为“爬行动物的时代”。中后期，一些爬行动物进化出羽毛，开始向鸟类发展；小型哺乳动物出现。裸子植物在中生代极度兴盛，在陆地植物中占主要地位。中生代也是主要的成煤期。

中生代末期发生了物种大灭绝事件，绝大多数物种从地球上消失，包括我们所熟知的恐龙，成为中生代结束的标志。

（4）新生代（距今 6600 万年至今）。新生代是“最近的生物时代”，分为古近纪、新近纪和第四纪。联合古陆在新生代最终解体，各大陆板块漂移到现在的位置，形成了现代海陆分布格局。这时期地壳运动剧烈，形成了现代地势起伏的基本面貌，如今地球上一些高大山脉如阿尔卑斯山脉、喜马拉雅山脉、落基山脉、安第斯山脉等都是在这一时期形成的。

新生代被子植物高度繁盛，草原面积扩大，哺乳动物快速发展，生物界逐渐呈现现代面貌。第四纪出现了人类，这是生物发展史上的重大飞跃。

第四纪时期，全球出现数次冷暖交替变化。气候寒冷期，冰川范围扩大，海平面下降，许多生物向较低纬度迁移；气候温暖期，冰川范围缩小，海平面上升，海水浸没了若干低洼的地方。目前，地球处于一个温暖期。

2. 地层系统简介[①]。由于地层划分的目的、根据和适用范围不同，地层划分系统可有两类：一是区域性或地方性的，以岩性变化为主的地层划分，称为岩性地层分类系统，地层单位为群、组、段、层等。二是国际性、全国性或大区域性的，以时代为准的地层划分，称为年代地层分类系统，地层单位为宇、界、系、统、阶、带等。

对于岩性地层单位，应该利用一切手段来确定其地质时代的位置。为了认识大

① 宋青春，邱维理，张振春. 地质学基础[M]. 4 版. 北京：高等教育出版社，2005：317-321.

区域，甚至全世界的地层发育和地理环境全貌，认识地球发展的全部历史进程，建立和逐步完善地质年代表，就必须建立大区域性和国际性的地层单位。这种地层单位必须和地质时代单位相对应。换言之，这种单位是一定地质时期所形成地层总体的名称，是超越地区性具体差异的抽象概括。例如，白垩系代表白垩纪这个地质时代所形成的地层总和，不同地区的白垩系的岩性、厚度、化石分布状况等可能有很大差异，但其所代表的时间长度必须是相等的，其上下界面必须是等时面。由于这种地层划分是以地质时代为标准，所以称为年代地层单位。

确定和对比地层的时代，可以利用同位素年龄、地磁倒转时间表等方法，但其基本方法是利用生物地层学方法。由于生物界发展的不可逆性和阶段性，在同一时期生物界总体面貌大体具有全球或大区域的一致性，这就有可能根据生物门类（纲、目、科、属、种）的演化阶段，把地层划分为大小不同的年代地层单位，如宇、界、系、统、阶等。

根据地层中标准化石和化石组合，可以把地层划分为阶（每一个阶还可以包括几个生物带）。阶与阶之间的生物在属和种的范围内有显著差异。阶以地名命名，如华北地区上寒武统根据三叶虫的种类划分为崮山阶、长山阶、凤山阶。阶是全国性或大区域性的年代地层单位。

比阶更高一级的年代地层单位叫统。一个统可以包括数目不等的阶。由于统所代表的时间较长，所以统与统之间的生物在科、目范围内有显著的变化，统是全球性的年代地层单位。例如，在中国和澳大利亚的下寒武统中都有莱氏三叶虫（科），而在欧美都有小油节虫（科），二者都以多节、多刺、小尾为共同特征，说明下寒武统所代表的时代是三叶虫演化的原始阶段。统的名称和系相同，另冠以下、上或下、中、上字样，如下寒武统、中寒武统、上寒武统。第三系和第四系所划分的统则另有专门名称。

更高一级的年代地层单位叫系。一个系可以分为 2~3 个统。系与系之间的生物在目、纲范围内有很大变化。如泥盆系以鱼纲的大发展、石炭系以两栖纲的大发展为主要特征。系一般是根据首次研究的典型地区的古地名、古民族名或岩性特征等命名，如寒武系、奥陶系、石炭系、白垩系等。

根据生物界重大门类的演化阶段所划分的单位叫界。如中生界含有丰富的爬行类化石，新生界含有种类众多的哺乳动物化石，等等。一个界包括 2~3 个甚至 6 个系。界以象征生物发展阶段的古生、中生和新生等命名。

最高级的年代地层单位叫宇。根据生物的出现和最低硬壳化石带以及较高级动物的大量出现，把全部地层分为 3 个宇，即太古宇、元古宇和显生宇，后者包括古生界、中生界和新生界。

3. 地质时代单位简介[①]。地质时代单位是从年代地层单位（它们都代表地层的实体）概括抽象出来的时间概念，所以年代地层单位都有一个层型，作为比较研究的根据。组成地壳的全部地层（从最老到最新）所代表的时代称地质时代，不同级别的年代地层单位所代表的时代，称地质时代单位。形成一个宇的地层所占的时间称为宙；形成一个界的地层所占的时间称为代；形成一个系的地层所占的时间称为纪；形成一个统的地层所占的时间称为世；形成一个阶的地层所占的时间称为期；形成一个带的地层所占的时间称为时（见表 1.3.3）。

表 1.3.3　年代地层单位与地质时代单位的对应关系

年代地层单位	地质时代单位
宇（Eonthem）	宙（Eon）
界（Erathem）	代（Era）
系（System）	纪（Period）
统（Series）	世（Epoch）
阶（Stage）	期（Age）
带（Chronozone）	时（Chron）

在地质制图和地质记录等实际工作中，各级地层单位经常用各种专门地层符号来表示。其中宇、界、系的符号基本上是采用原拉丁文名称的第一个字母或再加一个字母表示。

（1）宇的符号用两个大写字母表示，如

显生宇（Phanerozoic）PH。

元古宇（Proterzoic）PT。

太古宇（Archaean）AR。

冥古宇（Hadean）HD。

（2）界的符号用两个字母表示，第一个大写，第二个小写，如

新生界（Cenozoic）Cz。

中生界（Mesozoic）Mz。

古生界（Paleozoic）Pz。

（3）系的符号一般用一个大写字母表示，各系名称、符号及部分命名缘由如下：

第四系（Quaternary）Q。

新近系（Neogene）N。

① 宋青春，邱维理，张振春．地质学基础[M]．4 版．北京：高等教育出版社，2005：317-321.

古近系（Paleogene）E。

白垩系（Cretaceous）K，名称源于西欧，在西欧广泛形成了白垩质沉积物，并且在英吉利海峡两岸构成了白色断崖，故而得名。

侏罗纪（Jurassic）J，名称来源于瑞士、法国交界的汝拉山，由德国学者 A.von 洪堡（1795）最早使用“侏罗灰岩”演绎而来，后来国际上习用的下统（里阿斯，Lias）、中统（道格，Dogger）和上统（麻姆，Malm）则起名于英国。

三叠纪系（Triassic）T，名称与二叠纪相同，意为三分。

二叠纪（Permian）P，名称来自德文 Dyas 一词的意译，德国南部由下部赤底群（Rotliegendes）红色碎屑岩和上部镁灰岩群（Zechstein）组成，马尔谷（J.Marcou）于 1859 年根据其两分性命名为二叠系（Dyas）。但由于早在 1841 年莫企逊在乌拉尔山西坡彼尔姆（perm）一带，将相当于二叠系的地层命名为 Permian 系，因而 1937 年的国际地质会议正式采用 Permian 一名，我国仍译为二叠纪。

石炭纪（Carboniferous）C，1822 年由康尼拜（R.D.Conybeare）和菲利普（W.Phillips）根据英格兰北部含煤地层而命名。

泥盆系（Devonian）D，名称源于英国西南部的德文州（Devon Shire）。

志留系（Silurian）S。

奥陶纪（Ordorician Period）O，名称源于英国北威尔士一个古代民族的名字。

寒武纪（Cambrian）∈，名称源于英国西部北威尔士的一个古代名山——寒武山脉。

（4）统的符号一般在系的符号右下角加阿拉伯数字 1、2 或 1、2、3 字样，分别代表下统和上统，或下统、中统和上统。如 2018 年江苏地理单科卷 5~6 题中的“志留系下段”S_1。

（5）阶的符号是按照汉语拼音方案，采取阶名的第一个字母或两个字母，放在统的符号之后（小写正体）。在同一个统内，阶名第一字母有重复时，时代较老的阶用一个字母；较新的阶则在第一个字母后再加一个最接近的子音字母。示例从略。

海枯石烂：海洋的前世今生

海枯：海水干涸。石烂：岩石风化成土。①

一、比喻经历的时间极为久远，变化巨大。

宋·王奕《法曲献仙音·和朱静翁青溪词》："老我重来，海干石烂，那复断碑残础。"亦作"石烂海枯""海干石烂""松枯石烂"。

二、反衬人之意志坚定，或事迹不可磨灭。

元·王实甫《西厢记》第五本第二折："这天高地厚情，直到海枯石烂时。"

明·瞿佑《剪灯新话·绿衣人传》："海枯石烂，此恨难消；地老天荒，此情不泯。"《三国演义》第四十七回："汝要说我降，除非海枯石烂。"

三、比喻干净彻底。

元·贯云石《中吕·红绣鞋》："东村醉西村依旧。今日醒来日扶头，直吃得海枯石烂恁时休。"

清·文康《儿女英雄传》第十七回："一切了当，觉得这事作得海枯石烂，云净天空，何等干净解脱，胸中十分痛快。"②

一、海洋演化的威尔逊旋回

从板块构造观点来看，洋壳盆地并非永恒存在，一般都经历形成、扩张、缩小、关闭的发展过程。加拿大地球物理学家威尔逊（J.T.Wilson，1973）首先联系现代各种海洋实例，系统归纳了洋盆开合的多阶段发展模式，将大洋盆地的演化归纳为6个发展阶段：大陆裂谷（胚胎期）→红海型海洋（幼年期）→大西洋型海洋（成年期）→太平洋型海洋（衰退期）→地中海型海洋（终了期）→地缝合线（消亡期）。

大洋的演化呈现为张开和关闭的旋回形式，主宰了地球表层活动和演化，体现了板块构造的精髓。1974年，杜威（J.F.Deway）和伯克（K.Burke）建议将这种在大陆岩石圈上保留大洋开闭的过程，称"威尔逊旋回"。

按照板块构造理论，不仅在海洋中有洋壳分裂、地幔物质涌出、新洋壳的生长，而且在大陆上也有同样的现象，大陆裂谷就是这样的地带。东非大裂谷正处于陆壳开始张裂，但尚未形成海洋环境，即大洋发展的胚胎期。

若裂谷继续发展，开始出现狭窄的海湾，海水侵入其间，局部已经出现洋壳，好像红海和亚丁湾一样，被认为是大洋发展的幼年期。

如果再继续扩张，基性岩浆不断侵入和喷出，新洋壳把老洋壳向两侧推移，海

①② 刘万国，侯文富．中华成语大词典[M].修订版．北大青鸟电子出版社，2004：1112-1113.

洋边缘又未出现俯冲、消减现象。所以大洋迅速扩张，扩张速率以每年 5 厘米计，大约经过 1 亿年，就会形成一个新的“大西洋”。板块说认为大西洋正处于大洋发展的成年期。

大洋中脊虽然继续扩张增生，但大洋边缘一侧或两侧出现强烈的俯冲、消减作用，海洋总面积渐趋减小。而太平洋的年龄比大西洋要老，它正处于大洋发展的衰退期。

随着洋壳海域的缩小，终于导致两侧陆壳地块相互逼近，其间仅残留小型洋壳盆地。如地中海，它正处于大洋发展的终了期。

印巴次大陆长期北移，最后和欧亚板块相撞，形成巍峨的喜马拉雅山脉以及地缝合线的形迹，地缝合线代表大洋发展的遗痕。

上述海洋开闭过程在地质历史中反复出现，即构造运动具周期性。

需要说明，地史中古板块和古洋盆的情况更为复杂，上述威尔逊旋回的 6 个阶段不一定全部依次发展，小型或微型板块的分裂和拼合过程也有特殊性，在实际应用时需要根据具体情况具体分析。

二、相关高考试题示例

（一）2019 年高考全国文综卷（课标 I ）地理题

阅读图文材料，完成下列要求。

随着非洲板块及印度洋板块北移，地中海不断萎缩，里海从地中海分离。有学者研究表明，末次冰期晚期气候转暖，里海一度为淡水湖。当气候进一步转暖，里海北方的大陆冰川大幅消退后，其补给类型发生变化，里海演化为咸水湖，但目前湖水盐度远小于地中海的盐度。下图示意里海所在区域的自然地理环境。

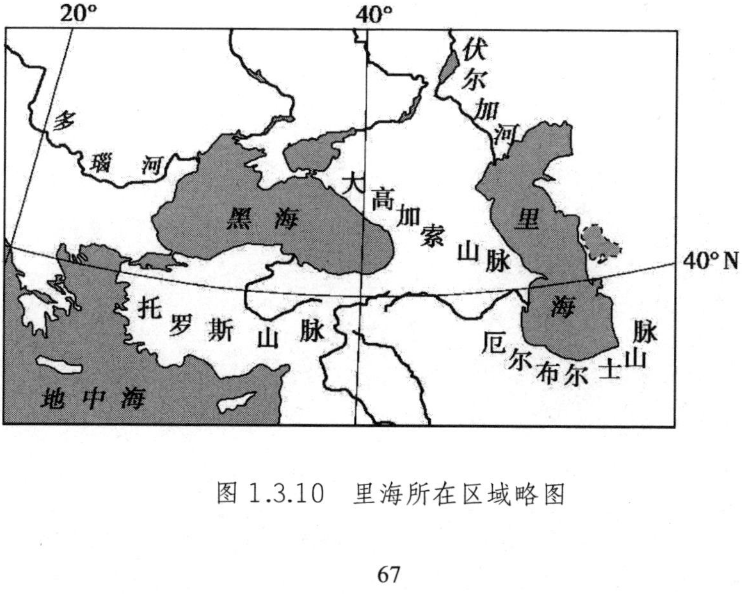

图 1.3.10　里海所在区域略图

（1）末次冰期晚期里海一度为淡水湖，对此作出合理解释。

（2）分析补给类型发生变化后里海演化为咸水湖的原因。

【答案】

（1）气温仍较低，湖面蒸发弱；受冰雪融水补给，补给大于蒸发。

（2）有河流汇入，带来盐分；无出水口，盐分无法排出；地处内陆，蒸发强烈，导致盐度升高。

【解析】

（1）淡水湖的盐度小，据此从淡水补给大于湖水蒸发的角度分析即可。注意题干中的“末次冰期晚期”的提示。

（2）咸水湖的盐度高，从盐分的汇入、排出分析即可。

第四节　地球的圈层结构

“天高地厚”部分描述了地球内部圈层结构及各层特点，本书对涉及该成语的两道高考试题进行了分析。

天高地厚：地球内部圈层构造

“天高地厚”原指天地广大辽阔（衬托人之窘迫或渺小）。①

出自《诗经·小雅·正月》：“谓天盖高，不敢不局；谓地盖厚，不敢不蹐。”

金·元好问《论诗三十首（其十八）》：“东野穷愁死不休，高天厚地一诗囚。”

一、比喻恩情深厚。

《庄子·田子方》：“至人之于德也，不修而物不能离焉，若天之自高，地之自厚，日月之自明，夫何修焉！”

元·无名氏《合同文字》第一折：“他目下交三岁，你若抬举他更数年。常则是公心教训诚心劝，教的他为人谨慎于人善，不许他初年随顺中年变。俺便死也难忘你这天高地厚情……”

二、指事情的复杂性。

汉·韩婴《韩诗外传》第八卷：“曰：‘始言圣人，今言不知，何也？’子贡曰：‘臣终身戴天，不知天之高也；终身践地，不知地之厚也。’”

《荀子·劝学》：“故不登高山，不知天之高也；不临深溪，不知地之厚也。”②

一、地有多厚——地球内部圈层结构

地球半径平均约为6372千米，可视为地的厚度。

地球内部圈层指从地面往下直到地球中心的各个圈层，包括地壳、地幔和地核。虽然人们渴望“向地球的心脏进军”，彻底搞清楚地球内部状况，目前，世界钻深排位前三的俄罗斯科拉半岛SG-3井（12 263米）、卡塔尔的阿肖辛油井（12 289米）和俄罗斯在库页岛的OP-11油井（12 345米），均不及地球半径的1/500。所以还不能用直接观察的方法来研究地球内部构造。通常采用地球物理方法，更主要是利用地震波的传播变化来研究地球内部构造情况。地震波分为纵波（P）和横波（S）。纵

①② 刘万国，侯文富．中华成语大词典[M].修订版．北京：北大青鸟电子出版社，2004: 3027.

波可以通过固体和流体，速度较快；横波只能通过固体，速度较慢。同时地震波的传播速度随着所通过介质的刚性和密度的变化而改变。因此地震波实际上对地球起到“透视”的作用。当然，也可以借助宇宙地质（特别是陨石的成分）来判断地球内部的成分①。

如果地球从表及里，是由均一物质组成，则纵横波速度在任何深度和任何方向都应该相同。但根据地球内部震波传播曲线分析，可以看出震波传播速度随深度而发生变化，并且有些地方还发生突然变化，可见地球内部物质不是均一的，而且还存在许多界面。地震波在地下若干深度处，传播速度发生急剧变化的面，称为不连续面。其中有两个变化最显著的不连续面，叫一级不连续面。根据地震波的传播数据，可以制成地球内部震波传播速度曲线图（图 1.4.1）。从图中可以看出两个一级不连续面：

一个在地下（自海平面起算）平均 33 千米处（指大陆部分）。在此不连续面以上，纵波速度为 7.6 千米 / 秒，以下则急增向 8.0 千米 / 秒；而横波则由 4.2 千米 / 秒增到 4.4 千米 / 秒。这个一级不连续面称莫霍洛维奇不连续面，简称莫霍面或莫氏面。

另一个在地下 2900 千米深处。在这里纵波速度由 13.32 千米 / 秒突然降为 8.1 千米 / 秒，而横波至此则完全消失。这个面称古登堡不连续面。

这两个一级不连续面，将地球内部划分为 3 个圈层：地壳、地幔和地核（图 1.4.1）。

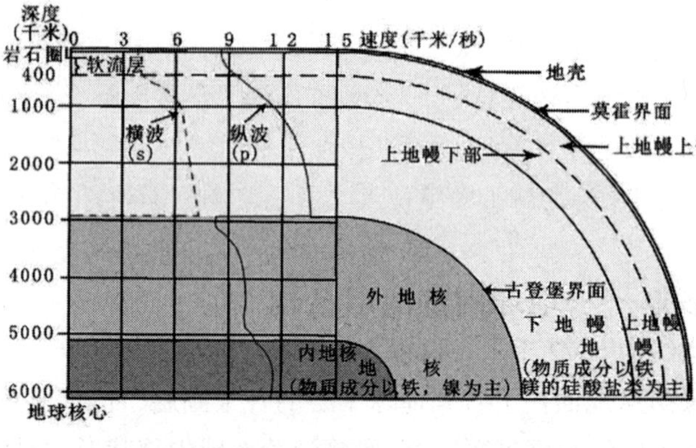

图 1.4.1　地震波速度与地球内部构造

此外，根据次一级不连续面还可以划分出次一级圈层，共可划分出 A、B、C、D、E、F、G 七圈层；次一级圈层还可根据更次一级不连续面划分出更次一级的圈层，如 A′、A″，B′、B″ 等。

① 宋青春，邱维理，张振春 . 地质学基础 [M]. 4 版 . 北京：高等教育出版社，2005: 27-34.

（一）地壳（A 层）

地壳指地球莫霍面以上的固体硬壳（A 层），属于岩石圈的上部。主要由硅酸盐类岩石组成，质量约占地球质量的 0.8%，体积占整个地球体积的 0.5%。

地壳是地球表面的一层薄壳，其厚度大致为地球半径的 1/400，但各处厚度不一，大陆部分平均厚度 37 千米多，而海洋部分平均厚度则只有约 7 千米。一般说来，高山、高原部分地壳最厚，如我国青藏高原地壳最厚可达 70 千米。

地壳可以分为上、下两层，中间被康拉德面所分开。但这一界面在海洋部分不明显或者根本不存在。

1. 上层硅铝层（即 A′ 层）。其成分以 O、Si、Al 及 K、Na 等为主，和花岗岩的成分相似，所以叫花岗岩层；此层又称为硅铝层。在这一层的表层部分常分布有 0~10 千米厚的沉积岩层。此层厚度在山区和高原可达 40 千米，在平原区常为 10 千米，在海洋地区变薄甚至完全缺失（如太平洋），因此是一个不连续圈层。这一层物质组成极为多样，构造形态和地貌形态也非常复杂。

2. 下层硅镁层（即 A″ 层）。其成分虽然也以 O、Si、Al 等为主，但 Mg、Fe、Ca 等成分则显著增加，和玄武岩的成分相似，所以叫玄武岩层，又称为硅镁层。此层在海洋地壳部分平均厚 5~8 千米，在大陆部分则延伸至花岗岩层之下，推测可厚达 30 千米，是一个连续圈层。

地壳可以分为大陆型地壳（简称陆壳）和大洋型地壳（简称洋壳）。陆壳的特征是厚度较大（30~70 千米），具双层结构，即在玄武岩层之上有花岗岩层（表层的大部分地区有沉积岩层）。总的来看，硅铝层好像浮在硅镁层之上，地表起伏越大（如高山、高原），莫霍面的位置越深，地壳越厚。洋壳的特征是厚度较小，最薄的地方不到 5 千米，一般只有单层结构，即玄武岩层，其表层为海洋沉积层所覆盖。此外，在陆壳和洋壳交会处还可以分出过渡型地壳，又称次大陆型地壳，其特点介于以上两种类型地壳之间。地壳厚度的差异性和垂直结构及物质成分的不均匀性，构成了地壳总的特征，这种特征常导致地壳物质的重新分配和调整，以便达到新的平衡关系，这是引起地壳运动的多种因素之一。

（二）地幔（B、C、D 层）

地幔指莫霍面以下到古登堡面以上的圈层。深度为从地壳底界到 2900 千米。其体积占地球总体积的 82%，质量占地球总质量的 67.8%。从莫霍面到古登堡面，根据地震波传播速度大体是缓慢而均匀变化的，中间缺少一级不连续面，说明地幔物质较地壳具有很大的均匀性。但是，在约 400 千米和约 1000 千米深处各有一个次一级不连续面存在，即拜尔勒面和雷波蒂面，并据此划分为 B、C、D 层。由此可见，地幔物质又具有一定的分异作用。目前，一般以 1000 千米为界，把地幔分为上地幔和下地幔。

1. 上地幔（B、C 层）。由于震波数值和在橄榄岩中实验所得的数值相似，所以也称橄榄岩层，又称榴辉岩层。橄榄岩的成分和广泛分布的石陨石（又称球粒陨石）相似，和地壳相比，SiO_2 成分减少，镁铁成分增加。

上地幔包括 B、C 两层，其中 B 层又可分成 B′ 和 B″ 两层。

（1）上地幔顶部（B′ 层）：位于莫霍面以下的 B′ 层，相当于固态的橄榄岩层，故通常把这一层加上地壳（即 A+B′ ）合称为岩石圈。

（2）软流圈（B″ 层）。在深度 60~400 千米范围内，震波速度明显下降，特别是在 100~150 千米深度左右下降更多，这一层称为古登堡低速层（相当于 B″ 层）。所以，一般认为在这一层可能有部分熔融，具有较大的塑性或潜柔性，因此又称为软流圈。软流圈的深度、厚度和范围常随地而异，边界有起伏变化，有时呈渐变关系。软流圈的温度为 700~1600℃，这里可能是岩浆的主要发源地，同时地壳运动、岩浆活动、火山活动以及热对流等皆可能与此层有关。

（3）上地幔下部（C 层）。该层也有次一级不连续面，具体情况有待于继续探索。中、深源地震（最深可达 720 千米）的震源皆发生在上地幔中。因此，对上地幔的研究日益受到国际上的重视，是固体地球物理学国际合作研究计划之一。为了进一步探索地球深部，国际地学界 1960 年曾提出“上地幔计划”，该计划于 1970 年结束，对研究上地幔地球物理起了很大的推动作用。

2. 下地幔（D 层）。这一层物质密度较大，在底界接近地球的平均密度，化学成分目前认为仍然相当于镁铁的硅酸盐矿物，与上地幔无甚差别。但由于这里压力很大，这些硅酸盐矿物可能形成晶体结构紧密的高密度矿物。由于纵波和横波都能在地幔通过，因此一般认为地幔呈固态存在。

（三）地核

位于深 2900 千米古登堡面以下直到地心部分称地核。由于震波速度在这一部分发生了突然变化，即纵波速度从每秒 13.32 千米下降到 8.1 千米，横波则消失，表明组成地核物质的化学成分和物理性质等有了很大的变化。根据地震纵波的变化情况，地核又可分为外核（E 层）、过渡层（F 层）和内核（G 层）。

外核由于只有 P 波才能通过，呈液态。过渡层和内核有 S 波出现，呈固态。

关于地核的成分，很早就认为是铁镍成分，相当于铁陨石的成分，称为铁镍地核说。后来有人认为组成地核的物质也是硅酸盐，但在高温高压下，原子结构受到破坏，使各元素原子中的电子游离出来，好像原子核融于电子之中，具有很大的密度，又具有良好的导电性，成为具有金属特性和液体特性的物质，这称为压力电离现象，这种物质状态称超固态。近来又提出了更新的看法。目前借助于冲击波的动力研究，已经能够进行超过地心压力的实验。据实验，在 5×10^{11} 帕的超高压情况下，并不产生硅酸盐的金属化，即压力电离现象；同时，可以求得在超高压下物质密度与压力的关系以及相当的 P 波速度值，实验结果表明 P 波速度相当于铁族金属。因此，对上述硅酸盐金属化的假设提出了怀疑，而重新肯定了铁镍地核说。其中可能还存在一些硅、硫等密度较小的元素。

二、相关高考地理试题示例

（一）2011 年高考全国文综卷（大纲卷）地理题

读下图，完成下题。

图 1.4.2　某火山喷发示意图

组成该山体岩石的矿物直接来自（　　）

A. 地表　　B. 地壳上部

C. 地壳下部　　D. 地幔

【答案】D

【解析】在上地幔上部存在一个软流层，此处是岩浆的发源地，故选 D 项。

岩浆是在地壳深处或上地幔天然形成的、富含挥发组分的高温黏稠的硅酸盐熔浆流体，它是形成各种岩浆岩和岩浆矿床的母体。因此该题 C 选项在一定程度上似乎也是正确的。

（二）2019 年高考北京文综卷地理 11 题

莫霍面深度不一。图 1.4.3 为长江中下游某区域莫霍面的等深线分布图。读图，回答第 11 题。

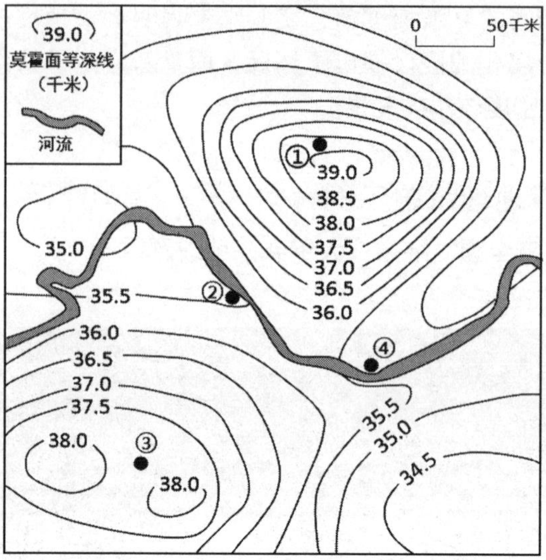

图 1.4.3　长江中下游某区域莫霍面的等深线分布图

11. 据图可推断（　）

A. ①地地壳厚度最薄　　B. ②地金属矿产丰富

C. ③地地幔深度最浅　　D. ④地地下水埋藏深

【答案】B

【解析】本题以长江中下游某区域莫霍面等深线分布图为背景，考查地球圈层结构、地下水埋藏深度、金属矿产等知识；考查学生从地理等值线图中获取信息的能力；体现学生的区域认知和综合思维的学科素养。

莫霍面为地壳与地幔的分界线。图中莫霍面等深线数值越大，表明地壳厚度越大。①③两地数值较大，说明两地地壳较厚，地幔较深，故 A、C 项错误；④地位于河流沿岸，地下水埋藏较浅，D 项错误；长江中下游多金属成矿带，故可推断 B 项正确。

矿产的形成与岩石性质密切相关。不同的矿产往往形成于不同的岩石中，有些矿产本身就是岩石。例如，非金属矿产的煤、石油、天然气等，都形成于沉积岩中；非金属矿产的石墨、大理石等，则形成在变质岩中；而金属矿产的钨、锡等，一般形成在岩浆岩中。在地壳岩层褶皱隆起的地带，随着地壳上升隆起，地下深处含有金属物质的岩浆侵入、冷凝，会形成多种金属矿产。

第五节　地球的自转和公转

“天旋地转”部分揭示出天旋源于地转——天体周日视运动，列析了一道高考试题。

“夸父逐日”部分对夸父逐日的可行性进行了分析。我们提出了“夸父‘日中而作’”这一观点，并尝试给出追日路线，列析了三道高考试题。

通过“夜以继日”这个成语对昼夜产生的原因，昼夜长短的纬度和季节分布、晨昏蒙影与白夜进行了解析，列析了四道高考试题。

通过“来日方长”这个成语分析了一日长度的变化，并分析了其原因，列析了一道高考试题。

通过“黄道吉日”这个成语则分析了太阳周年视运动，以及二十四节气和黄道十二宫、黄道十三星座，并对涉及该成语的四道高考试题进行了分析。

天旋地转：孰因孰果?

天地旋转，比喻时势变迁或局面根本改变。①

唐·元稹《望云骓马歌》:“雄雄猛将李令公，收城杀贼豺狼空。天旋地转日再中，天子却坐明光宫。”

唐·白居易《长恨歌》:“行宫见月伤心色，夜雨闻铃肠断声。天旋地转回龙驭，到此踌躇不能去。”

形容眩晕时的感觉。

《水浒传》第二十七回:“那两个公人只见天旋地转，强禁了口，望后扑地便倒。”

清·李汝珍《镜花缘》第三十五回:“林之洋素日酒量虽大，无如近来腹中空虚，把酒饮过，只觉天旋地转，幸而还未醉倒。”②

和天旋地转相类似成语有地动山摇、头晕目眩等。

一、天旋地转与天体周日视运动

（一）天旋地转的实质

在地球上的观测者看起来，整个天球像是在围绕着我们旋转。这种视运动是地

①② 刘万国，侯文富．中华成语大词典[M].修订版．北京：北大青鸟电子出版社，2004:3051.

球自转引起的。

（二）天体周日视运动的基本规律

1. 绕转中心及运动轨迹。在北半球看来，天球的周日绕转中心为天北极。紧靠天北极有一颗较明亮的恒星，即北极星。

天体周日运动行经的路线叫周日圈，即它所在的那条赤纬圈。天体愈近天极，其周日圈愈小；离极愈远，周日圈愈大。

2. 方向、周期和速度。由于地球以一日为周期自西向东自转，故在地球上看到的天体周日视运动也以一日为周期，方向自东向西。即我们所见到的日月星辰，皆在一日内东升西落。其转动的角速度约为 15° / 时。

（三）不同地区所见的恒星周日视运动

对于地球上各个不同纬度的观测者来说，他们所看到的天体的视运动线路和地平间的关系也各不相同。

在北半球看来，天北极周围恒星永不落地平，这部分周日圈全部位于地平以上的恒星叫作恒显星；范围是以天北极为中心的一个圆形天空区域，叫恒显星区。反之，天南极周围恒星永不升起南方地平，这部分周日圈全部位于地平以下的恒星，叫作恒隐星；范围是以天南极为中心的一个圆形天空区域，范围大小与恒显星区相同。介于上述两部分星区之间的恒星，有东升西落，这部分周日圈与地平圈相交的恒星叫作出没星，其范围叫作出没星区（图 1.5.1）。

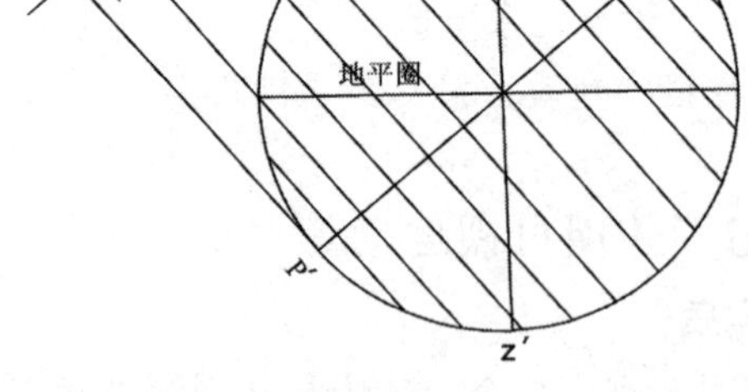

图 1.5.1　恒显星区、恒隐星区和出没星区

显然，在北极，只有恒显星和恒隐星，而无出没星；周日圈平行于地平圈。在

赤道，只有出没星，而无恒显星和恒隐星；周日圈垂直于地平圈。在北半球某纬度，南北天极周围有恒显星和恒隐星，天赤道南北有出没星（图 1.5.2）。

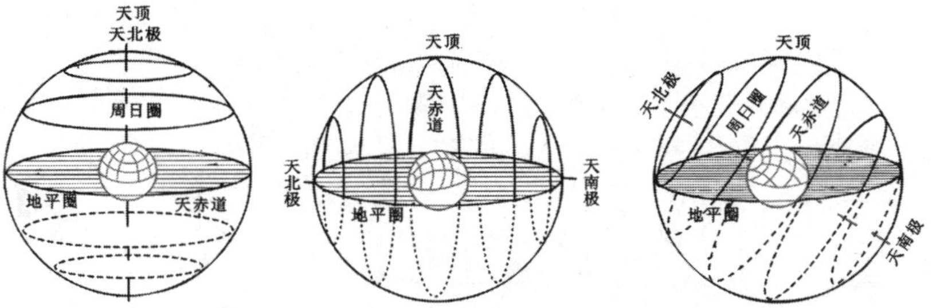

图 1.5.2　不同纬度的天球周日运动

将摄像机对准天北极，经长时间曝光，即可获得如图 1.5.3 所示照片。天体愈近天极，其周日圈愈小；离极愈远，周日圈愈大。

图 1.5.3　北极所见恒星周日视运动

在北纬中纬度 θ 度地区的观测者可以看见北极星在正北地平线上空高 θ 度的位置。从正东方升起的星倾斜着移向南方，到上中天时（即到正南方时），它距离地平线的高度是（$90-\theta$）度，以后它又倾斜着向西移动，由正西方落到地平线以下（图 1.5.4）。

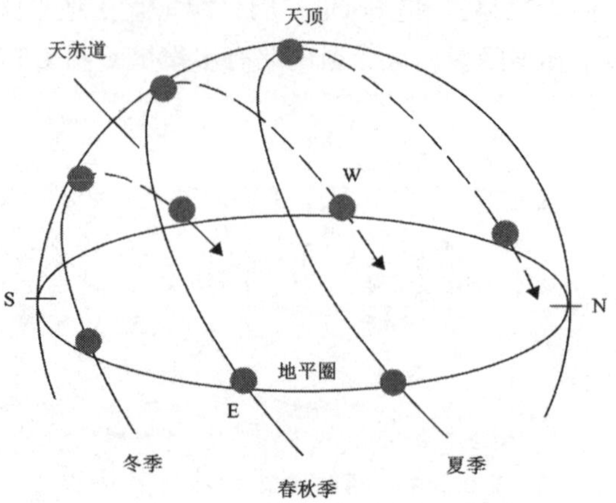

图 1.5.4　北半球中纬度的天体周日视运动

在地球赤道上的观测者，北极星在正北地平线上。

（四）太阳周日视运动

详见成语“夸父逐日”。

二、相关高考地理试题示例

（一）2013 年高考天津文综卷地理 8~9 题

图 1.5.5 所示照片是摄影师在夜晚采用连续曝光技术拍摄的，照片中的弧线为恒星视运动轨迹。读图回答 8~9 题。

图 1.5.5　恒星视运动轨迹

8. 据图 1.5.5 判断，摄影师拍摄的地点位于（　　）

A. 低纬度地区　　B. 中纬度地区

C. 北极附近　　D. 南极附近

9. 图 1.5.5 中 a 恒星视运动转过的角度约为 50°，据此判断摄影师连续拍摄的时间为（　　）

A.1 个多小时　　B.3 个多小时

C.5 个多小时　　D.7 个多小时

第 8 小题，根据上述分析，很显然答案为 A。

第 9 小题，根据天体周日视运动角速度约为 15°/时，很显然答案为 B。

夸父逐日：日出而作，日中而作?

【夸父逐日】

夸父，古代神话中的人物。逐：追。夸父追赶太阳。①

一、指征服自然的愿望和坚强决心。

《山海经·海外北经》:“夸父与日逐走，入日；渴欲得饮，饮于河渭，河渭不足，北饮大泽。未至，道渴而死。弃其杖，化为邓林。”

（夸父与太阳赛跑。赶上了太阳，口渴，想要得到喝的水。到黄河、渭水中去喝水，黄河和渭水的水不够喝。到北边去喝大湖里的水，还没赶到，就在半路上渴死了。丢下他的手杖，手杖化成了邓林，即桃林。）

晋·陶潜《读山海经十三首》:“夸父诞宏志，乃与日竞走。……余迹寄邓林，功竟在身后。”

二、比喻人不自量力。

宋·刘克庄《初秋感事三首》:“思放归田又数期，少犹迂阔况衰迟。日非夸父追能及，山岂愚公力可移。”

亦作“夸父追日”。②

与夸父逐日相类似的成语不少，如不自量力、旭日东升、如日中天、日落西山。

旭日东升：旭日，初升的太阳。早晨的太阳刚从东方升起。形容充满青春活力、朝气蓬勃的景象。③

郭沫若《〈柳亚子诗词选〉序》:“‘北望桥陵佳气好’，是指当时在共产党和毛泽东主席领导下的新生力量正如旭日东升。”

老舍《最值得歌颂的事》:“我描写了她们怎么在黑暗中挣扎和怎样看到了旭日东升，破涕为笑。”

亦作“旭日初生”。④

日落西山：太阳降到西山后。指黄昏时刻。也比喻人已垂老，生命不久。⑤

宋·张君房《云笈七签》第九十六卷：“天上人间，会合疏稀。日落西山兮夕鸟归飞，百年一晌兮志与愿违，天宫咫尺兮恨不相随。”

①② 刘万国，侯文富．中华成语大词典[M]. 修订版．北京：北大青鸟电子出版社，2004:1726.

③④ 刘万国，侯文富．中华成语大词典[M]. 修订版．北京：北大青鸟电子出版社，2004:3593-3594.

⑤ 刘万国，侯文富．中华成语大词典[M]. 修订版．北京：北大青鸟电子出版社，2004: 2618-2619.

清·无名氏《西湖佳话·六桥才迹》:“每船中分几个妓女，任凭他撑到各处去，饮酒微歌，直饮到日落西山，烟雾迷蒙，东坡方教自家船上，鸣金为号，聚集诸船。”

丁玲《太阳照在桑干河上》第四十三章:“财主们已经是日落西山，红不过一会了。”①

一、夸父逐日与太阳周日视运动

在地球上的观测者看起来，太阳像是在围绕着我们旋转。这种视运动是地球自转引起的。

由于地球以一日为周期自西向东自转，故在地球上看到的太阳周日视运动也以一日为周期，方向自东向西，其转动的角速度约为 15° / 时。

由此可见，太阳同时参与两种相反的运动：由于地球自转而随同整个天球的运动，方向向西，日转一周；由于地球公转而相对于恒星的运动，方向向东，年巡天一周（图 1.5.6）。

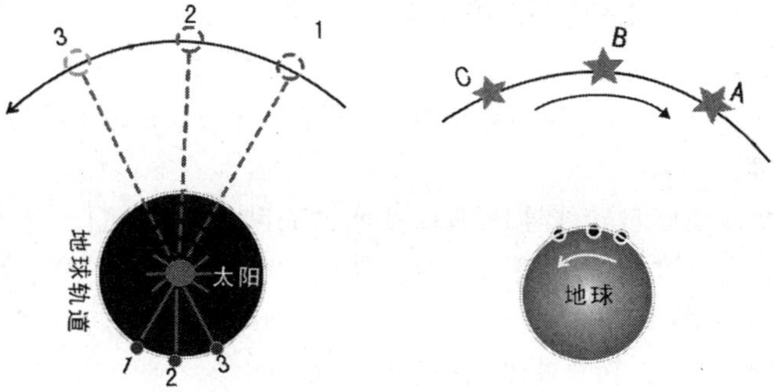

图 1.5.6　太阳周年视运动（左）和周日视运动（右）

二、夸父逐日的可行性分析

（一）逐日方向及其影响

由于太阳周日视运动方向为自东向西，即太阳东升西落（有两个与此相关的成语：旭日东升、日落西山），故夸父若想追上太阳，就得保持和太阳视运动相同的方向——向西。

不管夸父追没追上太阳，我们知道在夸父逐日的整个过程中，他看到太阳的时间会相对地延长，昼夜交替周期就越长。②

① 刘万国，侯文富．中华成语大词典 [M]. 修订版．北京：北大青鸟电子出版社，2004: 2618-2619.

② 杜亚春．成语在地理教学中的巧用 [J]. 地理教学，2012（8）: 51-52.

如果夸父向相反的方向追，即向东跑，会出现什么情况？

如果他向相反的方向追，他看到太阳的时间就会相对缩短，昼夜交替周期也就会变短。

据此可以完成下题：

一艘由上海开往旧金山的海轮上，人们见到的昼夜交替周期（　　）

A. 大于 24 小时　　　　B. 小于 24 小时

C. 等于 24 小时　　　　D. 无法确定

分析：现在坐在行驶的海轮上的人们就相当于夸父，他们运动的方向是自西向东，与夸父追赶太阳的方向相反，所以他们看到太阳的时间就会减少，昼夜交替周期就小于 24 小时。所以答案为 B。①

（二）逐日速度及其影响

1. 地球自转速度。地球自转的速度分为角速度和线速度。地球各部分（极点除外）都有相同的自转角速度，即约 15°/时。

地球自转的线速度因纬度和海拔而不同。

$v=2\pi(r+h)\times\cos\theta/t$

式中，v 为地球表面某点自转线速度，r 为地球半径，h 为海拔高度，θ 为纬度，t 为地球自转周期。

在同一高度，地球自转线速度随纬度增大而减小，赤道上，自转线速度最大。经计算，赤道上线速度为 1670 千米 / 时，纬度 30° 处为 1447 千米 / 时，纬度 60° 处为 837 千米 / 时（图 1.5.7）。

在同一纬度，地球自转线速度随高度增大而减小。

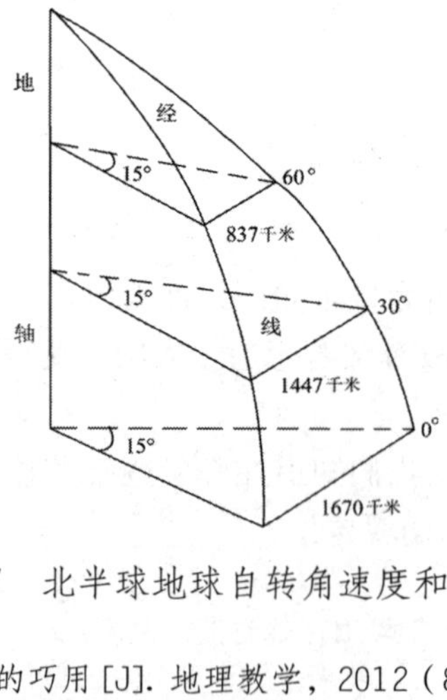

图 1.5.7　北半球地球自转角速度和线速度②

① 杜亚春．成语在地理教学中的巧用 [J]. 地理教学，2012（8）：51-52.

② 金祖孟．地球概论 [M]. 北京：高等教育出版社，1997：5.

2. 逐日速度及其影响。夸父得以什么样的速度才能追赶上太阳？夸父要想追赶上太阳，他必须在向西且以大于太阳的运动速度追赶才行[①]。该处的“太阳的运动速度”指的是太阳周日视运动的角速度。粗略估算，太阳周日视运动的线速度可达10000 千米 / 秒。

前文讲，如果夸父向西追赶太阳，他看到太阳的时间会相对地延长，昼夜交替周期就越长。其实，夸父看到太阳的时间还取决于追赶速度，在追赶速度小于太阳运动速度的情况下，追赶的速度越快，看到太阳的时间就越长，昼夜交替周期就越长；如果夸父和太阳的运动速度相同，他看到的太阳在天空中的位置始终不变。

试想：如果夸父追赶速度超过太阳运动速度，又会出现什么情况呢？

（三）夸父逐日时间——“日出而作”还是“日中而作”

关于夸父逐日，有这么一种描述：太阳刚刚从海上升起，夸父告别族人，怀着雄心壮志，从东海边上向着太阳升起的方向，迈开大步追去，开始他逐日的征程。

夸父究竟是在一天中的什么时刻开始追赶太阳的呢？

1. 理解一：日出而作。显然，不论夸父身处地表何处，一日中太阳升起时，都在其东方（所谓“旭日东升”）。如果旭日刚一东升，夸父即开始追日，那方向应该是向东，即夸父与太阳相向（注意，是“相向”，而非“同向”）而行。当相向而行至某地正午时与太阳“相遇”，然后转而西行继续追日。

但这种理解面临的最大问题是，夸父若在行至某地正午之前就开始与太阳相向而行的话，这不叫“追日”，而叫“迎日”，当然也可以在广义上把这也理解成是追日。那夸父的追日起始时间即为“日出而作”。

2. 理解二：日中而作。如果把“追”理解为二者必须同向运动的话，那上述理解一中的“夸父和太阳相向而行”就不叫“追”。

那么夸父逐日的时间起点应该是在夸父所在地正午，然后二者一路西行。即夸父每天追日起始时间为“日中而作”。

（四）夸父逐日路线

假定在某一时刻夸父看见太阳在哪，就往哪追的话，追赶路线又会如何呢？

很显然，具体追赶路线取决于三个因素：一天中太阳方位角变化，从日出还是日中开始追赶，开始追赶时夸父相对于太阳的方位。其中，太阳方位角具体计算如下：

① 杜亚春．成语在地理教学中的巧用 [J]．地理教学，2012（8）：51-52.

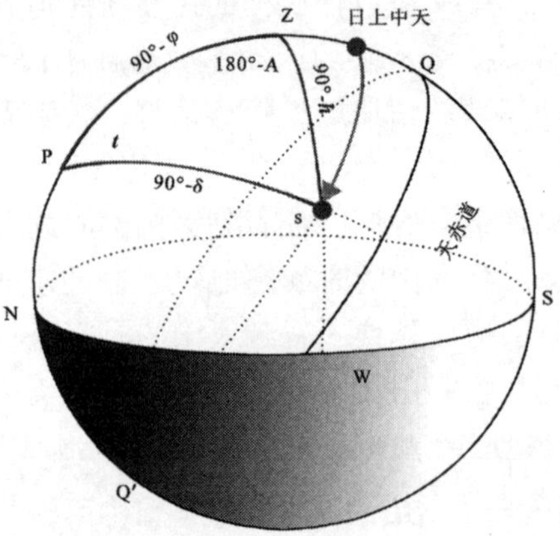

图 1.5.8　利用球面三角形计算太阳方位角[1]

图 1.5.8 中，Z 为天顶，P 为天北极，s 为太阳；δ 为当时太阳赤纬，ϕ 为当地地理纬度，t 为当时太阳时角，h 为当时太阳高度，A 为太阳方位角。太阳赤纬 δ 和地理纬度 ϕ 北纬为正，南纬为负；太阳时角 t 在天赤道上自上点 Q 开始向西度量，正午为 0，上午为负，下午为正，每小时对应 15°；太阳方位角 A 以南点 S 为起点，沿地平圈向西度量，自 0°~360°。

在球面 ΔZPS 中，$ZP=90°-\phi$，$Zs=90°-h$，$Ps=90°-\delta$

根据球面三角余弦定理有

$\cos(90°-h)=\cos(90°-\delta)\times\cos(90°-\phi)+\sin(90°-\delta)\times\sin(90°-\phi)\times\cos t$

化简得

$\sin h=\sin\delta\times\sin\phi+\cos\delta\times\cos\phi\times\cos t$

同理可得

$\cos(90°-\delta)=\cos(90°-h)\times\cos(90°-\phi)+\sin(90°-h)\times\sin(90°-\phi)\times\cos(180°-A)$

化简得

$\cos A=(\sin h\times\sin\phi-\sin\delta)\div(\cos h\times\cos\phi)$　　（1）

根据公式（1）即可计算具体时间、地点的太阳方位角。

这里仅以日出日落方位为例简要举例说明：

日出日落时，太阳高度 $h=0$，$\sin h=0$，$\cos h=1$，故公式（1）可简化为：

$\cos A=-\sin\delta\div\cos\phi$　　（2）

据式（2）有

二分日，太阳直射赤道时，太阳赤纬 $\delta=0$，$\sin\delta=0$，故 $\cos A=0$。

① 金祖孟．地球概论 [M]. 北京：高等教育出版社，1997：202.

得 A=90° 或 180° ，即有：二分日，全球所有地点均为太阳正东升起，正西落下。

当 $\delta>0$ 时，有 $\cos A<0$，有 $90°<A<180°$，即有北半球夏半年，全球日出东北，日落西北。

当 $\delta<0$ 时，有 $\cos A>0$，有 $0°<A<90°$ 或 $180°<A<360°$，即有北半球冬半年，全球日出东南，日落西南。

故对于北半球夏半年来讲，日出东北后过一段时间方位于正东，日落西北前一段时间方位于正西。

三、相关高考地理试题示例

（一）2012 年高考安徽文综卷地理 30~31 题

下图为安徽省平原地区某中学的操场和行道树示意图（晴天 8：00 前后，东操场大部分被行道树的树荫覆盖）。完成 30 ~ 31 题。

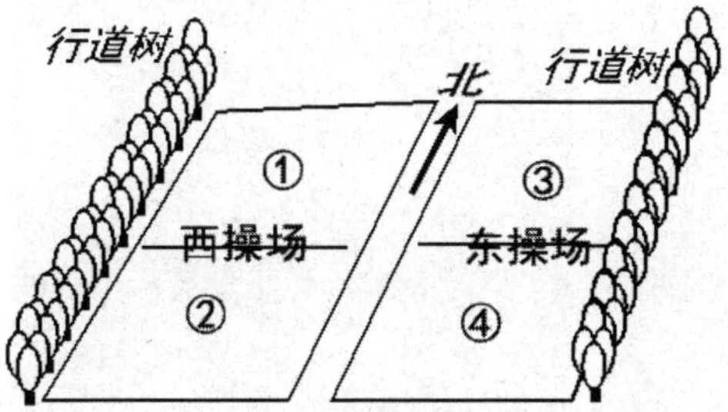

图 1.5.9　安徽省平原地区某中学的操场和行道树示意图

30. 为充分利用树荫遮阳，6 月某日 16：00 ~ 16：45 该校某班同学上体育课的最佳场地是（　　）

A. ①　　　　B. ②　　　　C. ③　　　　D. ④

【答案】B

31. 下列日期中，阳光照射行道树产生的阴影在地面转动角度最大的是（　　）

A.5 月 1 日　　　　B.6 月 1 日　　　　C.7 月 1 日　　　　D. 8 月 1 日

【答案】C

严格意义上讲，题干中的“晴天 8:00 前后，东操场大部分被行道树的树荫覆盖”是针对全年所有晴天，显然这种“假设”值得商榷。

对于 30 题，问题的关键在于“北京时间 16：00 太阳方位角为多少”。在基于安徽全境和整个 6 月的情况下，不论是利用球面三角公式计算还是通过相关软件（如 Stellarium）模拟，均得到此时刻太阳方位角略大于 270° 的结果。

对于31题，隐含一个前提，即四个日子自日出到日落一直都有阳光照射（即阴影从日出到日落一直存在），而不能仅仅是“晴朗”。当然，这种“假设”不一定合理，但却是可以接受的。

（二）2013年高考四川文综卷地理9~10题

图1.5.10是亚洲中纬度地区一种适应环境、别具地方特色的民居，称为土拱。这种民居较高大，屋顶为拱顶或平顶，墙体由土坯砌成，厚度很大。据此回答9～10题。

图1.5.10　土拱

9. 这种民居所处环境的突出特点有（　　）

A. 昼夜温差大　　B. 秋雨绵绵

C. 气候湿热　　D. 台风频繁

10. 6月8日当地地方时15时，照射土拱的太阳光来自（　　）

A. 东北方向　　B. 东南方向

C. 西北方向　　D. 西南方向

【答案】9.A　　10.D

10题和9题相比较，此题将时间限定到某一天的地方时，并且距离正午更近；同时将空间范围显性且“定量”地限定为亚洲中纬度地区。

（三）2018年高考全国文综卷（课标Ⅰ）地理10题

小明同学7月从重庆出发到贵州毕节旅游，收集到的相关高速公路信息如下图所示。据此完成下题。

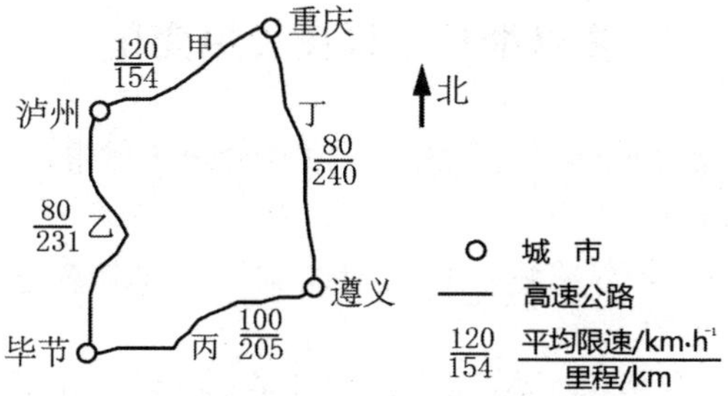

图 1.5.11　重庆至毕节高速公路信息

小明若从重庆出发乘长途客车经遵义至毕节，为免受阳光长时间照射且能欣赏窗外风景，以下出发时间和座位较好的是（　　）

A.6:00 出发，左侧靠窗　　　　B.8:00 出发，右侧靠窗

C.10:00 出发，左侧靠窗　　　　D.12:00 出发，右侧靠窗

【答案】B

【解析】本题考查地球运动知识和读图能力。从重庆到遵义是向南行驶，由遵义到毕节是向西偏南行驶；由图中各路段的里程和限速可以推知这一行程的总时间约为 5 小时，为免受阳光照射且能欣赏窗外风景应坐在背光一侧靠窗座位；上午 8:00 出发，在到遵义之前太阳位于偏东方向，背光一侧应是右侧座位，到遵义后太阳位于偏南方向，右侧座位同样是背光，B 项正确；上午左侧靠窗是迎光一侧，A、C 项错误；12:00 以后，太阳位于偏西方向，右侧迎光，D 项错误。

解答此题，首先要考虑行程时段，即要简单计算行程时间，明确全程所处的时段内太阳位置；其次要理解左右是相对汽车行驶方向来确定的。

第 10 题题干中“长时间”一词的“合理性”至少可以从四方面（不限于）解读：

一是“试排序四个选项太阳照射时间长短”所涉及的时间长短；

二是日出后一定时间内太阳高度角较小时车内不论左右侧均可能被照射；

三是车辆实际行进过程中可以出现的短时反向行驶；

四是毕节 7 月份下午几点后太阳处于西北方向（此时车辆若尚未到达目的地，则右侧被太阳照射）。

夜以继日：昼夜长短变化

以晚上时间来接续白天时间之不充足；白天时间不够用，用夜晚来继续。形容昼夜不息地从事某件事。①

《孟子·离娄下》："周公思兼三王，以施四事；其有不合者，仰而思之，夜以继日；幸而得之，坐以待旦。"

三国·魏·阮籍《乐论》："殷之季君，亦奏斯乐。酒池肉林，夜以继日。"

宋·苏轼《上神宗皇帝万言书》："思之经月，夜以继日，书成复毁，至于再三。"

清·赵翼《廿二史札记·金代文物远胜辽元》："熙宗谒孔子庙，追悔少年游佚，自是读《尚书》、《论语》、《五代史》及《辽史》，或夜以继日。"

亦作"夜以续日""以日继夜""以夜继日""夜以接日""夜以继昼"。②

一、昼夜产生的原因

在太阳照射下，地球被分为昼夜两个半球：向太阳的半球是昼半球，背太阳的半球是夜半球。昼夜两半球之间的分界线，被叫作晨昏线，是地球的一个大圆。晨昏圈经过的各地，正经历着一天中的清晨或黄昏。那里见到的太阳，正好位于东方或西方的地平上。地球不仅在空间有昼夜半球之分，而且，由于地球的自转和公转，昼夜两半球在时间上不断地相互交替，使得各个地点时而位于昼半球，因而经历着白昼；时而位于夜半球，因而经历着黑夜。这叫作昼夜交替③。

晨昏圈从特点上看，是平分地球的一个大圆；与太阳光线垂直；平分赤道，二分日等分所有的纬线，二至日与南北极圈相切；与经线圈的夹角等于太阳直射点的纬度；移动与地球自转速度相同，但方向相反，为自东向西。

在极昼极夜地区，短时间尺度上夜无法继日。因此，夜以继日在某些地区某些时段可能是"通宵达旦"，也可能是"漫漫长夜"。

二、昼夜长短

昼夜的长短，视晨昏圈分割纬线的情况而定。一般情形下，纬线被晨昏圈分割成两部分：位于昼半球的部分叫昼弧；位于夜半球的部分叫夜弧。昼弧和夜弧的弧长，决定该地的昼长和夜长：弧长 15°，折合时间 1 小时。

各地的昼夜长短，因晨昏圈随太阳直射点的移动而发生变化：

①② 刘万国，侯文富．中华成语大词典 [M]. 修订版．北京：北大青鸟电子出版社，2004：3736-3737.

③ 金祖孟．地球概论 [M]. 北京：高等教育出版社，1997：98-107.

当太阳直射点落在赤道（春、秋二分）时，晨昏圈通过两极（与经圈重合），等分所有纬线。因此，全球各地昼夜等长。

北至日，太阳直射点移至北回归线，晨昏圈偏离两极，与南、北极圈相切。这时，昼弧与夜弧的分割最为悬殊。北半球（太阳直射的半球）各纬度昼最长而夜最短；南半球相反。北半球的昼长和南半球的夜长，皆随纬度增高而增大。到北极圈内，纬线全线是昼弧，昼长达 24 小时，“夕阳”连着“朝晖”，终日太阳不落，称为极昼。在南极圈内，纬线全线位于夜半球，24 小时漫漫长夜，终日不见太阳，称为极夜。赤道是唯一保持昼夜等长的地方。从几何上说，赤道和晨昏圈都是地球的大圆；两个大圆相交，必相互等分。

南至日（北半球冬至日），太阳直射点移至南回归线。这时，南、北两半球的昼夜长短分布情形，与北至日相反。

1. 昼夜长短的纬度分布。昼夜长短因纬度而不同。具体的纬度分布又因季节而变化。但是，下列几条是全年共同的：赤道上全年昼夜等长；太阳直射半球，昼长夜短，高纬度地区有极昼，昼长达 24 小时；非太阳直射半球，昼短夜长，高纬度相应地区有极夜，昼长为零（夜长 24 小时）。

除春、秋二分外，全球的昼长可分为四个纬度带：极昼地带，昼长夜短地带，昼短夜长地带，极夜地带。随着太阳赤纬的变化，四个纬度带便发生相应的改变：太阳赤纬为正值（直射北半球）时，全球的昼长向北增加，极昼地带位于北极地区；太阳赤纬为负值（直射南半球）时，情况相反。太阳赤纬的绝对值 $|\delta|$ 愈大，则极昼（夜）地带愈宽。

2. 昼夜长短的季节变化。昼夜长短因季节而变化（唯一的例外是赤道，那里终年昼夜等长），具体的变化情形，则因纬度而不同。但是，下列几条是全球各纬度共同的：

二分时，全球昼夜平分，均为 12 小时。

二至时，昼夜长短极端：或昼最长、夜最短；或昼最短而夜最长。

各地全年平均昼长相等，皆为 12 小时（不计太阳视半径和大气折光作用）。

全球各纬度昼夜长短的季节变化，都以二分二至为界，分全年为四个阶段：

升降二分发生昼长夜短与昼短夜长的交替，极昼和极夜地带，昼长夜短和昼短夜长地带发生南北倒转，并由昼夜平分开始趋向极端。而且，二分前后，太阳赤纬（δ）变化最快，因而这段时间昼夜长短的变化特别明显。

南北二至发生昼减夜增和昼增夜减的交替，上述四个地带发生扩大和缩小的更替，昼（夜）长本身则开始由极端趋向齐平。二至日过后不久，地球分别经过轨道的近日点（1 月初）和远日点（7 月初），公转速度达到最快和最慢。因此，北半球夏至后昼减夜增的变化，比冬至后昼增夜减的变化显得较为缓慢。故民谚有“夏至十八天，冬至当日回”的夸张说法。

昼夜长短极值出现的时间，南北两半球相反。当北半球昼最长（夜最短）时，南半球则是昼最短（夜最长）；北极地区发生极昼时，南极地区则是极夜。

在南北极圈内，都有极昼和极夜。它们的范围大小，随太阳赤纬（δ）而变化。|δ|值愈大，极昼（夜）范围愈广。自春分到夏至（δ 由 0° 增为 23.5°），北极地区的极昼和南极地区的极夜，都从极点扩大到极圈；自夏至到秋分（δ 由 23.5° 减为 0°），则从极圈缩小到极点。冬半年的情形反之。

由此可知，一地的极昼（夜）的持续时间，因距极远近而不同：愈近两极，极昼（夜）期间愈长，从南北极圈的 1 日，到南北两极增为各约半年。

三、晨昏蒙影与白夜

上述的昼和夜，是以日出和日没为交替的。事实上，在日出之前（黎明）和日没以后（黄昏）的一段时间，天空仍然明亮，处于半光明状态。这段时间，既不是真正的白昼，也不是真正的黑夜，是昼夜交替的过渡时期，叫曙暮光。现代天文学称晨昏蒙影，即晨光和昏影的合称。二者的成因相同，都是高空大气对太阳光的反射和散射的结果。

晨光以日出为终止，存在一个晨光始的问题；昏影以日没起始，存在一个昏影终的问题。晨光始和昏影终，都以一定的太阳“低度”为标准。按不同的需要，晨昏蒙影分为三级：民用晨昏蒙影、航海晨昏蒙影和天文晨昏蒙影。它们的晨光始和昏影终的太阳“低度”标准，分别是 6°、12° 和 18°。

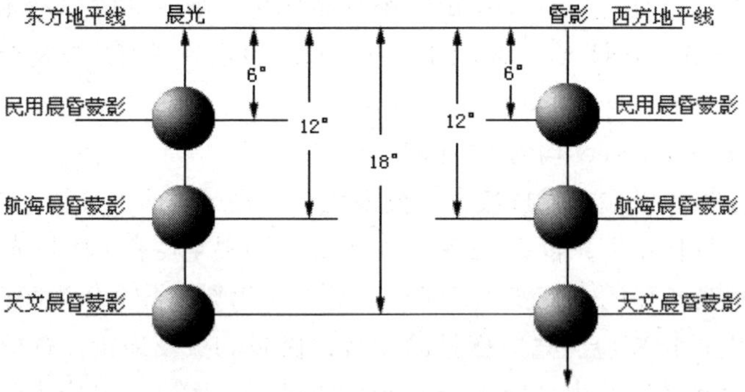

图 1.5.12　各级晨昏蒙影的太阳“低度”标准

天气晴朗时，日轮中心自地平落入地平线下 6° 的一段时间，曙暮光的强度，对正常的户外活动足够明亮，室内无需照明。这段时间称为民用晨昏蒙影。任何时候，全球约有 5%的地方处于这种状态中。

当太阳位于地平线下 6° ~12° 时，户外活动已嫌太暗，室内工作需要照明；天空中的亮星已经显现，但远方的地平线仍清晰可辨。这段时间是航海测星（测定天体的地平高度）最适宜的时机，故称航海晨昏蒙影。

真正的黑夜来临（或结束），是太阳落入地平线下 18° 时开始的。这时，肉眼可见的最暗淡的星开始显现，天空完全黑暗，天文晨昏蒙影告终。

晨昏蒙影持续的时间，取决于太阳自地平线落入地平线下 18° 所需的时间。这段时间的长度，可根据太阳周日圈与地平圈的交角大小来推算。太阳如垂直落入地平线，这段路线最短，曙暮光持续时间也最短；太阳周日圈愈倾斜，曙暮光持续时间便愈长。由此可知，晨昏蒙影的时间，随纬度增高而增长；也略因季节而变化（因为太阳周日圈的大小因季节而不同），二分较短，二至较长。

夏至日，北纬 60° 的地方，整夜处于民用晨昏蒙影状态中，前一天的黄昏尚未结束，次日的黎明便接踵而来，通宵达旦，天空不黑。这种高纬度夏季奇特的天象，被称为白夜。事实上，夏至那天，纬度高于 48.5° N 的地方（66.5°−18° =48.5° ），便没有真正的黑夜。南北两极地区冬季漫长的极夜，大部分时间是白夜。那里的真正黑夜，每年只有两个月左右。

四、相关高考地理试题示例

（一）2016 年高考天津文综卷地理 9 题

9. 2011 年 7 月 17 日，我国南极中山站（69° 22′ S，76° 22′ E）越冬科考队的队员们迎来了极夜后的第一次日出，中山站极夜持续的时间是（　　）

A. 30 天左右　　B. 50 天左右

C. 70 天左右　　D. 90 天左右

【答案】B

【解析】根据太阳直射点的移动规律，6 月 22 日前后为中山站极夜的中心日期，从材料中可知极夜的结束日期为 7 月 17 日，则可算出中山站极夜的后半段有 25 天，故整个极夜持续时间为 50 天左右，故 B 项正确。

（二）2012 年高考江苏文综卷地理 3 题

北京时间 2011 年 11 月 3 日 1 时 36 分 6 秒，“天宫一号”目标飞行器与“神舟八号”飞船成功实现首次交会对接。图 1.5.13 是“神舟八号”与“天宫一号”首次对接空间位置示意图。读图回答 3 ～ 4 题。

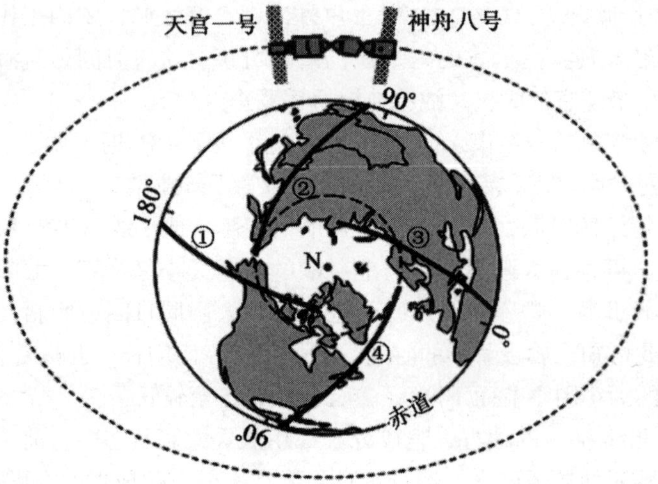

图 1.5.13 “神舟八号”与“天宫一号”首次对接空间位置示意图

3. 首次成功对接时，地球表面的晨线是（　　）

A. ①线　　　　B. ②线

C. ③线　　　　D. ④线

【答案】A

【解析】本题考查时间的计算。②线、④线与北极圈相切，反映的是冬至日状况，排除 B 、D 选项。北京时间 11 月 3 日 1 时 36 分 6 秒时，可求知 0° 经线地方时为 17 时 36 分 6 秒，180° 经线地方时为 5 时 36 分 6 秒，故晨线应在 180° 经线附近，A 项正确，C 项错误。

（三）2013 年高考广东文综卷地理 6 题

6. 北京时间 2012 年 12 月 21 日 19:18，北半球迎来冬至。此刻，日期为 2012 年 12 月 22 日的地区约占全球面积的（　　）

A．0　　　B．1/3　　　C．1/2　　　D．2/3

【答案】A

【解析】本题主要考查时间及日期变更的计算能力。当 2012 年 12 月 21 日北半球迎来冬至的时刻，全球分为 12 月 21 日和 12 月 20 日两个日期，还没有进入 12 月 22 日，故 A 项正确。

（四）2018 年高考海南地理卷 6 题

下图示意海南岛的位置。读图，完成下题。

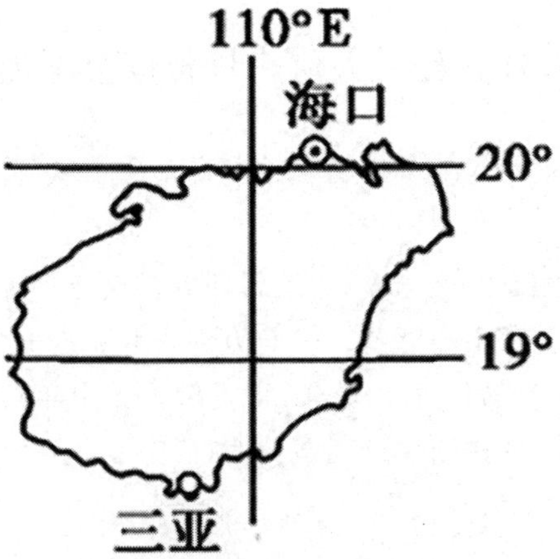

图 1.5.14　海南岛的位置

6. 1 月 1 日，当海口正午时，地球上进入新年的区域面积与地球总面积的比例（　　）

A. 等于 1/2　　　　B. 多于 1/2 少于 2/3

C. 等于 2/3　　　　D. 多于 2/3

【答案】D

【解析】0 时经线以东至 180° 经线为新的一天。当海口 (110° E) 为 1 月 1 日正午，即 110° E 的地方时为 1 月 1 日 12:00，则 0 时所在经线为 70° W；即 70° W 向东至 180° 共 250 个经度进入新年，则进入新年的区域占全球总区域的比例超过 2/3。

上述几题涉及日期范围的计算，常用方法有二：

（1）新的一天的范围是从 0 时所在经线向东到 180° 经线，旧的一天的范围是从 0 时所在经线向西到 180° 经线。

（2）如果 180° 经线的地方时是 A 点，那么新的一天占全球的 A/24；反过来，如果新的一天占全球的 A/24，那么 180° 经线的地方时是 A 点。

来日方长：为何一日长度会增加?

来日：未来的日子。方：还。未来的日子还很长，表示以后的机会还很多或前途大有希望。①

宋·文天祥《与洪端明云岩书》："某到郡后，颇与郡人相安，日来四境无虞，早收中熟，觉风雪如期，晚稻亦可望，惟是力绵求牧，来日方长。"

清·汪由敦《瓯北初集序》："君以数年，即足胜人数十年功力，英年茗发，来日方长，勿辍其勤，勿满其志，吾安能测其所至哉！"②

亦作"来日正长""来日应长"。

一、一日有多长

一日，可以简单理解为地球自转的周期。地球自转周期的度量，需要在地外的天空找一个超然于地球自转的参考点。天球周日运动是地球自转的反映。因此，地球自转周期可以从天体周日运动的周期来测定。按参考点的不同，天文上的日的长度有三种——恒星日、太阳日和太阴日，分别以春分点、太阳和月球为参考点。③

恒星日是指同一恒星连续两次在同地中天的周期。应当指出，天文上用来定义恒星日的，不是具体的某个恒星，而是春分点。这是由于恒星日是同恒星时相联系的，而恒星时就是春分点的时角。为了同这些情况相适应，用来定义恒星日的只能是春分点。如考虑到地轴进动或春分点西退，那么，恒星日与地球自转周期，也还存在细微的差别。④

太阳日是太阳连续两次在同地中天所需的时间；太阴日则是月球连续两次在同地中天所经历的时间。同恒星相比较，太阳和月球都不是天球上的"定"点。它们除了参与天球周日运动（向西）外，还有各自的巡天运动（向东），因而太阳日和太阴日都不是地球自转的真正周期。太阳和月球在天球上向东运行，中天时刻就推迟到来，使连续两次中天的时间间隔增长。因此，太阳日和太阴日都要长于恒星日。⑤

太阳日和太阴日之间互不相同，是因为二者具有不同的速度。太阳周年运动是地球公转的反映，其速度是每太阳日约59′；月球的巡天运动是它本身绕转地球，其速度是每太阴日13° 38′（或每太阳日13° 10′）。⑥

在一个恒星日、太阳日、太阴日内，地球自转角度、持续时间长度等，详见表1.5.1。

①② 刘万国，侯文富．中华成语大词典[M]. 修订版．北京：北大青鸟电子出版社，2004：1748.

③④⑤⑥ 金祖孟．地球概论[M]. 北京：高等教育出版社，1997：70.

表 1.5.1　恒星日、太阳日、太阴日比较

	恒星日	太阳日	太阴日
地球自转角度	360°	360°　59′	373°　38′
时间长度（恒星小时）	24 时	24 时 04 分	24 时 54 分
时间长度	23 时 56 分	24 时	24 时 50 分
备 注	地球自转的真正周期	日常生活中所说的一日	

二、为何来日会变长

地球自转速度是在变化着的，可分长期变化、季节变化和不规则变化①。

1. 长期变化

地球自转速度长期变化的主要原因，是月球和太阳对地球的潮汐作用。

潮流对海底具有摩擦作用，叫作潮汐摩擦。如果把月球对于地球的引力看作集中于一点，那么，这个引力中心（Q）不在地心，而是偏向近月半球和偏东半球（图 1.5.15）。近月半球与远月半球按月地的距离而分。引力中心偏向近月半球，这是因为引力大小与距离平方成反比，近月半球所受的月球引力，总是大于远月半球。偏东半球和偏西半球按月球绕转的方向而分。由于海水的黏性及海底摩擦，潮汐隆起在向西运行中，总是落后于月垂点，即位于垂点以东。

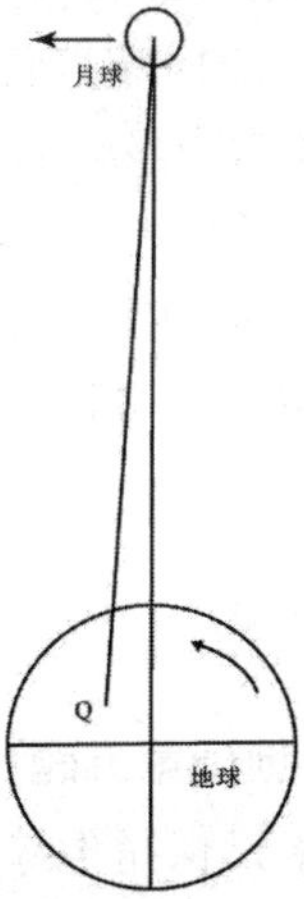

图 1.5.15　地球所受引力中心（Q）偏离地球几何中心②

既然月地间的引力作用偏离地球中心，它就产生力矩，从而影响地球和月球的

① 金祖孟．地球概论 [M]．北京：高等教育出版社，1997：74.

② 金祖孟．地球概论 [M]．北京：高等教育出版社，1997：160.

运动。具体地说，月球对于地球的引力有一个向西的分量。这个分力对于地球的向东自转起着减速作用，即像刹车那样的作用，使它的速度不断减慢。通常提到潮汐摩擦，总是强调这个作用，其实，它还有另外的一面：地球对于月球的引力有一个向东分量。这个分力对于月球公转起着加速作用。

2. 季节变化

地球自转速度的季节变化又分周年变化和半周年变化。前者主要是季风的变化引起的，其振幅为20~25毫秒；后者是大气潮汐引起的，其振幅为9毫秒。

3. 不规则变化

不规则变化的原因，则是由于地球内部和外部的物质移动和能量交换所致[①]。

由于地球自转速度趋缓，故作为地球自转周期的一日的长度也相应变长。

根据对远古时代的日、月食的研究，因潮汐摩擦，日的长度每世纪增长0.0016秒。同时，根据对珊瑚化石的日纹的研究，距今3.7亿年前（泥盆纪中期），某种珊瑚显示一年留下385~410条生长线，说明当时一年有385~410天，地球自转速度比现在快多了。同理，地球对月球的潮汐作用（其效应是更为强烈的），使得月球的自转成为同步自转。在遥远的将来，地球（和月球）的转速还会进一步减慢，直到逼近近似48天为周期的极限自转状态[②]。

值得指出的是，月球绕转的速度，是同月地距离相适应的。月球绕转速度加快的结果，必然是月地距离的增大；而月地距离增大，必然是月球绕转速度的减慢。这样看来，潮汐摩擦作用的结果，是使地球自转和月球公转的速度减慢，即周期变长。比较起来，地球自转周期变长较为明显，而月球绕转周期变长更为缓慢。目前，恒星月长度（月球绕转周期）是恒星日（地球自转周期）的27倍多。随着潮汐摩擦的持续作用，在遥远的未来，这两个周期将渐趋一致，月球与地球保持相对静止。那时候，地球上的1日就是1月。但是，这种情况不会永久维持，因为地球与太阳并不是相对静止的。

三、相关高考试题示例

（一）1998年高考全国保送生卷地理第五题

1998年全国普通高等学校招生考试保送生综合能力测试有一题：

五、若近似认为月球绕地球公转与地球绕日公转的轨道在同一平面内，且均为正圆，又知这两种转动同向，如图1.5.16所示。月相变化的周期为29.5天（下图是相继两次满月时，月、地、日相对位置的示意图）。

① 金祖孟．地球概论[M]．北京：高等教育出版社，1997：74.

② 黄定华．普通地质学[M]．北京：高等教育出版社，2004：31.

求：月球绕地球转一周所用的时间 T（因月球总是一面朝向地球，故 T 恰是月球自转周期）。（提示：可借鉴恒星日、太阳日的解释方法）。

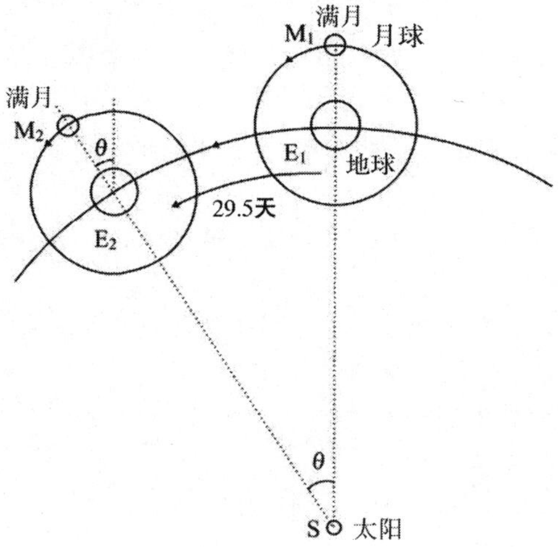

图 1.5.16　相继两次满月时，月、地、日相对位置示意图

借鉴恒星日和太阳日的对比，可类似列表显示月相变化和月球绕地球公转的周期和转动的角度。详见表 1.5.2。

表 1.5.2　月相变化、月球绕地球公转比较

	周期	月球转动角度
月相变化	29.5 天	$360° + \theta$
月球绕地球公转	T	360°

其中 θ 大致估算为：$\theta = (360 \times 29.5/365.2564)° = 29.0755°$。

进而可以很容易地求得月球绕地球转一周所用的时间 T：

$T = 29.5 \times 360/389.0755 = 27.2955$ 天

黄道吉日：二十四节气和黄道十二宫

旧时人们迷信星命之说，认为青龙、明堂、金匮、天德、玉堂、司命等六辰都是吉神，吉神值日的日子称为黄道吉日，在这些日子里，诸事皆宜，不避凶忌。泛指宜于办事的好日子。①

元·无名氏《桃花女破法嫁周公》第三折："他拣定这黑道的凶辰，我将这净席呵，与他换过了黄道的吉日。"

元·无名氏《连环计》第四折："今日是黄道吉日，满朝众公卿都在银台门，敦请太师入朝授禅。"

清·文康《儿女英雄传》第十八回："只今日便是个黄道吉日，请大人咐吩一个小僮把我那半肩行李搬了进来，便可开馆。"

清·李宝嘉《官场现形记》第二回："取过历本一看，十月十五是个长行百事皆宜的黄道吉日，遂定在这天起身。"②

和黄道吉日相类似的成语有"吉日良辰"等。

一、太阳周年视运动

黄道，是地球公转轨道平面的无限扩大，同天球相割而成的天球大圆。

地球在自转的同时，还绕太阳公转。地球公转的方向与其自转方向相同，都是向东。这种运动同样是不能被感觉到的。在地球上的观测者看来，倒是像太阳在绕地球运动。如图 1.5.17 所示，当地球在其轨道上从 E_1 公转到 E_2 时，从地球上看来，太阳在天球上的投影便从 S_1 移到 S_2。地球公转一周，太阳则以相同的方向（向东）和周期（一年），在从星间巡天一周，这叫太阳周年运动，其视运动路线即为黄道③。

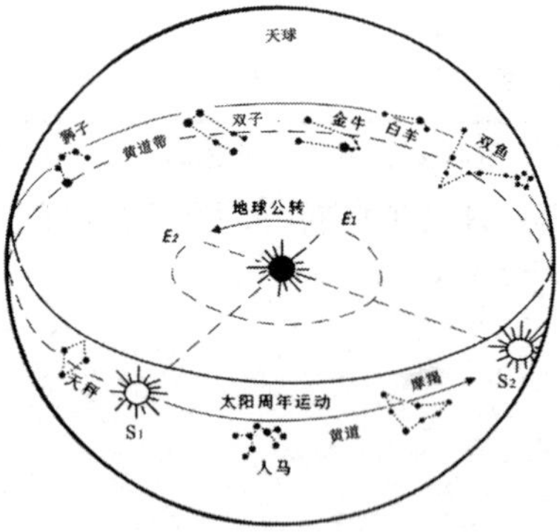

图 1.5.17 太阳周年视运动

①② 刘万国，侯文富．中华成语大词典[M]. 修订版．北京：北大青鸟电子出版社，2004: 1286.

③ 金祖孟．地球概论[M]. 北京：高等教育出版社，1997：8.

二、二十四节气

黄道与天赤道（地球赤道无限扩大，同天球相割而成的天球大圆）相交于春秋二分点，以春分点为起点，沿黄道向东度量，自 0° 至 360° （图 1.5.18）。

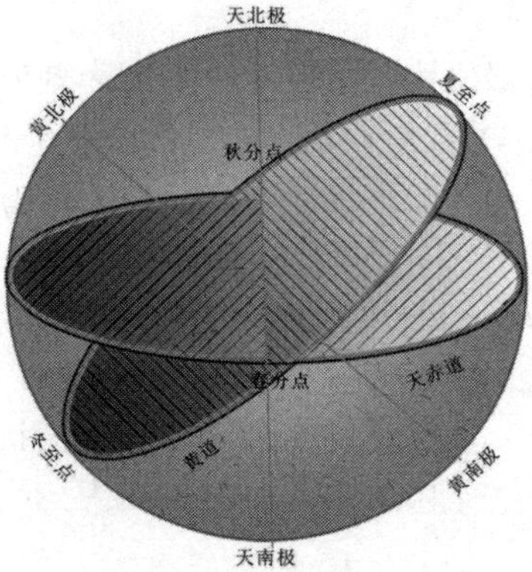

图 1.5.18　黄道与天赤道

二十四节气按太阳黄经划分，自春分点起，每隔黄经 15° 为一气，依次叫作春分、清明、谷雨、立夏、小满、芒种、夏至、小暑、大暑、立秋、处暑、白露、秋分、寒露、霜降、立冬、小雪、大雪、冬至、小寒、大寒、立春、雨水、惊蛰。二十四节气又分为节气和中气两组。我国传统历法以十二节气把回归年分成十二个节月，每个节月各有一个节气和中气，节气是节月的起点，中气是节月的中点（表 1.5.3）。

表 1.5.3　二十四节气

节气	太阳黄经	阳历日期	中气	太阳黄经	阳历日期
立春	315°	2 月 4（5）日	雨水	330°	2 月 19 日
惊蛰	345°	3 月 6（5）日	春分	0°	3 月 21（20）日
清明	15°	4 月 5（4）日	谷雨	30°	4 月 20（21）日
立夏	45°	5 月 5（6）日	小满	60°	5 月 21（22）日
芒种	75°	6 月 6（5）日	夏至	90°	6 月 21（22）日
小暑	105°	7 月 7（8）日	大暑	120°	7 月 23 日
立秋	135°	8 月 8（7）日	处暑	150°	8 月 23（24）日
白露	165°	9 月 8（7）日	秋分	180°	9 月 23（24）日
寒露	195°	10 月 8（9）日	霜降	210°	10 月 23（24）日
立冬	225°	11 月 7（8）日	小雪	240°	11 月 22（23）日
大雪	255°	12 月 7（8）日	冬至	270°	12 月 22 日
小寒	285°	1 月 6（5）日	大寒	300°	1 月 21（20）日

这是古人参照天文季节、气候物象及农事意义而拟定的。为了便于记忆，历家从二十四气名称中各取一字，编成一首七律：

春雨惊春清谷天，夏满芒夏暑相连。

秋处露秋寒霜降，冬雪雪冬小大寒。

句首一字是指四立（立春、立夏、立秋、立冬），中间一字为二分二至（春分、夏至、秋分、冬至）。

三、黄道十二宫

黄道十二宫是在西洋占星术中描述黄道带上人为划分的十二个随中气点移动（与实际星座位置不一致）的均等区域，并使用这些区域分别充当实际的黄道星座。由象征一年开始的春分点，也就是白羊宫起头，以下依序为十二宫（表 1.5.4）。

表 1.5.4　黄道十二宫

星宫名称	中气起止	阳历起止时间（约）
白羊宫	春分—谷雨	03 月 21 日—04 月 20 日
金牛宫	谷雨—小满	04 月 20 日—05 月 21 日
双子宫	小满—夏至	05 月 21 日—06 月 22 日
巨蟹宫	夏至—大暑	06 月 22 日—07 月 23 日
狮子宫	大暑—处暑	07 月 23 日—08 月 23 日
室女宫	处暑—秋分	08 月 23 日—09 月 23 日
天秤宫	秋分—霜降	09 月 23 日—10 月 24 日
天蝎宫	霜降—小雪	10 月 24 日—11 月 23 日
人马宫	小雪—冬至	11 月 23 日—12 月 22 日
摩羯宫	冬至—大寒	12 月 22 日—01 月 21 日
宝瓶宫	大寒—雨水	01 月 21 日—02 月 19 日
双鱼宫	雨水—春分	02 月 19 日—03 月 20 日

四、黄道十三星座

国际天文学联合会用精确的边界把天空分为 88 个正式的星座，这 88 个星座分成 3 个天区，北半球 29 个，南半球 47 个，天赤道与黄道附近 12 个（另外还包括蛇夫座的一小部分）。黄道十三星座包括白羊座、金牛座、双子座、巨蟹座、狮子座、室女座、天秤座、天蝎座、蛇夫座、人马座、摩羯座、宝瓶座、双鱼座（图 1.5.19）。

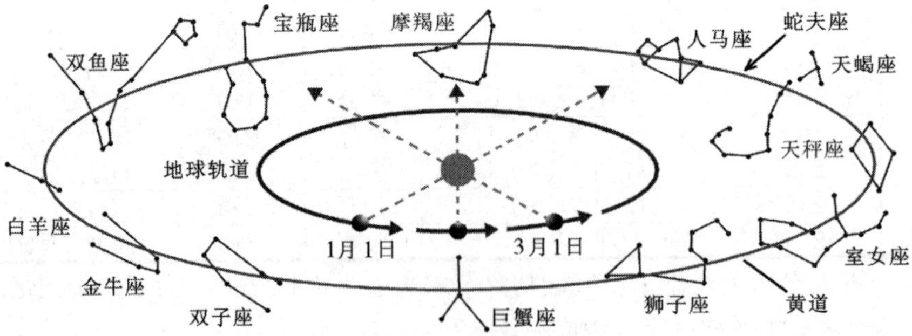

图 1.5.19　黄道十三星座

与黄道十二宫人为近似等间距划分不同，黄道十三星座是黄道实际经过的区域，相邻两星座之间的间距并不等长，详见表 1.5.5①。黄道星座的大小也各不相同，如最小的摩羯座面积只及最大的室女座 1/3 左右（室女座占整个天球面积的 1/32 多）。

表 1.5.5　太阳每年在黄道十三星座的停留情况

星座名称	黄经范围（约）	停留时间（约）	太阳进入时间（约）
白羊座	25°　16’	26 天 0 小时	4 月 19 日
金牛座	36°　25’	38 天 0 小时	5 月 15 日
双子座	27°　56’	29 天 7 小时	6 月 22 日
巨蟹座	20°　24’	21 天 9 小时	7 月 21 日
狮子座	35°　33’	36 天 18 小时	8 月 11 日
室女座	44°　10’	44 天 17 小时	9 月 17 日
天秤座	22°　8’	22 天 0 小时	11 月 1 日
天蝎座	7°　24’	7 天 7 小时	11 月 23 日
蛇夫座	18°　30’	18 天 5 小时	11 月 30 日
人马座	33°　15’	32 天 10 小时	12 月 18 日
摩羯座	28°　16’	27 天 21 小时	1 月 20 日
宝瓶座	24°　34’	24 天 11 小时	2 月 17 日
双鱼座	36°　9’	36 天 15 小时	3 月 13 日

五、相关高考地理试题示例

（一）2015 年高考重庆文综卷地理 3 题

二十四节气是我国独有的农业物候历，是我国优秀传统文化之一，寒露节气在每年公历 10 月 8 日左右。据此回答以下问题。

3. 地球绕太阳一周为 360°，以春分日地球在黄道上的位置为 0°，则寒露日地球在黄道上的位置为（　　）

A.15°　　　　B.105°

C.195°　　　　D.285°

【答案】C

【解析】本题考查地球公转的规律。地球绕太阳运行一周 360° 需要 12 个月，则一个月运行 30°，半个月运行 15°。春分日 3 月 21 日距寒露日 10 月 8 日约 6 个半月，则寒露日地球在黄道上的位置约为 30° ×6+15° =195°，选 C。

同时，题干中的“寒露日”一词也呈现出“寒露”节气为一瞬间的事实。

（二）2012 年高考山东文综卷地理 1~2 题

“画九”与“写九”是我国古代记录冬至后“一九”至“九九”日期的休闲方式，

① 苏宜．天文学新概论 [M]. 4 版．北京：科学出版社，2009：82.

完成 1 ~ 2 题。

图 1.5.20　九九消寒图

图 1.5.21　九九消寒句

1.“冬日至，画素梅一枝，为瓣八十有一。日染一瓣，瓣尽而九九出，则春深矣，曰九九消寒图。”图 1.5.20 是《九九消寒图》，据图判断即将来临的节气是（　　）

A. 立冬　　B. 立春

C. 春分　　D. 清明

【答案】C

【解析】本题是对二十四节气的考查。结合图文可知有两朵梅花未染，即冬至过后 79 天，大约为 3 月 11 日，故即将来临的节气是春分。

2.“九九消寒句”（图 1.5.21）是与《九九消寒图》相似的日期记录方式，每日一笔，整幅写完则八十一天结束。图 1.5.21 中缺的字最有可能是（　　）

A. 内　　B. 外

C. 前　　D. 下

【答案】C

【解析】据题意，笔画数为 9 即可。

（三）2014 年高考江苏文综卷地理 3~4 题

在地球公转过程中，若以地球为参照系，可看到太阳在黄道上运行。图 1.5.22 是天赤道与黄道的示意图，图 1.5.23 是太阳在黄道上的视运行轨迹图。读图回答 3~4 题。

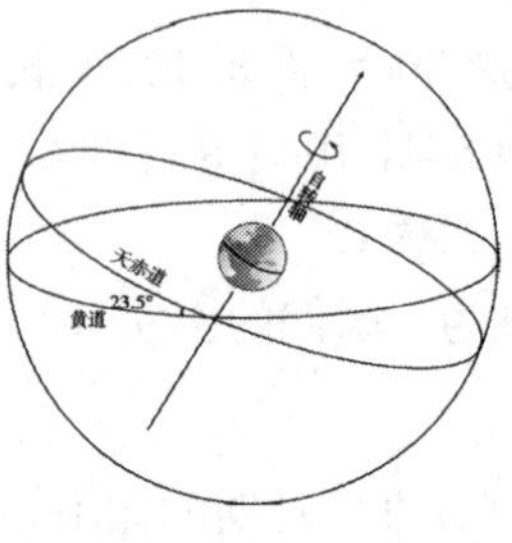

图 1.5.22　天赤道与黄道

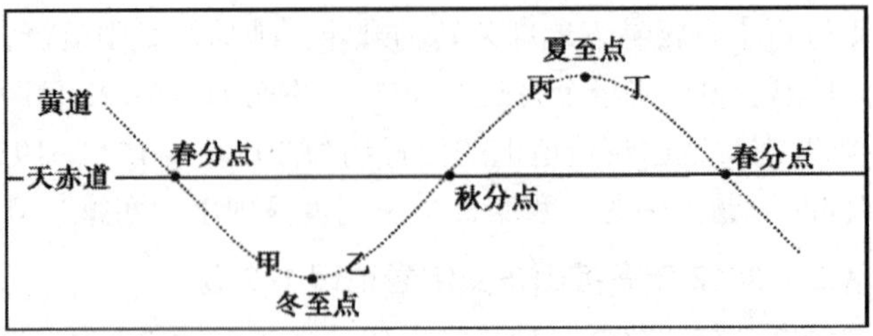

图 1.5.23　太阳在黄道上的视运行轨迹图

3. 6月初，太阳在黄道上的位置是（　　）

A. 甲　　　　　　B. 乙

C. 丙　　　　　　D. 丁

【答案】D

【解析】春分为每年的3月21日前后，夏至为每年的6月22日前后。6月初应该位于春分以后、夏至以前，而且比较接近夏至点，故选答案D。

4. 太阳处于甲、乙位置时（　　）

A. 地球公转速度相同　　　　　　B. 同一地点昼长变化趋势相同

C. 日地距离相同　　　　　　D. 同一地点日出方位相同

【答案】D

【解析】从图中可以看出，当太阳处于甲、乙位置时，发生在冬至日，甲、乙两位置关于冬至点对称，太阳都直射在同一条纬线上，所以同一地点日出方位相同。

图中有二分二至点，表明甲、乙、丙、丁四点为瞬间。如果为瞬间，无所谓昼长变化趋势（如选项B所描述），也无所谓日出方位相同与否（如选项D所描述）。

因此，该题实际上隐含了二分二至为一日这个前提。这样选项D正确。但这样一来，B选项的描述又不符合逻辑，因为既然为一日，何来昼长变化趋势？如果要确保选项B的描述符合逻辑，则要求甲、乙为超过两日的时段，但这样一来，选项D又不正确。

同时，第三小题题干涉及范围在逻辑上与选项不一对一匹配，应该加上可能二字。因为不论甲、乙、丙、丁为一日还是一瞬间，都只对应黄道上一点（如果是一日，则每日平均位置为一点）；六月初很显然不论是从瞬间的角度，还是从日的角度，均有多点，因此必须加“可能”二字，否则错误。

（四）2015年高考北京文综卷地理8题

2014年11月7日至12日APEC北京会议放假期间，河南省针对北京游客实行景区门票减免优惠。据此，回答下列问题

8. 放假期间（　　）

A. 时值我国立冬到小雪之间　　　　　　B. 太阳直射点向赤道移动

C. 黄山6点前日出东北方向　　　　　　D. 南极大陆极夜范围扩大

【答案】A

【解析】立冬为11月7日左右，小雪为11月23日左右，所以时值我国立冬到小雪之间；而此时太阳直射点向南移动；黄山昼短夜长，6时以后日出；南极大陆的极昼范围扩大。故选A。

其实这道题是值得商榷的：

一是可要求学生掌握立冬（和小雪）时间，当然这涉及一般常识和专业素养的

问题，其中一个值得考虑的问题就是“能否以一般常识来代替专业素养”。

在“不知道立冬（和小雪）时间”的情况下，这题只能通过排除法选出 A。

二是立冬和小雪均为一瞬间，2014 年立冬时刻为 11 月 7 日 20:06:40，2014 年小雪为 11 月 22 日 17:38。显然，在 2014 年 11 月 7 日 00:00:0—20:06:40 这一时段不在“立冬到小雪之间”。

第二章　地球上的大气与大气的运动

第一节　大气的组成和垂直分层

“九霄云外”部分描述了“天”的高度及分层特点，我们为此列析了两道高考试题。

“雾兴云涌”部分则对雾和云的成因、分类和特点进行了详细介绍，并对涉及该成语的三道高考试题进行了评析。

九霄云外：大气层分层

九霄：古人认为天有九重，指天的极高处。[①]

在九重天的外面。比喻无限高远，无影无踪。

元·马致远《黄粱梦》第二折：“恰便似九霄云外，滴溜溜飞下一纸赦书来。”

元·王实甫《西厢记》第四本第一折：“魂飞在九霄云外。”

元·郑德辉《㑳梅香》第四折：“那穷酸每一投得了官呵，胸膴在九霄云外。”

《水浒传》第九回：“那条铁禅杖飞将来，把这水火棍一隔，丢去九霄云外。”

《红楼梦》第二十八回：“黛玉听了这个话，不觉将昨晚的事都忘在九霄云外了。”[②]

一、天有多高——大气层的厚度

（一）大气层上界

狭义地讲，所谓天有多高，即指大气圈有多厚——大气的上界。

空气受地球引力作用，聚集在地球周围，形成大气层。大气质量主要集中在靠近地面的地方，气体随离地面高度的增加而变得愈来愈稀薄。大气圈没有确切的上界，在离地表 2000~16000 千米高空仍有稀薄的气体和基本粒子。

对于大气层上界，至少有三种差别很大的说法，一是界定为 60000~70000 千米的磁层顶；二是界定为 16000 千米，此处已非常接近真空；三是界定为 1200 千米——极光出现的可能最大高度。

①② 刘万国，侯文富．中华成语大词典 [M]．修订版．北京：北大青鸟电子出版社，2004:1618.

（二）大气层分层

大气层在不同高度上表现出各种不同的特性，从地面向上可划分成若干个层次（图 2.1.1）。

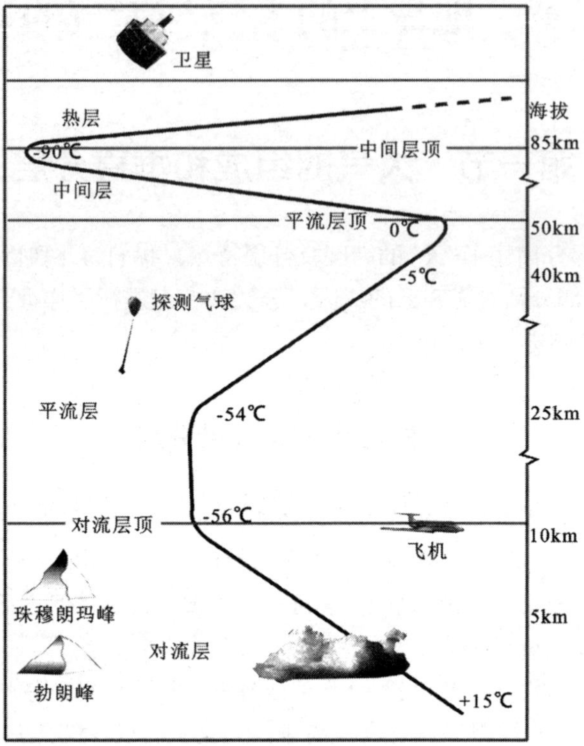

图 2.1.1　大气层分层示意图

1. 对流层。对流层是大气的最下层，平均厚度大约 10 千米，由于对流层热量来自地球表面，而地表热量在不同纬度处差异较大，故不同纬度对流层厚度有所差异。对流层厚度在低纬度地区可达 17~18 千米，中纬度地区一般为 10~12 千米，高纬度地区仅为 8~9 千米。对流层的主要特点为：气温随高度增加而递减，大约每上升 100 米，下降 0.6℃，是谓“高处不胜寒”；对流运动显著；天气现象复杂多变，日常所见的天气现象均发生在此层。

在对流层内，按气流和天气现象分布特点又可分为三层。

下层：又称摩擦层或扰动层。它的范围自地面到 2 千米左右高度。下层受地面摩擦作用影响强烈、湍流交换十分明显，各气象要素具有明显的日变化。由于本层的水汽、尘粒含量多，因而低云、雾、霾、浮尘等出现频繁。

中层：从摩擦层顶到 6 千米左右高度。这一层受地表影响较小，气流的状况基本上可以表征整个对流层空气运动的趋势。大气中的云和降水现象大都产生在这一层。

上层：从 6 千米高度到对流层顶。由于这一层离地面更远，受地表影响更小，水汽含量极少，气温常在 0℃以下，各种云多由冰晶和过冷水滴组成。在中、低纬度地区上层，常有强风带出现。

此外，在对流层和平流层之间有一个厚度为数百米至 1~2 千米的过渡层，称为对流层顶。此层主要特征是：气温随高度增加变化很小，甚至无变化。这种温度的垂直分布抑制了对流作用的发展，上升的水汽、尘粒多聚集其下，能见度变差。

2. 平流层。

（1）温度随高度升高而增加。在平流层内，随着高度的增高，气温最初保持不变或微有上升，自 25 千米以上气温随高度增加而明显上升，到平流层顶可达 –3℃左右。平流层这种气温分布的特征，主要是臭氧对太阳紫外线的强烈吸收。虽然 25 千米以上臭氧的含量已逐渐减少，但紫外线辐射的强度随高度升高逐渐增强，而空气密度随高度升高又迅速减小，致使高层吸收的有限辐射可以产生较大的温度增量。

（2）没有强烈的对流运动。平流层温度随高度升高而增加，不利于空气对流运动发展。所以叫平流层。飞机在此层飞行不易颠簸。

（3）水汽、尘埃含量很少。平流层远离地面，加之有逆温层存在，空气无对流运动，水汽、尘埃很少，使得平流层天气晴朗，大气透明程度好。

3. 中间层。自平流层顶至约 85 千米是中间层。

（1）气温随高度增加迅速降低。顶界温度可降至 –83℃ ~–113℃，几乎成为大气层中的最低温。其原因是这里没有臭氧吸收太阳紫外线辐射，而氮和氧等气体所能吸收的波长更短的太阳辐射又大部分被更上层的大气吸收了。因此，这里的气温随高度升高是递减的。

（2）有相当强烈的垂直运动。这种下暖上凉的气温垂直分布，有利于导致空气的垂直运动，又称“高空对流层”。该层的 80~90 千米高度上有一个只在白天出现的电离层，叫作 D 层。

4. 热层。热层是自中间层顶至约 500 千米。这一层内温度很高，温度随高度增加迅速上升。据探测，在 300 千米高度上，气温可达 1000℃以上。

5. 外层。外层是整个大气层的最外一层，是大气圈与星际空间的过渡地带，没有明显的边界。这一层的气温也随高度的升高而升高。由于气温高，且距地较远，受地球引力作用很小，所以大气质点中某些高速运动的分子不断地向星际空间散逸，散逸层也由此而得名。

也有科学家根据不同高度上大气的电离特性，把大气分为中性层、电离层和磁层三层。

中性层是指地面到约 60 千米高度，这里大气各成分多处于中性，即非电离状态。

电离层指在60~500千米的大气层。由于太阳辐射的影响，大气物质在强烈的太阳紫外线和宇宙射线的作用下，处于高度电离状态。根据电离层电子的浓度及对电磁波反射的不同效果，又可划分为D层（在60~90千米高度）、E层（约110千米高度）、F_1层（约160千米高度）、F_2层（300千米高度），以及更高的G层等（图2.1.2）。它们都能反射无线电波，对无线电通信具有重要意义。

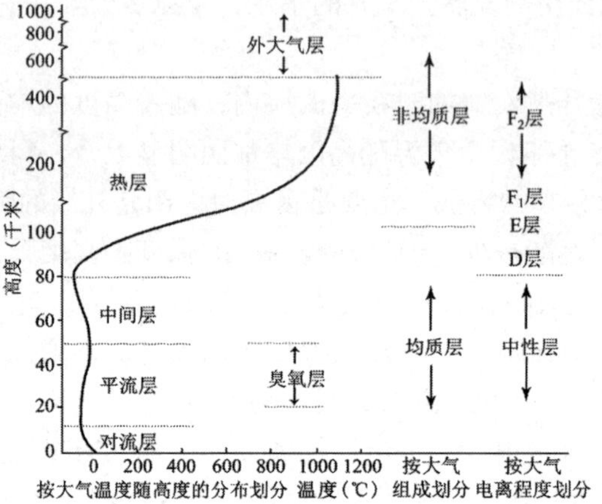

图2.1.2 大气电离层分层示意图

磁层指约500千米以上的大气层。在太阳风的作用，磁层向着太阳的一面被压缩了，而在背着太阳的一面形成了一个类似于彗尾一样的磁尾。向着太阳的一端距地心约十几个地球半径；它的尾长（背着太阳一端）可达几十个地球半径（图2.1.3）。太阳风与磁层之间的边界即为磁层顶，顶以外即为星际空间。因此也有人认为磁层顶才是大气层的顶。

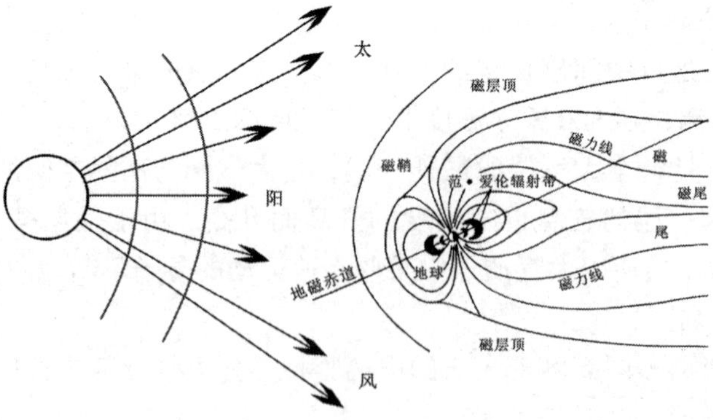

图2.1.3 地球磁层结构

二、领空

领空，是指主权国家领陆和领海上空的空间，是国家领土的组成部分。《巴黎航空公约》和《国际民用航空公约》规定，国家对其领土上空的空气空间享有绝对主权。一般来讲，领空范围为主权国家领陆和领海垂直向太空 100 千米之内的空间。

三、相关高考地理试题示例

（一）2009 年高考上海地理单科卷

在下列各组大气垂直分层中，总体而言，温度随着高度的增加而上升的一组是（　　）

A. 对流层、电离层　　B. 平流层、电离层

C. 平流层、中间层　　D. 对流层、中间层

【答案】B

【解析】对流层的热量来自近地面，温度随高度的增加而递减；平流层中有臭氧，吸收太阳辐射中的紫外线，温度随高度的上升而增加；中间层无臭氧分布，气温随高度增加而递减；电离层有氧原子，吸收部分紫外线，随高度增加而上升。

（二）2009 年高考北京文综卷地理 2~3 题

臭氧层保护是当今全球最重要的环保议题之一，图 2.1.4 反映了 9 月份 30° S~80° S 平流层臭氧总量多年变化状况，读图 2.1.4 完成 2~3 题。

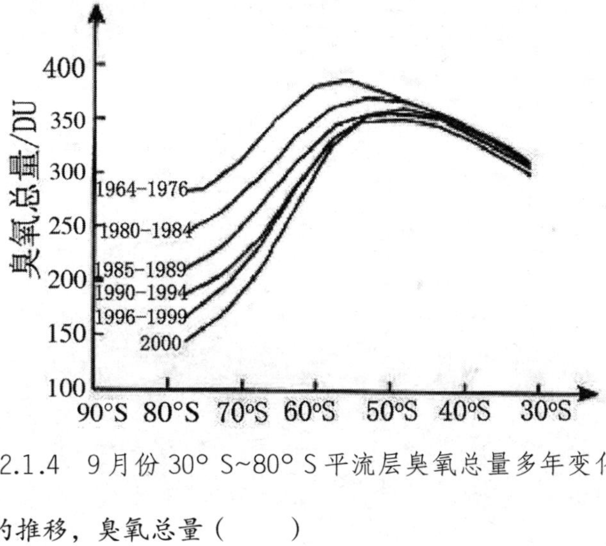

图 2.1.4　9 月份 30° S~80° S 平流层臭氧总量多年变化状况

2. 随年份的推移，臭氧总量（　　）

A. 最大值所在位置南移　　B. 随纬度的升高递减

C. 在高纬度地区递减明显　　D. 随大气 CO_2 浓度而增

【答案】C

【解析】由图中信息可知，臭氧含量是由 50° S~60° S 向两侧递减；在高纬度变化大，低纬度变化小。故选 C。

3. 臭氧总量减少直接导致（　）

A. 太阳紫外线辐射减少　　B. 平流层气温降低

C. 酸雨区面积缩小　　D. 地面辐射强度减弱

【答案】B

【解析】臭氧减少，到达地面紫外线增加，地面辐射加强，与酸雨的形成没有关系。因平流层的臭氧减少，平流层吸取太阳辐射的能量减少从而导致平流层温度降低。

雾兴云涌：雾和云

兴：兴起。涌：涌动。形容云雾蒸腾的样子。比喻众多的事物迅速兴起。[①]

一、雾

雾是悬浮于近地面空气中的大量水滴或冰晶，使水平能见度小于 1 千米 的物理现象。如果能见度在 1~10 千米范围内，则称为轻雾。[②]

形成雾的基本条件是近地面空气中水汽充沛，有使水汽发生凝结的冷却过程和凝结核的存在。贴地气层中的水汽压大于其饱和水汽压时，水汽即凝结或凝华成雾。如气层中富含活跃的凝结核，雾可在相对湿度小于 100%时形成。此外，因为冰面的饱和水汽压小于水面，在相对湿度未达 100%的严寒天气里可出现冰晶雾。

根据雾形成的天气条件，可将雾分为气团雾及锋面雾两大类。气团雾是在气团内形成的，锋面雾是锋面活动的产物。根据气团雾的形成条件，又可将它分为冷却雾、蒸发雾及混合雾三种。根据冷却过程的不同，冷却雾又可分为辐射雾、平流雾及上坡雾等。其中最常见的是辐射雾和平流雾。

（一）辐射雾

辐射雾是由地面辐射冷却使贴地气层变冷而形成的。有利于形成辐射雾的条件是：①空气中有充足的水汽；②天气晴朗少云；③风力微弱（1~3 米 / 秒）；④大气层结构稳定。

辐射雾的厚度随空气的冷却程度及风力而定。如只在贴近地面的气层内，温度降到露点以下，而且风力微弱，则形成低雾。低雾的高度在 2~100 米之间，有时低雾厚度不到 2 米，薄薄地蒙蔽在地面上，这种雾称为浅雾。低雾的形成常与近地层的逆温层有关，它的上界常与逆温层的上界一致。低辐射雾常在秋天的黄昏、夜晚或早晨日出之前出现在低洼地区。在日出前后，浓度达最大。上午 8~10 时，由于逆温层被破坏，低雾即随之消失。如空气冷却作用所及高度增大，辐射雾能伸展到几百米高。这种辐射雾称高雾，范围很广，能持续多日不散，仅在白天稍有减弱。辐射雾多出现在高气压区的晴夜，它的出现常表示晴天。例如，冬半年我国大陆上多为高压控制，夜又较长，特别有利于辐射雾的形成。

辐射雾有明显的地方性。我国四川盆地是有名的辐射雾区，其中重庆冬季无云的夜晚或早晨，雾日几乎占 80%，有时还可终日不散，甚至连续几天。城市及其附

① 刘凤云．万条成语词典 [M]. 2 版．北京：商务印书馆，2016: 785.

② 周淑贞．气象学与气候学 [M]. 3 版．北京：高等教育出版社，1997: 68-69.

近，烟粒、尘埃多，凝结核充沛，因此特别容易形成浓雾（常称都市雾）。如果机场位于城市的下风方，这种雾就会笼罩机场，严重地影响飞机的起飞和着陆。

（二）平流雾

平流雾是暖湿空气流经冷的下垫面而逐渐冷却形成的。海洋上暖而湿的空气流到冷的大陆上或者冷的海洋面上，都可以形成平流雾。形成平流雾的有利天气条件是：①下垫面与暖湿空气的温差较大；②暖湿空气的湿度大；③适宜的风向（由暖向冷）和风速（2~7 米 / 秒）；④层结构较稳定。

因为只有暖湿空气与其流经的下垫面之间存在较大温差时，近地面气层才能迅速冷却形成平流逆温，而这种逆温起到限制垂直混合和聚集水汽的作用，使整个逆温层中形成雾。适宜的风向和风速，不但能源源不断地送来暖湿空气，而且能发展一定强度的湍流，使雾达到一定的厚度。

平流雾的范围和厚度一般比辐射雾大，在海洋上四季皆可出现。由于它的生消主要取决于有无暖湿空气的平流，因此只要有暖湿空气不断流来，雾可以持久不消，而且范围很广。海雾是平流雾中很重要的一种，有时可持续很长时间。在我国沿海，以春夏为多雾季节，这是因为平流性质的海雾，只当夏季风盛行时才能到达陆上。

在陆上，由于平流冷却和辐射冷却的共同作用而形成平流辐射雾。此外，还有冷气流流经暖水面时产生的蒸发雾、稳定的空气沿高地或山坡上升时因绝热冷却而形成的上坡雾，以及冷暖性质不同的气团交界处形成的锋面雾等[①]。

二、云

1. 云的形成条件和分类

（1）形成条件。充足的水分；足够的凝结核；要有使空气中水汽凝结的冷却过程，特别是要有使空气上升运动引起的绝热冷却过程。大气的上升运动主要有如下四种方式：①动力抬升，指暖湿气流受锋面、辐合气流的作用所引起的大范围上升运动。这种运动形成的云主要是层状云。②热力对流，指地表受热不均和大气层结构不稳定引起的对流上升运动。由对流运动所形成的云多属积状云。③大气波动，指大气流经不平的地面或在逆温层以下所产生的波状运动。由大气波动产生的云主要属于波状云。④地形抬升，指大气运行中遇地形阻挡，被迫抬升而产生的上升运动。这种运动形成的云既有积状云，又有波状云和层状云，通常称之为地形云。

（2）云的分类。按照形态学原则，可分为积状云、层状云和波状云三类；按照云底出现的高度，可分为低云、中云、高云；按照发生学原则，可进一步细分（详见表 2.1.1）。

① 周淑贞．气象学与气候学[M]．3 版．北京：高等教育出版社，1997: 68-69.

表 2.1.1　云的分类

云型	低（<2000 米）	中（2000~6000 米）	高(>6000 米）
层状云	雨层云（Ns）	高层云（As）	卷层云（Cs） 卷云（Ci）
波状云	层积云（Sc） 层云（St）	高积云（Ac）	卷积云（Cs）
积状云	淡积云（Cuhum）		
		浓积云（CuCong） 积雨云（Cb）	

2. 各种云的形成

（1）积状云。积状云是垂直发展的云块，多形成于夏季午后，具孤立分散、云底平坦和顶部凸起的外貌形态。根据云顶上升高度分为三类：淡积云、浓积云和积雨云。在凝结高度之下无云形成；在凝结高度到 0℃等温线高度之间，形成淡积云；在 0℃等温线高度到冻结高度之间，形成浓积云；在冻结高度之上，形成积雨云。

（2）层状云。层状云是均匀幕状的云层，常具有较大的水平范围，其中包括卷层云、卷云、高层云及雨层云。层状云是由于空气大规模的系统性上升运动而产生的，主要是锋面上的上升运动引起的。在降水来临之前，有些云可以作为征兆。如卷层云，通常出现在层状云系的前部，其出现还往往伴随着日晕、月晕，因此若看到天空有晕，便知道有卷层云移来，则未来将有雨层云移来，天气可能转雨。农谚“日晕三更雨，月晕午时风”就是指此征兆。

（3）波状云。波状云是波浪起伏的云层，包括卷积云、高积云、层积云。当空气因密度和气流速度不同，或因气流越山而存在波动时，波峰处空气上升，波谷处空气下沉。

由于条件的变化，各种云可以是发展的或消散的，也可以从这种云转化为那种云。例如积状云中，淡积云可以发展到浓积云，最后形成积雨云。积雨云在消散时，可以演变成伪卷云、积云性高积云和积云性层积云。又例如，波状云发展时，可以演变成层状云。层状云消散时，也会演变成为波状云。云的产生、发展和演变是复杂的，也是有规律的。

三、相关高考地理试题示例

（一）2008 年高考广东卷地理 35 题

资料一：雾是悬浮于近地面空气中的大量水滴或冰晶，使水平能见度小于 1 千米的现象。雾多出现在晴朗、微风，近地面水汽比较充沛且比较稳定或有逆温存在的夜间或清晨。

资料二：见表 2.1.2。

表 2.1.2 辐射雾与平流雾的比较

	概念与特征	形成条件
辐射雾	是由地面辐射冷却，使近地面大气降温而形成的雾； 多出现在冬半年晴朗、微风的夜间和清晨	近地面空气中水汽充沛； 地面辐射使近地面气温降低，利于水汽凝结； 风力弱，近地面大气稳定，水汽积存下来； 有充足的凝结核
平流雾	暖而湿的空气做水平运动，经过寒冷的地面或水面，逐渐冷却而形成的雾； 海洋上四季皆可出现	下垫面与暖湿空气的温差较大； 暖湿空气的湿度大； 适宜的风向（由暖向冷）和风速（2~7 米 / 秒）; 大气稳定

（1）辐射雾和平流雾中，具有明显季节性特征的是 ＿＿＿＿＿＿ 雾。（1 分）

（2）海洋上暖湿的空气流到的洋面上，一般形成 ＿＿＿＿＿＿ 雾。（1 分）

（3）气象谚语“十雾九晴”中的“雾”一般指 ＿＿＿＿＿＿ 雾。（1 分）

（4）重庆的雾大多属于辐射雾还是平流雾？分析形成原因。（5 分）

【答案】（1）辐射。 （2）平流。 （3）辐射。 （4）辐射雾。形成原因：①位于我国湿润区（位于河流交汇处），水汽充足（空气湿润）；②夜晚地面辐射强（夜晚温度低或夜晚降温快）；③位于四川盆地，空气比较稳定（近地面水汽积存）；④城市附近尘埃多，凝结核多。

【解析】本题主要考查了考生根据提供的资料探究地理事物的能力。（1）仔细阅读表中辐射雾和平流雾的概念与特征，不难看出，辐射雾多出现在冬半年，平流雾四季皆可出现（海洋上）。（2）海洋上暖湿的空气流到冷的洋面上形成的雾，符合平流雾的特征。（3）“十雾九晴”是指雾多出现在晴朗的夜晚和清晨。晴天大气保温作用较弱，地面辐射使近地面大气降温，水汽凝结形成雾，一般属辐射雾。（4）本题考查了学生的阅读和分析问题能力。重庆位于四川盆地，空气比较稳定，夜晚地面辐射强，再加上水汽充足，尘埃多，易形成辐射雾。

（二）2013 年高考全国文综卷（新课标 II）地理 9~11 题

雾是近地面大气层中出现大量微小水滴而形成的一种天气现象。当暖湿空气经过寒冷的下垫面时，就易形成雾。图 2.1.5 中，S 市附近海域夏季多雾，并影响 S 市。据此完成 9~11 题。

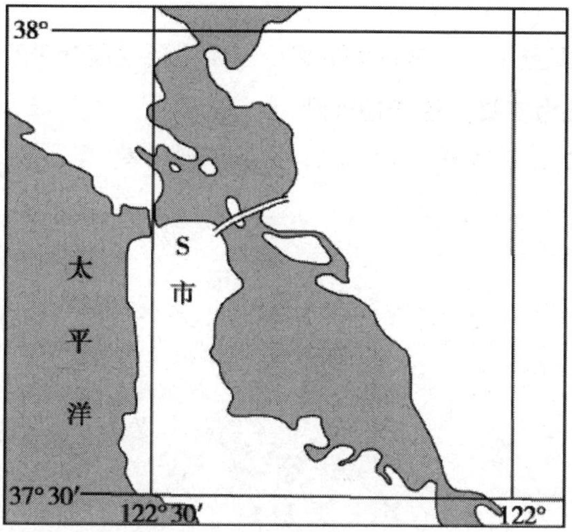

图 2.1.5　S 市地区略图

9. S 市附近海域夏季多雾的主要原因是（　　）

A. 沿岸暖流提供了充足的暖湿空气

B. 半岛东侧海湾海水温度较低

C. 海陆间气温差异较大

D. 沿岸寒流的降温作用较强

【答案】D

【解析】加利福尼亚寒流经过中低纬度加利福尼亚附近温暖海面时，温度降低，水汽凝结而形成海雾。

10. S 市夏季常被雾笼罩，是因为（　　）

A. 降水较少　　　　B. 气温较高

C. 风力较弱　　　　D. 光照较强

【答案】C

【解析】风力大有利于雾的消散，地中海气候区夏季受副热带高压控制，风力较小；冬季受盛行西风控制，风力较大。

雾形成的主要条件：一是冷却；二是加湿，即增加水汽含量。

雾消散的主要原因：一是由于下垫面增温，雾滴蒸发；二是风速增大，将雾吹散或抬升成云。

11. 夏季，S 市主要受（　　）

A. 季风影响　　　　B. 西风带影响

C. 低压控制　　　　D. 高压控制

【答案】D

【解析】S市（旧金山）为地中海气候，夏季主要受副热带高压控制。

（三）2014年高考安徽文综卷地理题

根据材料和图2.1.6，结合所学知识，回答下列问题。

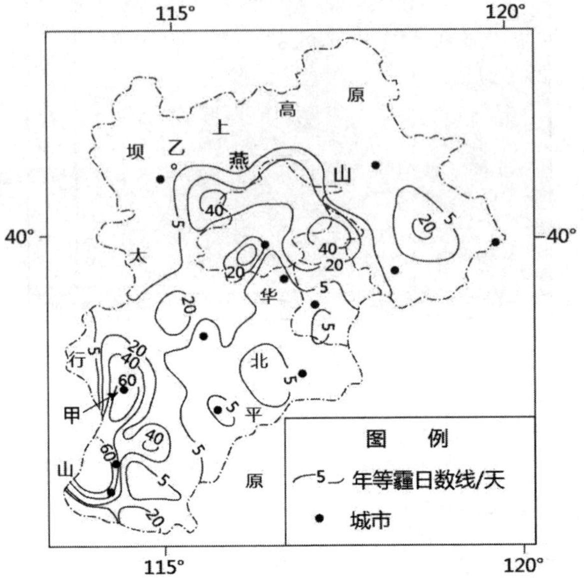

图2.1.6　某地区1961~2008年霾的年平均日数分布

霾是一种大量极细微的干尘粒等均匀地浮游在空中，使水平能见度小于10千米的空气普遍浑浊现象。其形成和分布通常主要由污染源和气象条件决定。图2.1.6表示某地区1961~2008年霾的年平均日数分布。图中甲地霾日数夏季少于冬季。

图中乙地境内多中低山，坡度多在35° 以下，森林覆盖率约46%，曾承办国际雪联滑雪积分赛等赛事，目前正在积极参与2022年冬奥会的申办工作。

（1）描述图示地区霾的年平均日数空间分布特点，并分析甲地霾日数夏季少于冬季的原因。（16分）

（2）简述乙地具备承办冬奥会雪上项目比赛的有利自然条件。（8分）

【答案】

（1）总体上，中部、西南部多，自中部和西南部向周边地区减少，西南部最多；太行山东麓、燕山南麓多（冬季风北风坡多），华北平原东南部少，坝上高原少；城市地区较多，乡村地区较少。

与冬季相比，甲地夏季盛行东南风，气流沿太行山东坡上升，加上近地面气温高（逆温现象少），空气对流旺盛，有利于干尘粒扩散；夏季降水多，空气较湿润，有利于干尘粒沉降；生活用煤量省，烟尘排放少；植被茂盛，吸烟滞尘作用强。

（2）境内多中低山，地形条件利于冬季降雪，且纬度较高，冬季气温低，地表积雪持续时间长，山地坡度适中，适宜建设滑雪场地；地势较高，大气扩散条件好，污染小（霾日数少），植被覆盖率高，空气质量好。

【解析】本题主题为环境保护，以河北霾为切入点。主要考查“当前人类所面临的主要环境问题”；“环境污染形成的原因、过程、危害和主要防治措施”；“我国地形、地势的主要特征，主要山脉和地形区”；“我国主要气候的主要特征、成因及其对农业生产和生活的影响”；“我国人口、资源、环境与发展”等内容。解答本题，不仅要求考生具备“获取和解读地理信息”“调动和运用地理知识、基本技能”的能力，还要求考生能够“透过现象看本质”，掌握“重要地理要素特征的描述方法”，“能够运用所学的地理知识和相关学科知识，通过比较、判断、分析，阐释地理基本原理与规律”，具备“描述和阐释地理事物、地理基本原理与规律”的能力，还要求考生具备“在新情境下，能够运用正确的地理观念、地理知识、地理技能与方法，结合新材料，提出解决现实生活和社会经济发展中存在问题的思路和方案”的学科应用能力。

第（1）题：本题分段设问，解答问题需要理解关键词的内涵。第一段关键词是行为动词“描述”和主题词“空间分布”。“描述”是指“运用恰当的表达方式表现地理事物的特征”，可以理解为“简单地叙述”，是一种“看图写话”的题目，需要充分利用图中提供的信息。分布有时间和空间两个维度，本题的视角是“空间分布”。“描述空间分布”的核心要求是“能够正确地使用地理学科的术语”，扼要概括地理事物或现象的空间分布特点和规律。描述空间分布的方法一般由总到分，首先是描述地理事物或现象的总体分布特征，再从要素相关性方面分别描述。

本题以京津冀地区为底图，核心要素是年等霾日数线，数值大小代表霾日数多少。等霾日数线最大值（60 以上）位于西南部（太行山东麓），中部（燕山南麓）等霾日数线较大（40 以上），从总体上看，等霾日数线在西南部、中部密集分布，呈“哑铃”状；图示另外两个信息为地形单元和城市，应以二者为参照系分别描述霾的分布特征。通过调动材料信息“霾是一种大量极细微的干尘粒等均匀地浮游在空中，使水平能见度小于 10 千米的空气普遍浑浊现象。其形成和分布通常主要由污染源和气象条件决定”，可以推知图示地区霾主要出现在气候干燥的冬春季节，地形对霾的影响主要通过影响降水、风等气象条件决定。由于坡向对降水、风的影响大，描述时可从坡向出发，即太行山东麓、燕山南麓（冬季风背风坡）霾日多，坝上高原（冬季风迎风坡）少；城市是人类对自然环境影响最大的地区，生态系统脆弱，加之人口稠密，经济发达，排放污染物多，可视为霾形成的主要污染源；霾分布与城市分布具有正相关性，即城市周边多，乡村地区少。

第二段关键词是行为动词“分析”和主题词“原因”。“分析”应该理解为“条分缕析”，“能够用科学的语言、正确的逻辑关系，表达出论证和解决地理问题的过程与结果”。本题设问为“分析甲地霾日数夏季少于冬季的原因”，解答本题需要调动和运用素材“其（霾）形成和分布通常主要由污染源和气象条件决定”，再从污染源和气象条件两方面“提出必要的论据，论证和解决地理问题”。霾的形成需要物质条件和动力条件。形成霾的动力是气象条件，主要包括气温、风、降水、大气结构等。考生需要提出论据，论证“夏季气象不利于干尘粒浮游或者有利于干尘粒沉降、扩散”。通过调动和运用自然地理知识（如华北气候特征、甲地地形特征等），可以得出甲地“夏季盛行东南风，气流沿太行山东坡上升，有利于干尘粒扩散”“夏季近地面气温高，逆温少，大气结构不稳定，空气对流旺盛，有利于干尘粒扩散”等答案。形成霾的物质是“干尘粒”，考生需要提出论据，论证“夏季干尘粒少”，通过调动和运用自然地理知识（如华北气候特征和自然带分布规律），可以得出“夏季降水多，利于干尘粒沉降”，“植被茂盛，吸烟滞尘作用强”等答案，再调用人文地理知识和生活体验，得到夏季“生活用煤量少，烟尘排放少”的答案。

第（2）题：本题的关键词是行为动词“简述”、主题词“自然条件”和限定词“雪上项目”“有利”。解答本题需要借助第（1）题的分布特征，充分发掘、重组素材提供的信息，并“用科学的语言、正确的逻辑关系，表达出论证和解决地理问题的过程与结果”即可获得答案。

表 2.1.3　素材信息与答案对应关系

素材信息（乙地）	答案
北纬 40° 以北	纬度较高，冬季气温低，地表积雪持续时间长
境内多中低山	地处山区，地形有利于降水，且地势较高，冬季气温低
坡度多在 35° 以下	山地坡度适中，适宜建设滑雪场地
地处坝上高原	大气扩散条件好，空气质量好
森林覆盖率约 46%	植被覆盖率高，空气质量好
霾日数少	污染小，空气质量好

第二节　大气受热过程和大气运动

“风起云涌”部分揭示了风因何而起，云又因何而涌。本部分列析了六道高考试题。

风起云涌：风因何而起，云又因何而涌

大风吹起，乌云涌现。比喻许多人相继响应或许多事物相继涌现。形容气势宏伟壮观。[①]

清·蒲松龄《聊斋志异·各本序跋题辞·唐序》:“下笔风起云涌，能为载记之言。”

清·陈确《祝子开美传》:“五郡好义之士，醵金而赆赠者，风卷云涌而至。然开美皆谢却之，无所爱。”

孙中山《革命成功个人不能有自由团体要有自由》:“当时结成的团体，虽然是风起云涌，有千百之多，但是不久，所有的团体，便烟消云散。”

亦作“云涌蜂起”。[②]

一、风

大气的水平运动就形成我们通常所说的风，对于大气中水分、热量的输送和天气、气候的形成与演变起着重要的作用。

（一）促使空气运动的力

空气的运动是在力的作用下产生的。作用于空气的力除重力之外，还包括由于气压分布不均而产生的气压梯度力，由于地球自转而产生的地转偏向力，由于空气层之间、空气与地面之间存在相对运动而产生的摩擦力，由于空气做曲线运动时产生的惯性离心力。这些力在水平分量之间的不同组合，构成了不同形式的大气水平运动[③]。

（1）水平气压梯度力。气压梯度是一个向量，它垂直于等压面，由高压指向低压，数值等于两等压面间的气压差除以其间的垂直距离。可以分解为水平气压梯度和垂直气压梯度。气压梯度不仅表示气压分布的不均匀程度，还表示由于气压分布不均而作用在单位体积空气上的压力。

---

①② 刘万国，侯文富．中华成语大词典[M]. 修订版．北京：北大青鸟电子出版社，2004：845-846.

③④ 周淑贞．气象学与气候学[M]. 3版．北京：高等教育出版社，1997：93-104.

在大气中，气压梯度力垂直分量比水平分量大得多，但是与重力始终处于平衡状态，因而在垂直方向上一般不会造成较大的垂直加速度。而水平气压梯度力虽小，但由于没有其他力与它相平衡，在一定条件下能使空气形成较大的水平运动。

（2）地转偏向力。空气是在转动着的地球上运动的，当运动的空气质点依其惯性沿着水平气压梯度力方向运动时，对于站在地球表面的观察者看来，空气质点却受着一个使其偏离气压梯度力方向的力的作用，这种因地球绕自转而产生的非惯性力称为水平地转偏向力或科里奥利力。在大尺度的空气运动中，地转偏向力是一个非常重要的力。

地转偏向力只是在空气相对于地面运动时才产生，相对于地面空气处于静止状态时就没有地转偏向力作用。而且地转偏向力只改变气块运动方向而不能改变其运动速度。在北半球往右偏，在南半球往左偏。在风速相同情况下它随纬度的减小而减小。

（3）摩擦力。摩擦力是两个相互接触的物体做相对运动时，接触面之间所产生的一种阻碍物体运动的力。大气在运动中所受到的摩擦力一般分为内摩擦力和外摩擦力。内摩擦力是在速度不同或方向不同的相互接触的两个空气层之间产生的一种相互牵制的力，它主要通过湍流交换作用使气流速度发生改变，也称湍流摩擦力。其数值很小，往往不予考虑。外摩擦力是空气贴近下垫面运动时，下垫面对空气运动的阻力。它的方向与空气运动方向相反。内摩擦力与外摩擦力的向量和称摩擦力。摩擦力的大小在大气中的各个不同高度上是不同的，以近地面层（地面向上至30~50m）最为显著，高度愈高，作用愈弱，到2千米以上，摩擦力的影响可以忽略不计。所以，我们把近地面层的气层称为摩擦层（或行星边界层），此层以上称为自由大气层。

（4）惯性离心力。惯性离心力是物体在做曲线运动时所产生的，由运动轨迹的曲率中心沿曲率半径向外作用在物体上的力。这个力是物体为保持沿惯性方向运动而产生的，因而称惯性离心力。惯性离心力同运动的方向相垂直，自曲率中心指向外缘。惯性离心力和地转偏向力一样只改变物体运动的方向，不改变运动的速度。

上述四个力都是在水平方向上作用于空气的力，它们对空气运动的影响是不一样的。一般来说，气压梯度力是使空气产生运动的直接动力，是最基本的力。其他力是在空气开始运动后才产生并起作用的，而且所起的作用视具体情况而有不同。地转偏向力对高纬度地区或大尺度的空气运动影响较大，而对低纬度地区特别是赤道附近的空气运动，影响甚小。惯性离心力是在空气做曲线运动时起作用，而在空气运动近于直线时，可以忽略不计。摩擦力在摩擦层中起作用，而对自由大气中的空气运动也可不予考虑。地转偏向力、惯性离心力和摩擦力虽然不能使空气由静止状态转变为运动状态，却能影响运动的方向和速度。气压梯度力和重力既可改变空气运动状态，又可使空气由静止状态转变为运动状态。

（二）自由大气中的风

（1）地转风。地转风是气压梯度力和地转偏向力相平衡时，空气做等速、直线水平运动。

（2）梯度风。空气质点做曲线运动时，除受气压梯度力和地转偏向力作用外，还受惯性离心力的作用，这三个力达到平衡时的风，称为梯度风。

在北半球，低压中的梯度风必然平行于等压线，绕低压中心做逆时针方向旋转。高压中梯度风平行于等压线，绕高压中心做顺时针方向旋转。南半球则相反。

（3）热成风。假若等压面在低层是水平的（气压梯度为零），而由于气柱中平均温度在水平方向上有差别，到高层以后，等压面就会出现倾斜，水平面上的气压值不相等，出现了由暖区指向冷区的气压梯度力，从而产生了平行于等温线的风，这种由于水平温度梯度的存在而产生的地转风在铅直方向上的速度矢量差，称为热成风。

（三）焚风效应：致暖？致干？

沿着背风山坡向下吹的热干风叫焚风。当气流越过山脉时，在迎风坡上升冷却，当空气湿度达到饱和状态时，水汽凝结，大部分水分在山前降落。这样过山后的空气温度比山前同高度的气温要高得多，湿度也小得多。由此可见，焚风吹来时，确有干热如焚的感觉。

迎风山地对降水的形成有促进作用，气流沿迎风坡上升时，是否形成降水，不可一概而论，要综合考虑山体海拔高度、气温高低、水汽含量多少等多方面因素。如果气流很干燥，即使遇到山地有抬升作用，也不能产生降水；如果空气层结构十分稳定，有抑制垂直运动的作用，也难形成降水；或者水汽虽多，但山体高度较低，气流上升过程中，气温下降幅度小，水汽达不到过饱和，也无法形成降水。

因此，焚风可致暖，但不一定致干。

二、相关高考地理试题示例

（一）2014 年高考山东文综卷地理 8~10 题

图 2.2.1 为甲地所在区域某时刻高空两个等压面 $p1$ 和 $p2$ 的空间分布示意图，图中甲、乙两地经度相同。完成 8~10 题。

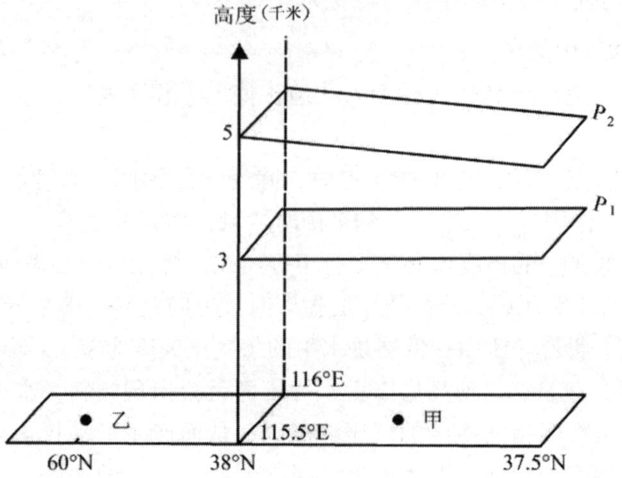

图 2.2.1　甲地所在区域某时刻高空两个等压面 P_1 和 P_2 的空间分布示意图

8. 此时甲地近地面的风向为（　　）

A. 东南风　　　　B. 西南风

C. 东北风　　　　D. 西北风

【答案】B

【解析】从高空等压面倾斜情况看，甲地高空气压低于乙地，故近地面气压高于乙地，近地面空气从甲地流向乙地，即从南向北；图示区域为北半球，受地转偏向力影响右偏，风向偏转为西南风。

9. 此后，来自乙地的气团使甲地的天气发生明显变化。造成此次天气变化的天气系统是（　　）

A. 气旋　　　　B. 反气旋

C. 冷锋　　　　D. 暖锋

【答案】C

10. 若该日甲、乙两地同时日出，则甲地该日（　　）

A. 正午太阳高度达一年中最大　　　　B. 为冬至日

C. 日落时区时为 18 时　　　　D. 昼夜等长

【答案】D

其中第 8 题，至少有（且不限于）如下几个问题需要拓展思考：

问题一：甲地高空低压，近地面是否一定为高压？

问题二：甲地近地面高压，远离甲地的乙地近地面是否一定为低压？

问题三：题干中的“甲地近地面的风向”是否只指甲乙两地之间的风向？

对于问题一，冷性低压是低压中心区为冷区，四周为暖区，等温线与等压线基本平行，冷中心与低压中心基本重合的气压系统。因为冷区单位气压高度差小于周围暖区，因而冷低压的等压面凹陷程度随高度的增加而增大，即冷低压的强度愈向高空愈强。换言之，冷性低压的高空和近地面均为低压。

冷性低压系统为深厚系统，不仅存在于对流层低层，还可伸展到对流层高层（如200 百帕，约 11000 米高），而且其气压强度随高度的增加逐渐增强。如我国东北冷性低压是东亚中高纬度地区重要的天气系统。

问题在于冷性低压能否在此处出现。冷性低压自对流层低层向上均为低压，故若图示甲地为冷性低压的话，则甲地向上海拔 3000 米仍为低压。故此处似乎不应为冷性低压。

对于问题一，还有两个问题需要思考：

一是气象学上的“高空”一般是指 500 百帕以上，即约 5500 米以上。

标准大气中气压与高度的对应值，详见表 2.2.1。

表 2.2.1　标准大气中气压与高度的对应值

气压 / 百帕	1013.3	845.4	700.8	504.7	410.4	307.1	193.1	102.8	46.7
高度 / 米	0	1500	3000	5500	7000	9000	12000	16000	21000

二是如果 3000 米和 5000 米都是高空，为何要以等压面 p_2 推断出“甲地高空气压低于乙地”，进而推导出“近地面气压高于乙地”，而不能根据等压面 p_1 推断出“甲地高空气压等于乙地”，进而推导出“近地面气压等高于乙地”？

对于问题二，图示高空等压面只是从北纬 37.5° 到 38° 而已，而乙地则到了北纬 60°，怎么判断出乙地近地面或高空气压是高于还是低于甲地呢？

对于问题三，根据甲地近地面为高气压，气流向四周疏散，即从甲点向外吹，加之地转偏向力的影响，风向呈顺时针方向，即四个选项的风向均有可能。难道因为给出了甲乙两地，就应该理解为是甲乙两地间的气流方向？

如果放在中纬度西风带里考虑这个问题，则似乎不用画出高空等压面即可“调动和运用地理知识”，得出甲地近地面风向为西南风——甲乙两地间风向。

与上述“问题一”解答对应的有这样一道高考题。

（二）2019 年高考浙江 4 月选考地理 13~14 题

下图为某地近地面垂直方向气温、气压分布示意图（图中虚线为等温线、实线为等压线）。完成下面两题。

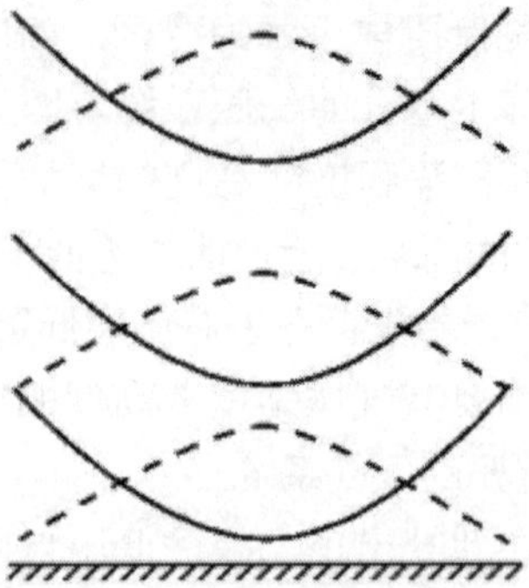

图 2.2.2 某地近地面垂直方向气温、气压分布示意图

13. 若该地位于我国西北沙漠地区，则其成因和空气垂直运动正确的是（ ）

A. 动力 辐合上升　　B. 热力 辐合上升

C. 动力 下沉辐散　　D. 热力 下沉辐散

【答案】B

【解析】本题主要考查热力环流的原理。根据图中近地面等压线向下弯曲的分布特点，可以判断近地面为低压，空气垂直方向上辐合上升；再根据等温线向上弯曲的分布特点，可判断该地气温较高，空气受热膨胀上升使近地面形成低压，因此为热力作用。

知识拓展 低压、高压的形成分为热力和动力作用两种类型，一般可分为热低压、冷高压、冷低压和热高压四种情况。因空气受热膨胀上升，近地面形成的低压则为热低压，如赤道低压，就是热力作用形成的热低压；因空气冷却收缩下沉，近地面形成的高压则为冷高压，如极地高压和亚洲高压，就是热力作用形成的冷高压；副极地地区因气流被迫抬升近地面形成的副极地低压，就是动力作用形成的冷低压；副热带地区因气流被迫下沉近地面形成的副热带高压，就是动力作用形成的热高压。具体气温、气压分布情况如下图：

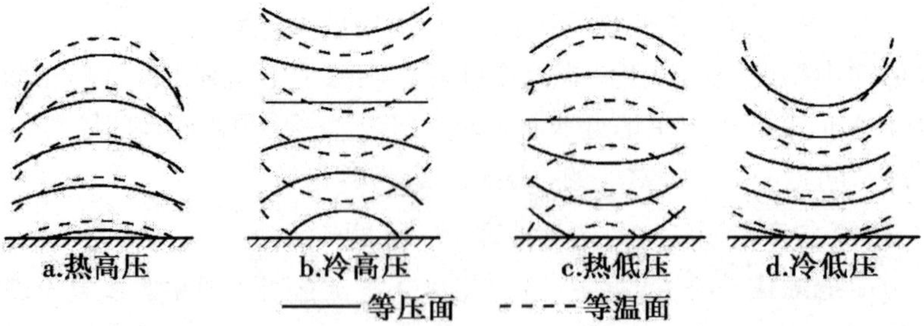

图 2.2.3 热高压、冷高压、热低压和冷低压气温、气压分布示意图

14. 易形成这种大气物理状况的是（　　）

A. 夏季白天的内陆湖面　　B. 冬季晴朗夜晚的谷底

C. 夏季晴朗白天的郊区　　D. 冬季暖流流经的海面

【答案】D

【解析】本题主要考查热力环流原理的应用。夏季白天内陆湖面增温慢，气温较低，气压较高，与图中热低压不吻合，A错；冬季晴朗的夜晚，由于山坡上冷空气滑向谷底，谷底暖空气被迫抬升(动力作用)，谷底气温较低，与题意不吻合，B错；郊区气温不管是白天还是晚上，都要比城区低，城区气流受热上升，郊区气流冷却收缩下沉，因此C错；冬季暖流流经的海面，气温较高，气流受热上升，D正确。

该题容易误选B，注意该地近地面空气是因受热上升，而冬季晴朗夜晚谷地空气是因山坡上冷空气滑向谷地暖空气被迫抬升，谷底空气较上层空气温度低。

（三）2011年高考全国文综卷（大纲卷）地理9~11题

一般情况下，空气的密度与气候、空气中的水汽含量呈负相关。图2.2.4示意北半球中纬某区域的地形和8时气温状况剖面，高空自西向东的气流速均20千米/时。据此完成9 ~ 11题。

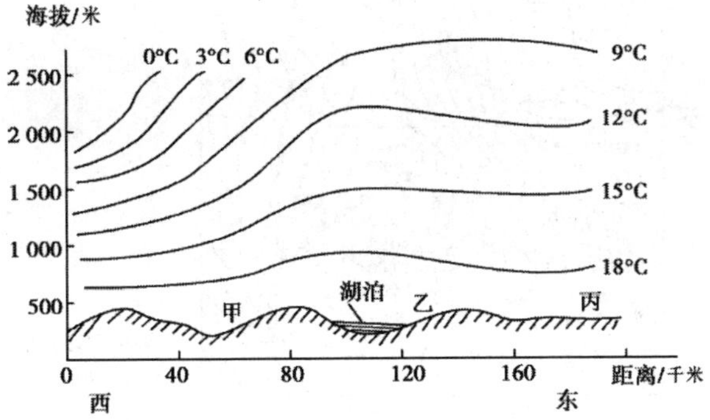

图2.2.4　北半球中纬某区域的地形和8时气温状况剖面

9. 此时甲、乙、丙三地的大气垂直状况相比较（　　）

A. 甲地比乙地稳定　　B. 乙地对流最旺盛

C. 乙地比丙地稳定　　D. 丙地最稳定

【答案】D

【解析】垂直方向上，温差越大，大气对流运动越强烈，大气越不稳定。图中甲、乙、丙三地垂直温差最大的是甲地，对流最旺盛，空气最不稳定，故A、B项错误；乙地有湖泊，受其影响，等温线上凸，说明乙地近地面气温高于丙地，而乙、丙高空气温大体相同，故乙在垂直方向上温差大于丙，进而可知丙地大气比乙地稳定，

C 项错误，D 项正确。

10. 正午前后（ ）

A. 甲地气温上升最快　　B. 乙地可能出现强对流天气

C. 丙地刮起东北风　　D. 甲地出现强劲的偏南风

【答案】B

【解析】由题干信息结合图中气温分布情况可知，该区域有一大团冷空气整体向东运动，正午前后，大团冷空气向东移动了 80 千米，此时甲地气温降低，吹偏西风，A、D 项错误；乙地气温垂直方向差异大，对流运动强烈，B 项正确；丙地吹东南风，C 项错误。

需要注意的是，题干中“高空自西向东的气流速均 20 千米 / 时”的“高空”，根据图意，似乎在 1500~2500 米，这与气象学上的“高空”不符。

（四）2018 年高考全国文综卷（Ⅲ卷）地理 37 题

37. 阅读图文资料，完成下列要求。（24 分）

图 2.2.5 为春季 *T* 时刻亚洲部分地区的海平面气压分布图。

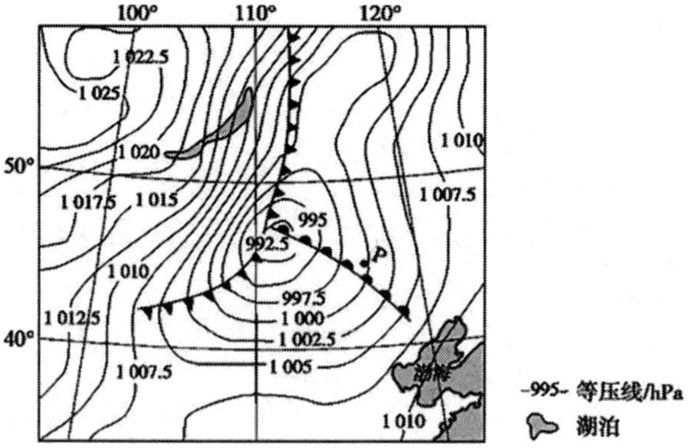

图 2.2.5　春季 *T* 时刻亚洲部分地区的海平面气压分布图

（1）指出控制图示区域的两个气压系统及位置关系。（4 分）

（2）*T* 时刻该区域的锋面数量发生了变化。推测 *T* 时刻前该区域锋面的数量，并分别说明锋面形成的原因。（8 分）

（3）预测 *P* 点将要发生的天气变化。（8 分）

（4）说明该区域春季天气系统活跃的原因。（4 分）

【答案】

（1）高压（1 分）；低压（1 分）；高压位于低压西北（2 分）。

（2）3 个（2 分）；在低压（气旋）中，四周空气汇集，北上的暖空气和南下的冷空气之间形成锋面（2 分），气旋逆时针方向旋转，形成冷锋和暖锋两个锋面（2

分)。(冷)高压内的冷空气东移南下，形成冷锋(2分)。

(3)暖锋过境，降水概率高，气温升高(2分)；暖空气控制，天气转好，气温较高(2分)；冷锋过境，气温下降，可能有降水，风力加强(2分)；冷空气控制，晴朗，气温较低(2分)。

(4)中低纬度地区升温快(高纬度地区尚未明显增温)，南北温差加大，气压梯度大，大气运动快(冬季风和夏季风转换期，天气系统交替控制)。(4分)

其中第(3)题，分别描述了暖锋过境、暖空气控制、冷锋过境、冷空气控制四个阶段 *P* 地的天气状况，这些状况串起来就构成天气变化。

针对部分老师质疑(3)题“将要”的时间长度问题，其实题干已经说明是“天气变化”，已经定性地界定了时间长度，不需要再定量地描述过多长时间以后，何况也不好定量描述多长时间以后。同时这种定性描述也可以体现出比较好的区分度，不同考生可能答出“暖锋过境”“暖空气控制”“冷锋过境”“冷空气控制”四个阶段中某几个或全部阶段，而这正好体现出区分度。

(五)2012 年高考全国文综卷地理 10~11 题

下图示意长江中下游地区夏初某时的气压系统。该气压系统以每天 120 千米的速度自西向东移动。据此完成下面两题。

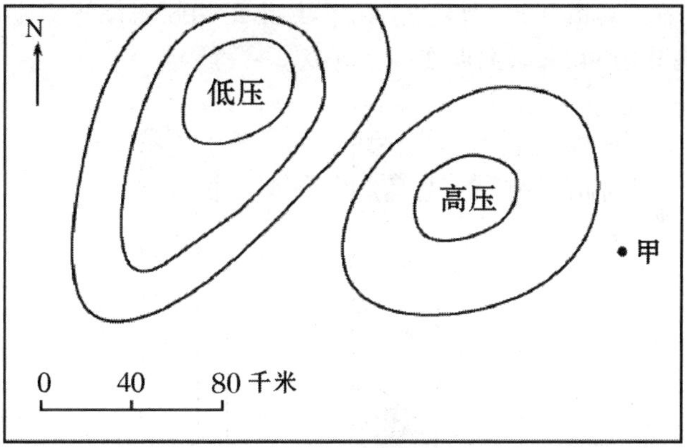

图 2.2.6　长江中下游地区夏初某时的气压系统

10. 24 小时后甲地主要吹(　　)

A. 东北风　　B. 东南风

C. 西北风　　D. 西南风

【答案】B

【解析】本题考查风向的判定。据图中比例尺及该天气系统移动速度和方向可判断，24 小时后甲地位于高压中心的西部，水平气压梯度力大致由东向西，北半球受地转偏向力影响，向右偏形成东南风，B 项正确。

11.30 ~ 48 小时之间，甲地可能经历（　　）

A. 持续晴朗高温天气　　B. 连绵阴雨天气

C. 强对流降雨天气　　D. 沙尘暴天气

【答案】C

【解析】本题考查常见天气系统的判读，考查读图能力、计算（估算）能力、综合分析能力。读图文材料（天气系统的移动速度、比例尺）可知，该天气系统的移动速度较快，说明低气压势力较强；在 30 ~ 48 小时时段内，甲地分别位于低压槽的东侧和西侧，说明在该时段甲地受势力较强的低压槽控制，故甲地可能经历强对流降雨天气。

10 题题干中的“24 小时后”，一个“后”字则导致了逻辑上的混乱和多解，致使指代不明。如 11 题中的“30~48 小时之间”可算是“24 小时后”？从逻辑上讲，是算的。

建议“24 小时后”改为“隔 24 小时”可能更好，如下题组。

（六）2010 年高考安徽文综卷地理 29~30 题

11 月 22 日，某地理研究性学习小组在观测房屋采光状况时，发现甲楼阴影恰好遮住乙楼三层中部（如图 2.2.7 所示），在甲楼顶层 GPS 测得纬度为 31.8366°、经度为 117.2179°、高程为 96 米。完成 29 ~ 30 题。

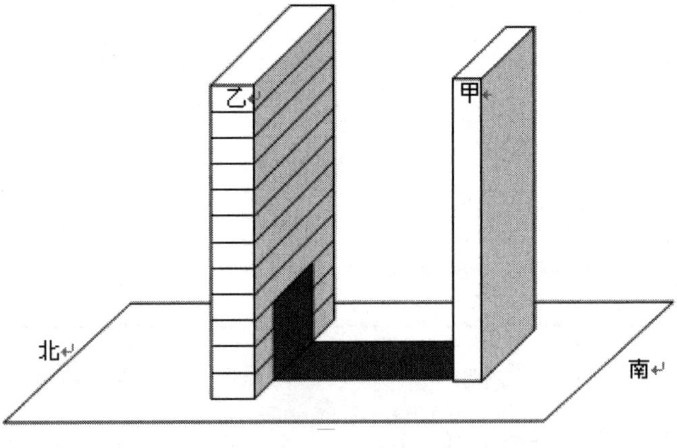

图 2.2.7　某地甲、乙两楼示意图

29. 隔 25 小时再次观测时，甲楼阴影可遮挡乙楼（　　）

A. 二层西部　　B. 四层东部

C. 五层西部　　D. 七层东部

【答案】B

【解析】考查地球运动的地理意义。根据材料和图可以看出该地理研究性学习小组位于北半球，隔 25 小时再次观测时，太阳直射点往南移动了，高度角减小，影子向楼上移动；且太阳向西边移动，所以甲楼阴影将向东移动。所以选 B。

30. 此后一个月内（　　）

A. 法国进入冷饮畅销期　　　　B. 广东省进入雨季

C. 澳大利亚播种冬小麦　　　　D. 云南省昼短夜长

【答案】D

【解析】此后一个月，即 12 月 22 日，为冬至日。法国、广东省、云南省均位于北半球，澳大利亚为南半球。所以 A、B 不对；澳大利亚播种小麦的时间为 3~5 月，C 不符合。所以选 D。

29 题题干中的“隔 25 小时”，如果改为“25 小时后”可能就指代不明了。

第三节　常见天气系统

“呼风唤雨”部分对雨和雪的成因和类型进行了详细介绍，列析了四道高考试题。

“层峦叠嶂”部分则叙述了秦岭在中国地理环境中的分界作用，并对涉及该成语的两道高考试题进行了评析。

呼风唤雨：降雨是如何形成的？

叫刮风便刮起风来，让下雨便下起雨来。①

1.原指神话传说中神仙道士神通广大，法力无边，风和雨都能听他使唤。

宋·孙觌《罨溪行》：“罨画溪头乌鸟乐，呼风唤雨不能休。”

元·尚仲贤《柳毅传书》第一折：“轻咳嗽呼风唤雨，谁不知他气卷江湖。”

元·无名氏《二郎神醉射锁魔镜》第二折：“巨口獠牙显化身，呼风唤雨驾祥云，三界神祇闻吾怕，我是那变化多般牛魔神。”

清·钱彩《说岳全传》第五十回：“只有我师父在此山中修炼，道法精通，有呼风唤雨之能，撒豆成兵之术。”

2.后多比喻人具有巨大的支配力量，造成某种局势。有时含有贬义。

梁启超《新中国未来记》第三回：“兄弟，你真是玛志尼一流人物，天生成是呼风唤雨，搅得一国的原动力的了。”②

一、降水

（一）雨的形成

由液态水滴（包括过冷却水滴）所组成的云体称为水成云。水成云内如果具备了云滴增大为雨滴的条件，并使雨滴具有一定的下降速度，这时降落下来的就是雨或毛毛雨。由冰晶组成的云体称为冰成云，而由水滴（主要是过冷却水滴）和冰晶共同组成的云称为混合云。从冰成云或混合云中降下的冰晶或雪花，下落到0℃以上的气层内，融化以后也成为雨滴下落到地面，形成降雨。

在雨的形成过程中，大水滴起着重要的作用。当水滴半径增大到2~3毫米时，

①② 刘万国，侯文富．中华成语大词典[M].修订版．北京：北大青鸟电子出版社，2004:1213-1214.

水分子间的引力难以维持这样大的水滴，在降落途中，就很容易受气流的冲击而分裂，通过“连锁反应”，使大水滴下降，小水滴继续存在，形成新的大水滴。这是上升气流较强的水成云和混合云中形成雨的重要原因。①

（二）雪的形成

在混合云中，由于冰水共存使冰晶不断凝华增大，成为雪花。当云下气温低于0℃时，雪花可以一直落到地面而形成降雪。如果云下气温高于0℃时，则可能出现雨夹雪。雪花的形状极多，有星状、柱状、片状等，但基本形状是六角形。

雪花之所以多呈六角形，花样之所以繁多，是因为冰的分子以六角形为最多，对于六角形片状冰晶来说，由于它的面上、边上和角上的曲率不同，相应地具有不同的饱和水汽压，其中角上的饱和水汽压最大，边上次之，平面上最小。在实有水汽压相同的情况下，由于冰晶各部分饱和水汽压不同，其凝华增长的情况也不相同。例如当实有水汽压仅大于平面的饱和水汽压时，水汽只在面上凝华，形成的是柱状雪花。当实有水汽压大于边上的饱和水汽压时，边上和面上都会发生凝华。由于凝华的速度还与曲率有关，曲率大的地方凝华较快，故在冰晶边上凝华比面上快，多形成片状雪花。当实有水汽压大于角上的饱和水汽压时，虽然面上、边上、角上都有水汽凝华，但尖角处位置突出，水汽供应最充分，凝华增长得最快，故多形成枝状或星状雪花。再加上冰晶不停地运动，它所处的温度和湿度条件也不断变化，这样就使得冰晶各部分增长的速度不一致，形成多种多样的雪花。②

我们可以从化学的角度来理解降水的形成：把一团大气近似看成溶液，大气里的水汽看成溶质，降水的形成就是作为溶质的水汽从作为溶液的大气中析出，当大气上升到一定高度时，气温降到一定程度，水汽达到过饱和析出，进而形成降水；这一高度称作“初始降水高度”。随后，随着大气进一步上升，降水持续进行，达到某一高度，降水量达到最大，这一高度称作“最大降水量高度”。大气再进一步上升，达到某一高度，降水消失，这一高度称作“最大降水高度”。

阿联酋拟花巨资造山引雨，建造的山的高度从理论上来讲，应该介于“初始降水高度”和“最大降水高度”之间。

（三）各类云的降水

不同的云，由于其水平范围、云高、云厚、云中含水量、云中温度和升降气流等情况不同，降水的形态、强度、性质也随之而有差异。③

1. 层状云的降水。层状云一般包括高层云、层积云、雨层云和卷层云。卷层云是由冰晶组成的，由于冰面饱和水汽压小于同温度下水面饱和水汽压，使冰晶可以

①②③ 周淑贞．气象学与气候学[M]. 3 版．北京：高等教育出版社，1997：77–79.

在较小的相对湿度（可以小于100%）情况下增大。但是，因卷层云中含水量较小，云底又高，所以除了在冬季高纬度地区的卷云可以降微雪以外，卷层云一般是不降水的。

雨层云和高层云经常是混合云，所以云滴的凝华增大和冲并增大作用都存在，雨层云和高层云的降水与云厚和云高有密切关系。云厚时，冰水共存的层次也厚，有利于冰晶的凝华增大，而且云滴在云中冲并增大的路程也长，因此有利于云滴的增大。云底高度低时，云滴离开云体降落到地面的路程短，不容易被蒸发掉，这就有利于形成降水。所以对雨层云和高层云来说，云愈厚、愈低，降水就愈强。雨层云比高层云的降水大得多，也主要是这个缘故。

由于层状云云体比较均匀，云中气流也比较稳定，所以层状云的降水是连续性的，持续时间长，降水强度变化小。

2. 积状云的降水。积状云一般包括淡积云、浓积云和积雨云。

淡积云由于较薄，云中含水量少，而且水滴又小，所以一般不降水。

浓积云是否降水则随地区而异。在中高纬度地区，浓积云很少降水。在低纬度地区，因为有丰富的水汽和强烈的对流，浓积云的厚度、云中含水量和水滴都较大，虽然云中没有冰晶存在，但水滴之间冲并作用显著，故可降较大的阵雨。

积雨云是冰水共存的混合云，云的厚度和云中含水量都很大，云中升降气流强，因此云滴的凝华增长和冲并作用均很强烈，致使积雨云能降大的阵雨、阵雪，有时还可下冰雹。

积状云的降水是阵性的。这是因为，一方面它的云体水平范围与垂直伸展的尺度差不多，也就是说它的水平范围小，经过一个地方用不了多少时间，因而降水的起止很突然。另一方面是由于积状云中，升降气流多变化，上升气流强时，降水物被“托住”降落不下来。当上升气流减弱或出现下沉气流时，降水物骤然落下，也使降水具有阵性。

3. 波状云的降水。波状云由于含水量较少，厚度不均匀，所以降水强度较小，往往时降时停，具有间歇性。层云只能降毛毛雨，层积云可降小的雨、雪和霰。高积云很少降水。但在我国南方地区，由于水汽比较充沛，层积云也可产生连续性降水，高积云有时也可产生降水。

二、相关高考地理试题示例

（一）2011年高考上海地理卷23~25题

下图为我国某山地年降水量随高度变化示意图。

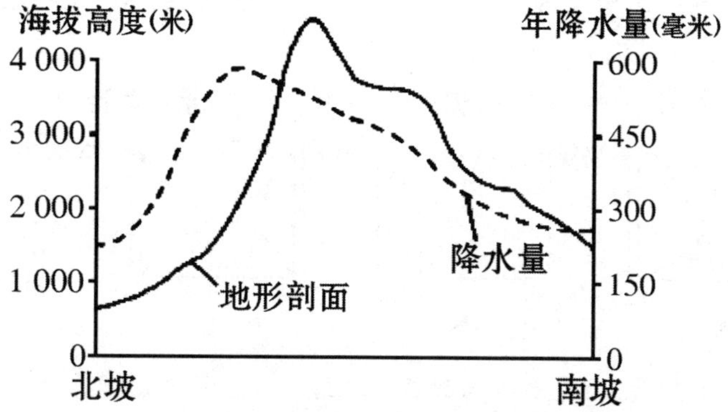

图 2.3.1　我国某山地年降水量随高度变化示意图

23. 就相同海拔高度来说，该山地南北两坡年降水量（　　）

A. 大体相等　　B. 北坡较多

C. 南坡较多　　D. 难以判断

24. 该山地年降水量随海拔高度升高而减少的高度出现在（　　）

A. 南坡 3500 米　　B. 南坡 2000 米

C. 北坡 3500 米　　D. 北坡 2000 米

25. 该山地所属山脉可能是（　　）

A. 南岭　　B. 秦岭

C. 阴山山脉　　D. 天山山脉

【答案】23. B　　24. D　　25. D

（二）2013 年高考天津文综卷地理 1 题

读图，回答下题。

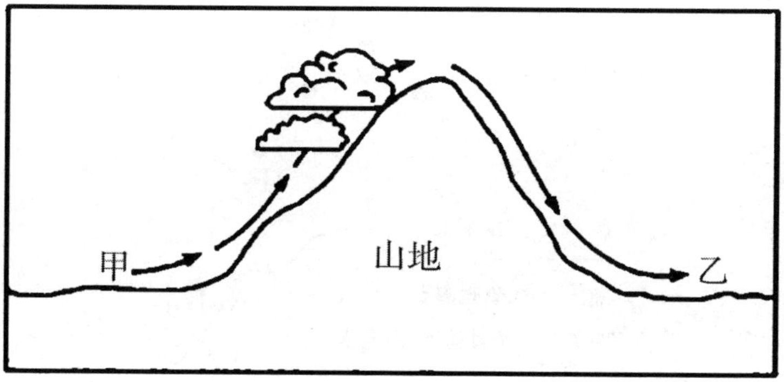

图 2.3.2　某山地气流运动示意图

下列曲线图，正确反映上图气流运动过程中气温、降水可能性变化趋势的是（　　）

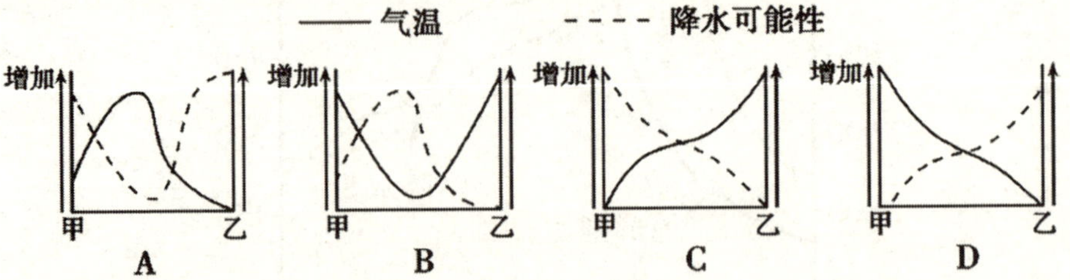

图 2.3.3　气流运动过程中气温、降水可能性变化趋势

【答案】B

【解析】本题考查地形对气温和降水的影响。图中反映甲位于山地迎风坡，随气流上升，气温下降、降水增加，并在某一高度降水量达到最大。乙位于山地背风坡，随气流下沉，气温升高、天气晴朗，故由甲到乙，气温先降低、后升高，降水先增加、后减少。故 B 项正确。

其实，气流在越过山顶后下沉，是否伴随降水持续减少，取决于山的高度是否高于“最大降水高度”，即气流越过山顶后是否还伴随有降水。

（三）2019 年高考北京文综卷地理 3 题

平顶山市地处豫西山地向黄淮海平原的过渡地带。下图为该市各观测点年平均降水量图。读图，回答下题。

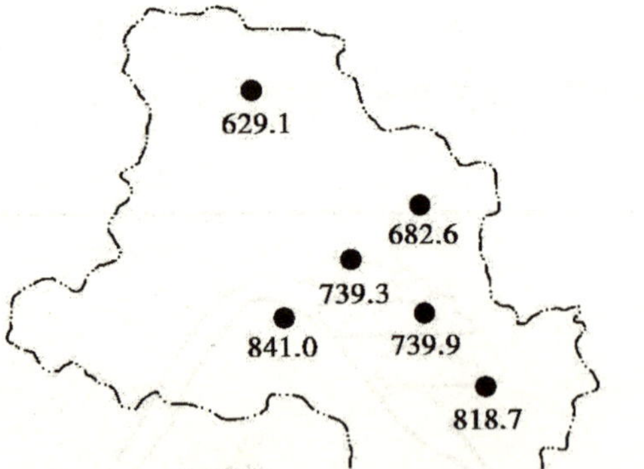

图 2.3.4　平顶山市各观测点年平均降水量图

导致该市年平均降水量空间差异的主要因素是（　　）

A. 太阳辐射　　　　B. 海陆位置

C. 植被覆盖率　　　　D. 地形条件

【答案】D

【解析】本题以“平顶山市各观测点年平均降水量图”为情境，考查影响降水的因素；材料给出“平顶山市地处豫西山地向黄淮海平原的过渡地带”这一信息，旨在考查学生获取和解读信息的能力；选项的设置体现了从多个要素分析问题的综合思维学科素养，树立尊重自然规律的价值观。读图中各观测点降水量分布状况和比例尺大小，可以发现较小范围内降水差异较大，结合材料信息，平顶山位于豫西山地向黄淮海平原的过渡地带，则可以推断影响降水空间差异的主要因素为地形条件，D项正确；太阳辐射主要影响气温，A项错误；图中各观测点并不完全符合离海洋越近降水量越大的规律，B项错误；各观测点降水量均较多，降水量的多少影响植被覆盖率，C项错误。

（四）2017年高考海南地理单科21题

新西兰首都惠灵顿依山坡而建，三面环山，西面朝向大海，有“风城”之称。下图示意为惠灵顿的位置。

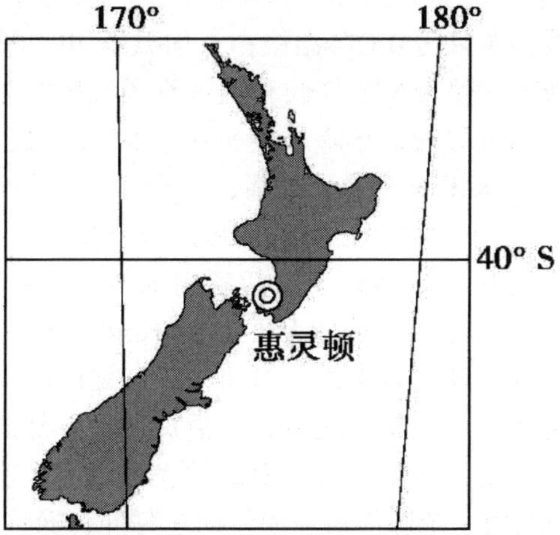

图2.3.5　惠灵顿的位置

分析惠灵顿常年多风的原因。

【答案】地处西风带，常年盛行偏西风；两岛之间为海峡，风速加快；依山面海，迎风。

【解析】结合图分析可知，惠灵顿地处西风带，常年受西风控制，盛行偏西风，加上三面环山，西面朝向大海，喇叭形地貌有利于西风的深入。

层峦叠嶂：秦岭的“保温作用”

峦：小而坚的山，相连的山。嶂：高耸、险峻像屏障一样的山峰。①

形容山岭重叠，峰峦相接，连绵不断。

明·袁宏道《西洞庭》：“层峦叠嶂，出没翠涛。”

明·张岱《海志》：“海为肠绕，委蛇曲折于层峦叠嶂之中。”

蔡东藩、许廑父《民国通俗演义》第六十六回：“约行数十里，但见前面层山叠嶂，险恶异常。”

亦作“层山叠嶂”。②

一、秦岭

秦岭，作为中国中东部南北分界线，首次由张相文于1908年提出。1908年，中国地学会（中国地理学会前身）首任会长张相文在《新撰地文学》中写道“北带：南界北岭淮水，北抵阴山长城”。所谓的“南界”，就是南北分界线。“北带”就在长城与秦岭—淮河之间。秦岭—淮河线的提出，首次正确界定了我国南北方的自然地理分界线，对于认识我国自然地理规律和指导农业生产都具有重要的意义。

秦岭—淮河线是我国1月份0℃等温线；日均温≥10℃积温4500℃等值线；亚热带和暖温带的分界线；亚热带季风气候和温带季风气候的分界线；亚热带常绿阔叶林与温带落叶阔叶林的分界线；年降水量800毫米等降水量线；湿润区与半湿润区的分界线；旱地农业与水田农业的分界线；水稻主产区与小麦主产区的分界线；河流有无结冰期的分界线；长江流域和黄河流域的分界线。

秦岭被誉为中国的龙脉，主体位于陕西省南部与四川省交界处，长约1500千米。主峰是太白山，高3771米。秦岭分为狭义上的秦岭和广义上的秦岭。

狭义上的秦岭，仅限于陕西省南部、渭河与汉江之间的山地，东以灞河与丹江河谷为界，西止于嘉陵江。而广义上的秦岭是横贯中国中部的东西走向山脉。西起甘肃省临潭县北部的白石山，向东经天水南部的麦积山进入陕西。在陕西与河南交界处分为三支，北支为崤山，余脉沿黄河南岸向东延伸，通称邙山；中支为熊耳山；南支为伏牛山。

地表地带景观是连续的、稳定的，很难找到一条线，线两边地理、气候、植被、土壤等自然景观截然不同。秦岭（—淮河）准确地讲，是“中国南北地理气候分界带”。秦岭是一个南北平均宽达200多千米、长800多千米的庞大的山系，南北分界线划在哪里，如何划分，需要研究。

①② 刘万国，侯文富．中华成语大词典[M]．修订版．北京：北大青鸟电子出版社，2004：250-251．

刘胤汉主张南北分界线应该划在秦岭南坡 800 米等高线处，理由是由于山地海拔升高气温下降，在 800 米等高线位置，亚热带就已经结束了，像柚、竹等亚热带指示性植物已经不见。[①②]

任美锷主张南北分界线应该划在秦岭北坡 700 米等高线处，理由是从秦岭北坡看，随着山地的上升，气温逐渐降低，在 700 米等高线处，气候已经不是暖温带了，而是山地气候。[③]

也有学者主张南北分界线应该划在秦岭的主脊线上，理由是这样可以保持山两边垂直自然带的完整性。[④⑤⑥]

有一些学者从植被的角度对中国南北分界线进行了研究，如康慕谊认为，如果从气候—植被参数在秦岭地区的等值线分布、秦岭地区的植物区系与植被垂直带谱，以及大农业生产特征等方面考虑来划分亚热带和暖温带的界限，南坡海拔 800~1000 米应该是比较准确的划分。[⑦]

二、相关高考地理试题示例

（一）2016 年高考江苏地理单科 6 题

2016 年 1 月 24 日，一股强大的寒潮影响我国。下图为该日 8 时亚洲部分地区海平面气压形势图。读图回答下题。

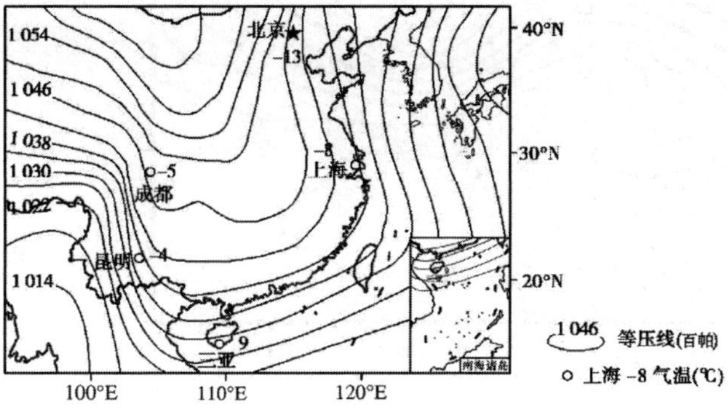

图 2.3.6　2016 年 1 月 24 日 8 时亚洲部分地区海平面气压形势图

① 刘胤汉．关于陕西省自然地带的划分 [J]. 地理学报，1980，9（3）：210-218.
② 刘胤汉．西北五省（区）生态环境综合分区及其建设对策 [J]. 地理科学进展，2000，9（5）：403-409.
③ 任美锷，杨纫章．中国自然区划问题 [J]. 地理学报，1961（12）：66-74.
④ 中国科学院自然区划工作委员会．中国植被区划（初稿）[M]. 北京：科学出版社，1960.
⑤ 中国植被编辑委员会．中国植被 [M]. 北京：科学出版社，1980.
⑥ 中国科学院中国植被图编辑委员会．中国植被图集（1 ： 1000000）[M]. 北京：科学出版社，2001.
⑦ 康慕谊，朱源．秦岭山地生态分界线的论证 [J]. 生态学报，2007，27（7）：2774-2784.

6. 该日上海气温比成都低的原因是（　　）

A. 无高大山脉阻挡，受寒潮影响大

B. 濒临海洋，受到海洋影响

C. 纬度更高，正午太阳高度角小

D. 冷锋过境，降温明显

【答案】A

【解析】成都位于四川盆地，北部有高大山脉阻挡北方冷空气的入侵，且盆地地形热量不易散失，受寒潮影响小，因此选项 A 为正确答案。

（二）2011 年高考安徽文综卷地理 34 题

34.（30 分）根据材料和图 2.3.7，结合所学知识，回答下列问题。

材料　亚洲冷高压一般形成于 9 月份，并逐步影响我国大部分地区冬半年的天气。受其影响，2006 年 9 月 3 日至 5 日，四川盆地经历一次暴雨过程。图 2.3.7 表示 2006 年 9 月 3 日 20 时地面气压场。

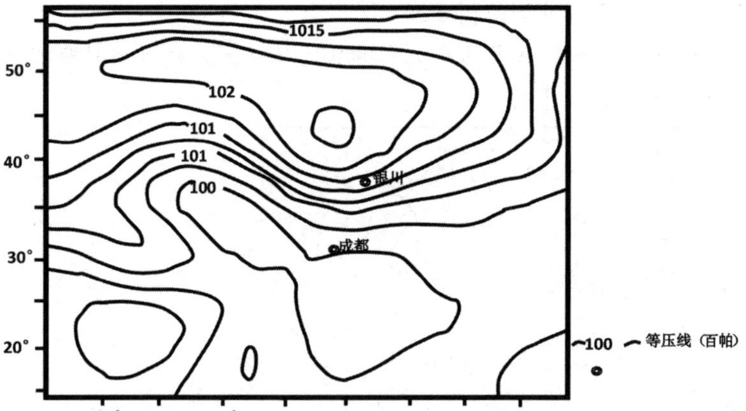

图 2.3.7　2006 年 9 月 3 日 20 时部分地区地面气压场

（1）图示时间银川气温_______（高 / 低）于成都，分析成因。（10 分）

（2）指出图中成都的风向，判断过境成都的天气系统并简述理由。（10 分）

（3）该天气过程在四川盆地边缘可能引发哪些地质灾害？若野营遇此情况，应如何防范和自救？（10 分）

【答案】

（1）低。与成都相比，银川纬度较高，海拔较高，湿度较小，云量较少，大气逆辐射弱，接近冷气团的源地；成都北侧的山脉削弱了冷空气的势力，且热岛效应较强。

（2）偏北风。冷锋。成都北为高压，南为低压；冷气团主动向南移动。与暖气团相遇形成锋面；过境时形成暴雨。（判断为低压，言之有理，酌情给分）

（3）滑坡、泥石流。扎营时，避开谷底排洪通道、河道弯曲和汇合处，以及悬崖、陡坡附近；在野外遇到泥石流，要向垂直于泥石流前进方向的高处跑，切忌顺着滚石方向往山下跑，注意保护头部。

第三章 地球上的水与水的运动

第一节 水循环

“百川归海”部分对“百”字及归海途径进行了解读，从水循环的角度对“巴丹吉林沙漠地下水维系着高大沙山景观”进行了阐述，并对涉及该成语的七道高考试题进行了评析。

百川归海：水循环

犹言万法归宗。①

百：表示多。川：江河。所有江河流归大海。比喻众望所归或大势所趋。也比喻许多事物由分散而汇集到一处。

汉·刘安《淮南子·氾论训》:“百川异源而皆归于海。”汉·蔡邕《郭泰碑》:“犹百川之归巨海，鳞介之宋江龟龙也。”②

类似成语如“海纳百川”。

一、“百川归海”的地理解读

（一）水循环

1. 定义。水循环是指地球上各种形态的水，在太阳辐射、地球引力等作用下，通过蒸发、水汽输送、凝结降水、下渗以及径流等环节，不断地发生相态转换和周而复始运动的过程。③

2. 环节。从全球的整体角度来说，水循环过程可以设想从海洋的蒸发开始；蒸发的水汽升入空中，并随气流输送至各地，大部分留在海洋上空，少部分深入内陆，在适当条件下，这些水汽凝结降水。其中海面上的降水直接回归海洋，降落到陆地表面的雨雪，除重新蒸发升入空中的水汽外，一部分成为地面径流补给江河、湖泊，

①② 刘万国，侯文富．中华成语大词典[M]. 修订版．北京：北大青鸟电子出版社，2004: 60.
③ 黄锡荃．水文学[M]. 北京：高等教育出版社，1993：41.

另一部分渗入岩土层中，转化为壤中流与地下径流。地面径流、壤中流与地下径流，最后亦流入海洋，构成全球性统一的、连续有序的动态大系统（图 3.1.1）。①

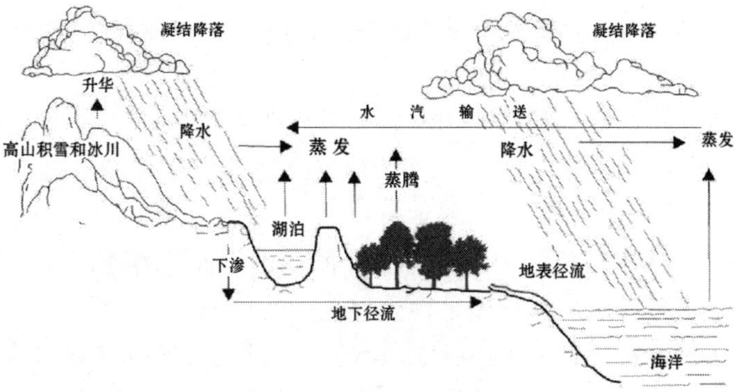

图 3.1.1　水循环示意图

3. 类型。通常按水循环的不同途径与规模，我们可将全球的水循环区分为海陆间循环、海上内循环与陆上内循环。②

（1）海陆间循环。发生于全球海洋与陆地之间的水分交换过程，由于广及全球，又名大循环或外循环。

其主要特点是，在循环过程中，水分通过蒸发与降水两大基本环节，在空中与海洋、空中与陆地之间进行垂向交换，与此同时，又以水汽输送和径流的形式进行横向交换。交换过程中，海面上的年蒸发量大于年降水量，陆面上的情况与此正好相反，降水大于蒸发；在横向交换过程中，海洋上空向陆地输送的水汽要多于陆地上空向海洋回送的水汽，两者之差称为海洋的有效水汽输送。正是这部分有效的水汽输送，在陆地上转化为地表及地下径流，最后回流入海，在海陆之间维持水量的相对平衡。

（2）海上内循环。发生于海洋与大气之间的水分交换过程，又名海洋小循环。主要包括海面的蒸发与降水两大环节，相对比较简单。

（3）陆上内循环。发生于陆地与大气之间的水分交换过程，又名陆地小循环。

陆地内循环的情况则要复杂得多，并且内部存在明显的差别。从水汽来源看，有陆面自身蒸发的水汽，也有自海洋输送来的水汽，在地区分布上也很不均匀，一般规律是距海愈远，水汽含量愈少，因而水循环强度具有自海洋向内陆深处逐步递减的趋势，如果地区内部植被条件好，贮水比较丰富，那么自身蒸发的水汽量比较

① 黄锡荃．水文学[M]．北京：高等教育出版社，1993：41-42.
② 黄锡荃．水文学[M]．北京：高等教育出版社，1993：42-43.

多，有利于降水的形成，因而可以促进地区小循环。

陆地小循环可进一步区分为大陆外流区小循环和内流区小循环。其中外流区小循环除自身垂向的水分交换外，还有多余的水量，以地表径流及地下径流的方式输向海洋，高空中必然有等量的水分从海洋送至陆地，所以还存在与海洋之间的横向水分交换。而陆地上的内流区，其多年平均降水量等于蒸发量，自成一个独立的水循环系统，地面上并不直接和海洋相沟通，水分交换以垂向为主，仅借助于大气环流运动，在高空与外界之间，进行一定量的水汽输送与交换活动。

4. 机制

（1）水循环服从于质量守恒定律。整个循环过程保持着连续性，既没有开始，也没有结束。从实质上说，水循环是物质与能量的传输、储存和转化过程，而且存在于每一环节。在蒸发环节中，伴随液态水转化为气态水的是热量的消耗，伴随着凝结降水的是潜热的释放，所以蒸发与降水就是地面向大气输送热量的过程。地面潜热交换成为大气的热量主要来源。由降水转化为地面与地下径流的过程，则是势能转化为动能的过程。这些动能成为水流的动力，消耗于沿途的冲刷、搬运和堆积作用，直到注入海洋才消耗殆尽。

（2）太阳辐射与重力作用，是水循环的基本动力。此动力不消失，水循环将永恒存在，水的物理性质，在常温常压条件下液态、气态、固态三相变化的特性是水循环的前提条件；外部环境包括地理纬度、海陆分布、地貌形态等则制约了水循环的路径、规模与强度。

（3）水循环广及整个水圈，并深入大气圈、岩石圈及生物圈。其循环路径并非单一的，而是通过无数条路线实现循环和相交的，所以水循环系统是由无数不同尺度、不同规模的局部水循环所组合而成的复杂巨大系统。

（4）全球水循环是闭合系统，但局部水循环却是开放系统。因为地球与宇宙空间之间虽存在水分交换，但每年交换的水量还不到地球上总贮水量的 1/1500000000，所以，可将全球水循环系统近似地视为既无输入，又无输出的一个封闭系统，但对地球内部各大圈层，对海洋、陆地或陆地上某一特定地区、某个水体而言，既有水分输入，又有水分输出，因而是开放系统。

（5）地球上的水分在交替循环过程中，总是溶解并携带着某些物质一起运动，诸如溶于水中的各种化学元素、气体以及泥沙等固体杂质等。不过这些物质不可能像水分那样，构成完整的循环系统，所以通常意义上的水文循环仅指水分循环，简称水循环。

5. 影响。水循环作为地球上最基本的物质大循环和最活跃的自然现象，深刻地影响全球地理环境，影响生态平衡，影响水资源的开发利用。对自然界的水文过程来说，水循环是千变万化的水文现象的根源。①

（1）水文循环与地球圈层构造。地球表层系统由大气圈、岩石圈、生物圈以及水圈组合而成。在这一有序的庞大层次结构中，水圈居于主导地位，正是水圈中的水，通过川流不息的循环运动，积极参与了圈层之间的活动，并且深入四大圈层内部，将它们耦合在一起。

水循环，它上达 15 千米的高空，成为大气圈的有机组成部分，担任了大气循环过程的主角；下到地表以下 1~3 千米深处，积极参与岩石圈中化学元素的迁移过程，成为地质大循环的主要动力因素；同时水作为生命活动的源泉，生物有机体的组成部分，它全面地参与了生物大循环，成为沟通无机界和有机界联系的纽带，并将四大圈层串联在一起，组合成相互影响、相互制约的统一整体。从这一意义上说，水循环深刻地影响了地球表层结构的形成以及未来的演变与发展。

（2）水循环与全球气候。水循环一方面受到全球气候变化，尤其是大气环流活动的影响，另一方面它又深入大气系统内部，极其深刻地制约了全球气候。首先，水循环是大气系统能量的主要传输、储存和转化者。其次，水循环通过对地表太阳辐射能的重新分配，使不同纬度热量收支不平衡矛盾得到缓解。再次，水循环的强弱及其路径，还会直接影响到各地的天气过程，甚至可以决定地区的气候基本特征。在这方面，海洋环流系统的气候效应表现得最为强烈。此外，像雨、雪、霜、霰以及台风暴雨等天气现象，本身就是水循环的产物，没有水循环，就不存在这些天气现象。

（3）水循环与地貌形态及地壳运动。地壳构造运动奠定了全球海陆分布，以及陆地表面上高山、深谷、盆地、平原等地表形态的基本轮廓。水循环过程中的流水以其持续不断的冲刷、侵蚀作用，搬运与堆积作用，以及水的溶蚀作用，在地质构造的基底上重新塑造了全球的地貌形态，从两极与高山地区的冰川地貌、滨海地区的海岸地貌，到河流冲积、堆积地貌以及千姿百态的岩溶地貌，无不是水循环的杰作。

水循环不仅重新塑造了地表形态，而且影响到地壳表层内应力的平衡，是触发地震，甚至引起地壳运动的重要原因。

（4）水循环与生态平衡。水是生命之源，又是生物有机体的基本组成物质，无论是动物还是植物，细胞原生质中大部分是水，如人体组织中 70% 是水。没有水循环，就不会有生命活动，也就不存在生物圈。同时，水循环的强度及其时空变化，还是制约一个地区生态环境平衡或失调的关键，是影响地区内生物有机体活动旺盛、繁茂，或凋萎、贫乏的主要因子。此外，对于同一地区来说，水循环强度的时空变化，还是造成本区洪、涝、旱等自然灾害的主要原因，循环强度过大，可能引发洪水与

① 黄锡荃．水文学 [M]．北京：高等教育出版社，1993：44-47.

涝渍灾害；循环过弱，可能产生水资源不足，形成旱灾。

（5）水循环与水资源开发利用。水是人类赖以生存、发展的宝贵资源，是廉价、清洁的能源，是农业的命脉、工业的血液和运输的大动脉，它与其他自然资源相比较，主要特点是水资源具有再生性和可以永续利用性。这一特点正是水循环所赋予的。

（6）水循环与水文现象。水循环是地球上一切水文现象的根源，没有水循环，地球上也就不会发生蒸发、降水、径流，也不存在江河、湖泊。

（二）百川归海中的"川"指外流河

内陆河指由内陆山区降雨或高山融雪产生的、不能流入海洋、只能流入内陆湖泊或在内陆消失的河流。这类河流大多处于大陆腹地，远离海洋，得不到充足的水汽补给，干旱少雨，水量不丰，而山峦环绕、丘陵起伏的地形又阻断了入海的通路，最终消失在沙漠里或汇集于洼地形成尾闾湖。外流河是直接或间接流入海洋的河流。

显然，并非所有河流最终都能流入海洋。故成语"百川归海"中的"川"指外流河。

（三）百川归海的途径

成语"百川归海"由于最终注入海洋，故其参与的是海陆间循环。归海途径主要为地表径流，其次为地下径流，对于离海近的河流（或河段），河水也可能经"蒸发—水汽输送—降水"归海。

（四）巴丹吉林沙漠地下水维系着高大沙山景观

研究表明①，中国西北阿拉善高原的巴丹吉林沙漠的高大沙山有着稳定的水源补给，沙漠下隐藏着大量的淡水资源。同位素示踪表明，巴丹吉林沙漠的水源补给来自500多千米以外的祁连山积雪冰川的融水，而中间的"通道"就是地球板块运动形成的祁连山深大断裂、阿尔金断裂等。正是这条深层"地下河"，从祁连山给巴丹吉林沙漠以及黑河下游地区引来了源源不断的"后继资源"。从祁连山到巴丹吉林沙漠，地下水补给周期平均只需30年。这一发现无疑对于巴丹吉林沙漠及其附近地区水资源的开发和利用提供了一种新的思路和可能。目前都是用水库将大量的水储存起来，蒸发损耗很大。如果能将这样的地下天然水库利用起来，无疑将大大减少地表水的蒸发。

（五）水量平衡

1.水量平衡的概念。所谓水量平衡，是指任意选择的区域（或水体），在任意时段内，其收入的水量与支出的水量之间差额必等于该时段区域（或水体）内蓄水的变化量，即水在循环过程中，从总体上说收支平衡。

水量平衡的概念是建立在现今的宇宙背景下。地球上的总水量接近于一个常数，

①Chen J S, Li L, Wang J Y, et al. Groundwater maintains dune landscape[J]. Nature, 2004, 432 : 459-460.

自然界的水循环持续不断，并具有相对稳定性这一客观的现实基础之上的。

从本质上说，水量平衡是质量守恒原理在水循环过程中的具体体现，也是地球上水循环能够持续不断进行下去的基本前提。一旦水量平衡失控，水循环中某一环节就要发生断裂，整个水循环亦将不复存在。反之，如果自然界根本不存在水循环现象，也就无所谓平衡了。因而，两者密切不可分。水循环是地球上客观存在的自然现象，水量平衡是水循环内在的规律。水量平衡方程式则是水循环的数学表达式，而且可以根据不同水循环类型，建立不同的水量平衡方程。诸如通用水量平衡方程、全球水量平衡方程、海洋水量平衡方程、陆地水量平衡方程、流域水量平衡方程、水体水量平衡方程等。①

2. 研究意义。水量平衡研究是水文、水资源学科的重大基础研究课题，同时是研究和解决一系列实际问题的手段和方法，因而具有十分重要的理论意义和实际应用价值。

首先，通过水量平衡的研究，可以定量地揭示水循环过程与全球地理环境、自然生态系统之间的相互联系、相互制约的关系；揭示水循环过程对人类社会的深刻影响，以及人类活动对水循环过程的消极影响和积极控制的效果。

其次，水量平衡又是研究水循环系统内在结构和运行机制，分析系统内蒸发、降水及径流等各个环节相互之间的内在联系，揭示自然界水文过程基本规律的主要方法；是人们认识和掌握河流、湖泊、海洋、地下水等各种水体的基本特征、空间分布、时间变化，以及今后发展趋势的重要手段。通过水量平衡分析，还能对水文测验站网的布局，观测资料的代表性、精度及其系统误差等作出判断，并加以改进。

第三，水量平衡分析是水资源现状评价与供需预测研究工作的核心。从降水、蒸发、径流等基本资料的代表性分析开始，到进行径流还原计算，再到研究大气降水、地表水、土壤水、地下水等四水转换的关系，以及区域水资源总量评价，基本上都是根据水量平衡原理进行的。

水资源开发利用现状以及未来供需平衡计算，更是围绕着用水、需水与供水之间能否平衡的研究展开的，所以水量平衡分析是水资源研究的基础。

第四，在流域规划、水资源工程系统规划与设计工作中，同样离不开水量平衡工作，它不仅为工程规划提供基本设计参数，而且可以用来评价工程建成以后可能产生的实际效益。

此外，在水资源工程正式投入运行后，水量平衡方法又往往是合理处理各部门不同用水需要，进行合理调度，科学管理，充分发挥工程效益的重要手段。

① 黄锡荃．水文学[M]．北京：高等教育出版社，1985：47-48.

二、相关高考地理试题示例

（一）2014 年高考全国文综卷（Ⅱ）6~7 题

降水在生态系统中被分为蓝水和绿水。蓝水是形成径流的部分（包括地表径流和地下径流）；绿水是被蒸发（腾）的部分，其中被植物蒸腾的部分称为生产性绿水，被蒸发的部分称为非生产性绿水。据此完成 6~7 题。

6. 下列流域中，绿水比例最大的是（　　）

A. 塔里木河流域　　B. 长江流域

C. 雅鲁藏布江流域　　D. 黑龙江流域

7. 在干旱和半干旱区，下列措施中，使绿水中生产性绿水比例提高最多的是（　　）

A. 水田改旱地　　B. 植树造林

C. 覆膜种植农作物　　D. 修建梯田

【答案】6.A　　7.C

【解析】本题考查《课程标准》中“说出水循环的过程和主要环节，说明水循环的地理意义”“说明河流的水文特征”“比较我国北方、南方、西北、青藏地区的自然地理差异”“说出某地区气候对当地农业生产和生活的影响”“了解农业持续发展的方法与途径”等内容。考查考生“地理学科学习能力”及“能够从题目的文字表述中获取地理信息”“准确和完整地理解所获取的地理信息”“调动和运用地理知识”“运用判断、比较等方法论证和探讨地理问题”等能力。

本题注重考查考生的地理学科学习能力。题中涉及的蓝水、绿水等名词，对学生而言比较陌生，但试题给出了解题所需的比较充足的信息，因此，如何从材料中获取和解读有用信息，并结合所学地理知识是解题的关键。

在某一流域中，“绿水”（气态水）的循环供给陆生生态系统，“蓝水”（液态水）的循环供给水生生态系统和人类的用水需求。“绿水”的循环反映了自然界“土壤—植物”生态系统的用水消耗。“蓝水”在地表和地下流动，从山顶到山脚，从陆地到海洋。

1995 年，绿水和蓝水的概念开始出现。从水循环角度分析，全球总降水的 65% 通过森林、草地、湿地和雨养农田的蒸散返回大气，称为绿水（绿水流）；仅有 35% 的降水储存于河流、湖泊以及含水层中，称为蓝水。绿水最初被定义为蒸散流，是流向大气圈的水汽流，后来被定义为具体的水资源，即绿水是源于降水、存储于土壤并通过植被蒸发消耗掉的水资源，尤其在雨养农业区是重要的水资源。

第 1 小题，根据材料“降水在生态系统中被分为蓝水和绿水。蓝水是形成径流的部分；绿水是被蒸发（腾）的部分”，可知在生态系统中，蓝水和绿水的含量此消彼长，绿水比例大，意味着蒸发（腾）比例大。同时，结合对选项中四个流域自然地理环境特点的比较分析，可以得出塔里木河流域位于我国西北内陆干旱地区，降水少，蒸发强，绿水比例最大的结论。

第 2 小题，提取材料信息，可知绿水分为因植物蒸腾而产生的生产性绿水和因地面蒸发而产生的非生产性绿水，二者也是此消彼长的关系。生产性绿水比重提高意味着植物蒸腾增强，而地面蒸发减少。比较选项中四条措施，结合农业生产的地域差异，可以得出，在干旱和半干旱地区，降水少，蒸发强，不适宜植树造林和修建梯田，同时也不适宜水田农业的发展，而且，水田改旱地也无法避免地面水分蒸发。在干旱和半干旱地区，覆膜种植农作物可以保湿、保温，减少地面蒸发，增强农作物对水分的吸收，增强植物蒸腾作用，从而导致生产性绿水比重的大幅提高，这也是因地制宜发展农业的有效措施。

（二）2008 年高考全国文综卷 36 题

读图 3.1.2，完成下列要求。

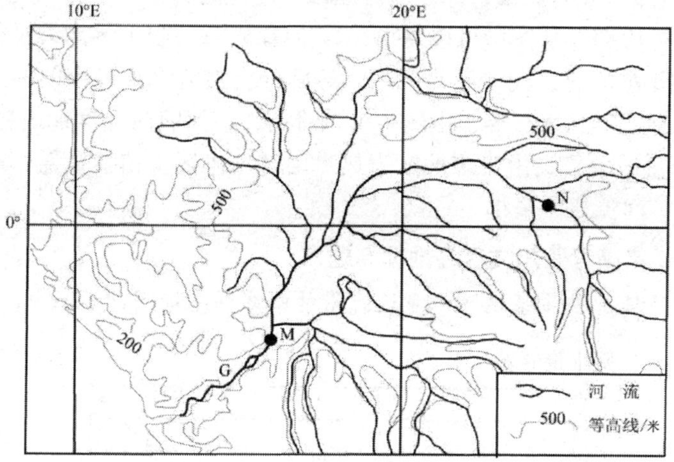

图 3.1.2　某地地形及水系示意图

（1）判断 G 河自 N 点至 M 点流经地区的地形类型，并说明判断的理由。

（2）说明 G 河水量丰富的原因。

（3）指出 G 河没有形成明显三角洲的原因，并加以分析。

【参考答案】

（1）盆地。从（向心状）水系或河流分布状况判断，该地形区北、东、南三面高；再从等高线判断，该地形区为盆地。

（2）流域位于赤道地区，终年（受赤道低气压控制，盛行上升气流）降水丰富；流域大部分为盆地，支流多；集水区域面积广。

（3）①入海口附近，泥沙不易沉积，因为地形高差大，河流落差大。②入海泥沙量较少，因为G河在M点以上多流于盆地中，流速较小，易于泥沙沉积；从纬度位置和地形看，流域内热带雨林广布，植被覆盖率高，水土流失情况较轻。

【解析】

（1）地形类型的判断，要根据等高线的分布状况及水系特征来判断。从图中可以看出，河流水系呈向心状分布，说明该地区四周高、中心低，再由500米等高线的分布，即能确定出该河流（G河）自N点至M点流经地区的地形类型为盆地。（其实，若学生对世界地形图掌握熟练，很容易就能知道该地区为刚果盆地，从而判断出地形类型为盆地）

（2）由图可知，该地区为非洲西部赤道地区，气候类型为热带雨林气候，终年盛行上升气流，降水丰富，再加上流域面积大，支流众多，因此，G河水量丰富。（G河——刚果河的水量仅次于亚马孙河）

（3）三角洲形成的前提条件是水流缓慢，河流的含沙量大，因此，在分析时要从这两方面进行说明。从图中可以看出，G河在入海口附近等高线稠密，河流流经峡谷地区，因此水流急，泥沙不易沉积。然后分析河流含沙量小的原因：影响含沙量大小的因素有地形和植被等，由图中可以看出，该河流流经盆地地势平坦，因此，泥沙多沉积于盆地中；又由于该地区为热带雨林气候区，植被覆盖率高，因此，水土流失不严重，河流含沙量小。

（三）2013年高考四川文综卷地理5题

下图是北半球亚热带某地降水量逐月累计曲线图。读图回答下题。

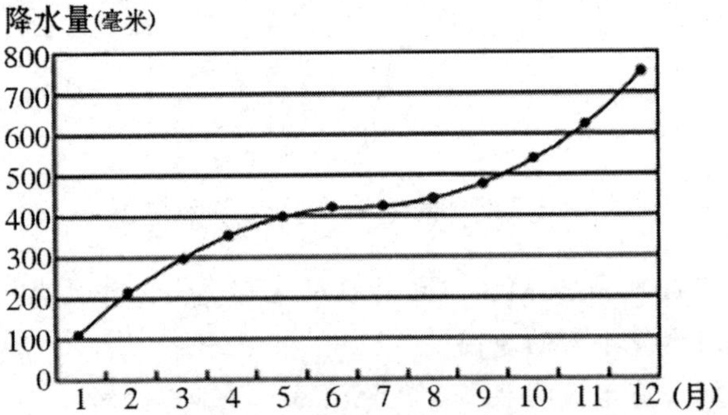

图3.1.3 北半球亚热带某地降水量逐月累计曲线图

5. 该地水循环最活跃的季节是（　　）

A. 春季　　B. 夏季

C. 秋季　　D. 冬季

【答案】D

【解析】本题考查水循环原理和读图分析问题的能力。降水量大、降水丰富的时期水循环活跃，该地区 11 月、12 月降水最多，冬季水循环活跃，因此 D 项正确。

本题难度中等。错选原因是未理解降水量逐月累计曲线图的含义，抓住水循环活跃程度与降水关系的原理是关键。

（四）2015 年高考海南地理单科卷 8~9 题

科学研究表明，地球上水量是基本稳定的；陆地水、海洋水、大气水的水量也是相对平衡的。据此完成下面两题。

8. 实现海陆间矿物质迁移的水循环环节是（　　）

A. 蒸发　　B. 水汽输送　　C. 降水　　D. 径流

【答案】D

【解析】通过河流、地下径流等途径，陆地矿物质被搬运到海洋，因此实现海陆间矿物质迁移的水循环环节是径流。

9. 海洋水的矿物质含量（　　）

A. 基本不变　　B. 总趋势为增加

C. 总趋势为降低　　D. 在冰期相对较低

【答案】B

【解析】从上题分析可知，随着陆地矿物质不断被河流、地下水等途径搬运到海洋，导致海洋水的矿物质含量逐渐增加。

（五）2017 年高考全国文综卷（课标Ⅲ）地理 7~9 题

一般情况下，海水中的浮游植物数量与营养盐、光照、水温呈正相关，但在不同的季节、海域，影响浮游植物生长繁殖的主导因素不同。下图示意长江口附近海域某年 8 月浮游植物密度的水平分布。据此完成下面三题。

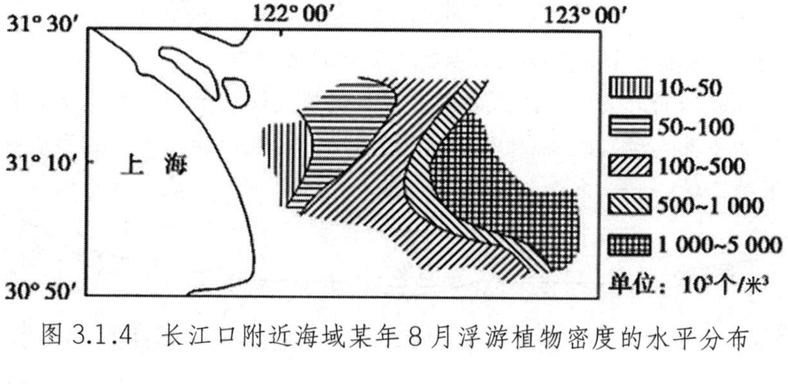

图 3.1.4　长江口附近海域某年 8 月浮游植物密度的水平分布

7. 夏季图示海域浮游植物密度自西向东（　　）

A. 递减　　　　　　　　　　　　B. 先减后增

C. 先增后减　　　　　　　　　　D. 递增

【答案】D

【解析】本题考查读图能力。根据图例可知，夏季图示海域浮游植物密度自西向东递增，D 项正确。

8. 导致夏季图示海域浮游植物密度水平分布的主导因素是（　　）

A. 水体营养盐　　　　　　　　B. 太阳辐射

C. 水体含沙量　　　　　　　　D. 洋流流向

【答案】C

【解析】本题考查生物资源。根据材料“海水中的浮游植物数量与营养盐、光照、水温呈正相关”可知，在图示海域空间尺度比较小的情况下，其水温和到达水面的太阳辐射差别不大，不会是影响浮游植物密度水平分布的主导因素。而夏季为长江汛期，径流带来大量的泥沙和丰富的营养盐，相对来说，离河口越近的海域其营养盐越丰富，这与图示海域浮游植物密度水平分布不相符合，故营养盐不是主导因素。在有充足的营养盐条件下，离河口越远，水体含沙量越少，水体透明度越好，再加上光照充足，有利于浮游植物的光合作用，故 C 项正确。

9. 与夏季相比，冬季图示海域浮游植物（　　）

A. 总数量减少，密度高值区向陆地方向移动

B. 总数量增多，密度高值区向外海方向移动

C. 总数量减少，密度高值区向外海方向移动

D. 总数量增多，密度高值区向陆地方向移动

【答案】A

【解析】本题考查海洋生物分布。夏季长江流域内降水丰富、水温较高、光照较强、营养盐丰富，冬季与之相反，故与夏季相比，图示海域冬季浮游植物总数量减少。冬季河流流量小，密度高值区向陆地方向移动，A 项正确。

（六）2017 年高考全国文综卷（课标Ⅰ）地理 6~7 题

下图示意我国西北某闭合流域的剖面。该流域气候较干燥，年均降水量仅为 210 毫米，但湖面年蒸发量可达 2 000 毫米。湖水浅，盐度饱和，水下已形成较厚盐层。据此完成下面三题。

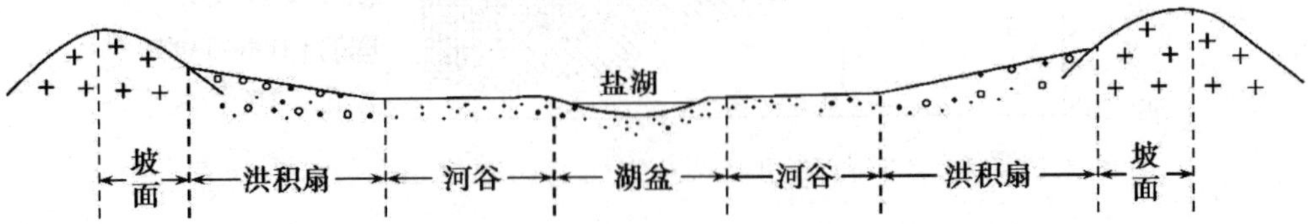

图 3.1.5　我国西北某闭合流域的剖面

6. 盐湖面积多年稳定，表明该流域的多年平均实际蒸发量（　　）

A. 远大于 2 000 毫米　　B. 约为 2 000 毫米

C. 约为 210 毫米　　D. 远小于 210 毫米

【答案】C

【解析】本题考查水循环。“盐湖面积多年稳定”，说明该盐湖多年平均入湖水量与出湖水量（蒸发量）相差不大，则该流域多年平均降水量与多年平均实际蒸发量相当；而材料中告知年均降水量仅为 210 毫米，故 C 正确。

7. 流域不同部位实际蒸发量差异显著，实际蒸发量最小的是（　　）

A. 坡面　　B. 洪积扇

C. 河谷　　D. 湖盆

【答案】A

【解析】本题考查影响蒸发的因素。影响蒸发的因素有气温、风力、湿度等。蒸发能力与气温、风力呈正相关，与湿度呈负相关；而实际蒸发量还与当地可被蒸发的水量呈正相关。图中四处，唯有坡面海拔最高、坡度最大，降水后，绝大部分雨水快速转化为地表径流，流向地势较低处，而在坡面存储水量最少，故此处可供蒸发的水量最少，则实际蒸发量最小的是坡面，故 A 项正确。

（七）2014 年高考福建文综卷地理 3~4 题

图 3.1.6 示意 1972 ~ 2011 年我国西北地区某流域不同朝向冰川面积的变化（单位：平方千米）。读图回答 3 ~ 4 题。

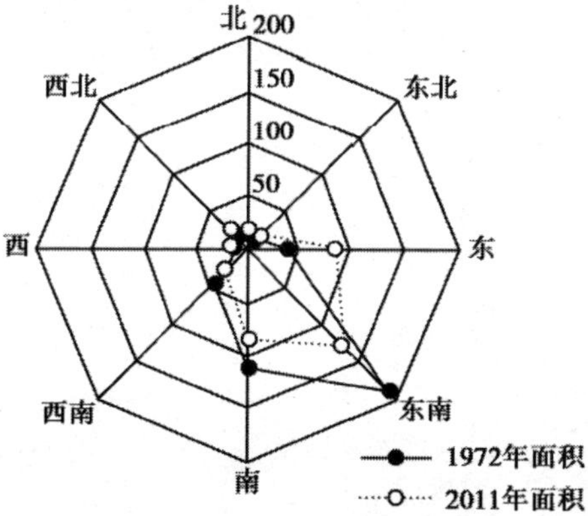

图 3.1.6　1972 ~ 2011 年我国西北地区某流域不同朝向冰川面积的变化

3. 造成该流域冰川面积变化的主要原因是（　　）

A. 气候变暖　　B. 地壳抬升

C. 流水搬运　　D. 风力侵蚀

【答案】A

【解析】本题考查全球气候变暖以及读图分析问题的能力。据图中两个年份的冰川面积对比可以得出，2011 年冰川面积缩小明显，主要是全球气候变暖，冰川融化造成的，故A项正确。

4. 若该流域冰川面积变化趋势不变，将导致（　　）

A. 冰蚀作用增强　　B. 绿洲面积增大

C. 干旱程度加剧　　D. 流域面积扩大

【答案】C

【解析】本题考查气候变暖的影响。流域冰川面积变小的趋势不变，冰川侵蚀作用减弱，A 项错误。冰川面积减小，水资源减少，流域内绿洲面积也会减小，B 项错误。冰川面积减小，水资源减少，干旱程度会加剧，C 项正确。河流的流域面积与冰川面积变化关系不大，D 项错误。

客观来说，全球变暖的区域响应不同，且不同学者基于不同的证据，观点各异。高考试题的素材最好选择相对有定论的材料为好，当然，“辩论”题除外。

另外，第 4 小题题干中的“冰川面积变化趋势不变”，没有言及具体或可能的时间尺度，而时间尺度的差异，或许会导致结论的不同。

第二节　海水的性质与运动

“长风破浪”部分对波浪、风海流、艾克曼漂流理论、世界大洋表层环流系统和大洋传送带进行了简要的论述，列析了两道高考试题。

“歪打正着”部分指出光有正确结果是不够的，得出正确结果的方法也得正确，列析了两道高考试题。

长风破浪：海水的运动

同“乘风破浪”。形容志向远大。①

《晋书·宗悫传》：“宗悫，南朝宋南阳人，其叔宗炳。少时炳问其志，悫答：‘愿乘长风，破万里浪。’”

唐·李白《行路难》：“长风破浪会有时，直挂云帆济沧海。”②

一、波浪

1. 定义

波浪是海洋、湖泊、水库等宽敞水面上常见的水体运动，其特点在于每个水质点做周期性运动，所有的水质点相继振动，便引起水面呈周期性起伏。

因为水是一种流体，它在外力（风、地震等）作用下，水质点可以离开原来的位置，但在内力（重力、水压力、表面张力等）作用下，又有使它恢复原来位置的趋势。因此，水质点在其平衡位置附近做近似封闭的圆周运动，便产生了波浪，并引起了波形的传播。由此可见，波浪的传播，并不是水质点的向前移动，而仅是波形的传递。

2. 波浪要素

波浪的尺度和形状，通常用波浪要素来表述。波浪的基本要素有波峰、波谷、波顶、波底、波高、波长、波陡、周期、波速（图 3.2.1）。

波峰是静水面以上的波浪部分；波谷是静水面以下波浪部分；波顶是波峰的最高点；波底是波谷的最低点；波高（h）是波顶与波底间的垂直距离；波长（λ）是两相邻波顶或波底间的水平距离；波陡（σ）是波高与半个波长之比；波浪周期（τ）是两相邻的波顶（或波底）经过同一点所需要的时间；波速（c）是波形移动的速度，即波长与波浪周期之比值。

①② 刘万国，侯文富．中华成语大词典 [M]．修订版．北京：北大青鸟电子出版社，2004: 263.

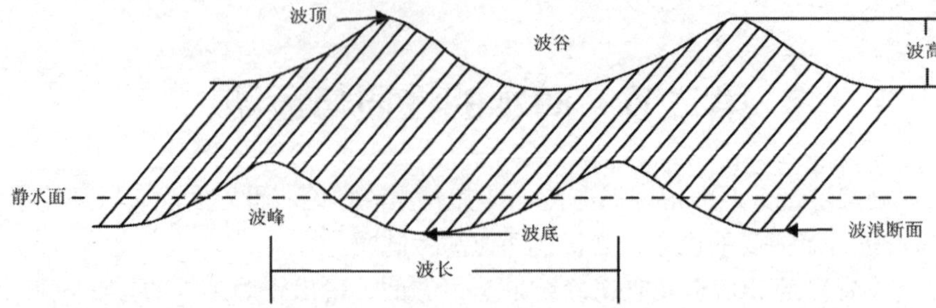

图 3.2.1　波浪要素示意图

3. 分类

（1）按周期分类。按波的周期波浪可分为表面张力波、短周期重力波、长周期重力波、长周期波和长周期潮波。

（2）按成因分类。

风浪和涌浪：在风的直接作用下，水面出现的波动，称风浪；风浪离开海区传至远处或风区里，风停息后所留下的波浪，则称为涌浪（波）。

内波：发生在海洋内部，由两种密度不同的海水做相对运动而引起的波动现象。

潮汐波：海水在引潮力作用下产生的波浪。

海啸：由火山、地震或风暴等引起的巨浪。

（3）按水深分类。

深水波：是水深相对波长很大的波，这种波动主要集中在海面以下一个较薄的水层内，又称为表面波或短波。

浅水波：是水深相对波长很小的波，又称为长波。

（4）按波形的传播性质分类。

前进波（进行波）：波形不断地向前传播的波浪，称前进波或进行波。

驻波：波形不向前传播，只是波峰和波谷在固定点不断地升降交替着的波浪，称驻波。

二、拓展

1. 风海流

洋流即海流，是指海洋中具有相对稳定的流速和流向的海水，从一个海区水平地或垂直地向另一海区大规模、非周期性的运动。洋流是促成不同海区间进行大规模水量交换的主要因子。伴随着大规模的水量交换，还有热量交换、盐分交换和溶解气体交换等。所以，洋流对气候、海洋生物、海洋沉积、海上交通，以及海洋环境等方面都有巨大影响。[①]

作用于洋流的力主要有风对海水的应力和海水的压强梯度力。在这些力的作用下，海水运动起来后，还产生一系列派生的力，如摩擦力、地转偏向力和离心力等。风对海水的应力包括两个方面，一是风对海面的摩擦力（切应力），另一是风施加在海浪迎风面上的压力（正压力）。所以，风作用于海面，除形成波浪外，还会产生海水的前进运动，即洋流。海水在风的切应力作用下形成的水平运动称为风海流。

2. 艾克曼漂流理论

大量的海洋调查发现，海流流向和盛行风向间有一定的偏角。20 世纪初由瑞典学者艾克曼创立的漂流理论，成功地解释了风海流现象。风海流可分深风海流和浅风海流两类。该理论首先假定海区远离大陆，海深无限，面积广大，海水运动不受海底和海岸的影响；水面水平，海水密度分布均匀；作用于海面的风是定向恒速的。

风通过摩擦将一部分动量传给海水，使表层海水流动。由于地转偏向力（科氏力）的作用，使海水流向在北半球偏于风向的右侧。借助海水的内摩擦，表层海水又带动下层海水流动，地转偏向力的作用会使每一层水的流向偏于上一个水层流向的右侧。在摩擦转动过程中，能量不断消耗，直到海面以下某深度处，能量消耗殆尽。经过长时间的定向恒速风的作用，各层海水的流动便趋于定向、匀速状态。这就是风海流发生的物理机制。

根据艾克曼漂流理论可知：①风海流强度与风的切应力大小有密切的关系。②受地转偏向力的影响，表面流向偏开风向 45° 左右（北半球右偏，南半球左偏），并随水深的增加呈线性加大，直到某一深处，流向与表层流向相反，这一深度称为摩擦深度。通常将摩擦深度作为风海流所能达到的下限，一般为 100~300 米。③风海流表层流速最大；由海面向下，流速按指数律减小。④理论计算表明，风海流水体输送方向偏于风向右侧（北半球），与风向的夹角为 90° 。

上面讨论的是水深无限时的风海流。实际上海水的深度总是有限的。一般认为，当海水深度与摩擦深度的比值（h/Da）大于或等于 2 时，即可以不考虑海底摩擦的影响，按深海风海流处理。而当 h/Da 比值小于 2 时，海底摩擦的影响不容忽视，此时发生的风海流称为浅海风海流。浅海风海流因海水浅，受海底摩擦阻力影响，使浅海风海流表层流向与风向偏角变小，流向随水深增加变化缓慢。当水深 $h=0.1Da$ 时，洋流流向在整个水深上与风向一致；当水深 $h=0.5Da$ 时，偏角增大到 45° ；以后随水深的增加，偏角几乎不变；水深越浅，偏离的角度越小。浅海风海流的水体输送方向也偏离风向的右侧，但偏离的角度小于 90° 。

---

① 黄锡荃．水文学 [M]. 北京：高等教育出版社，1993.

3. 世界大洋表层环流系统

大气与海洋之间处于相互作用、相互影响、相互制约之中，大气在海洋上获得能量而产生运动，大气运动又驱动着海水，这样多次的动量、能量和物质交换，就制约着大气环流和大洋环流。海面上的气压场和大气环流决定着大洋表层环流系统。大洋表层环流与盛行风系相适应，所形成的格局具有以下特点（图 3.2.2）：

（1）以南北回归高压带为中心形成反气旋型大洋环流。反气旋型大洋环流，分布在南北纬 50° 之间，并在赤道两侧成非对称出现。

（2）以北半球中高纬度海上低压区为中心形成气旋型大洋环流。气旋型大洋环流分布在北纬 45° 与 70° 之间。

（3）南半球中高纬度海区没有气旋型大洋环流，而被西风漂流所代替。

（4）在南极大陆形成绕极环流。南极绕极水是世界大洋中唯一环绕地球一周的表层大洋环流。

（5）北印度洋形成季风环流区。北印度洋在冬、夏季风作用下形成季风漂流。冬季，北印度洋盛行东北季风，形成东北季风漂流；夏季，北印度洋盛行西南季风，形成西南季风漂流。

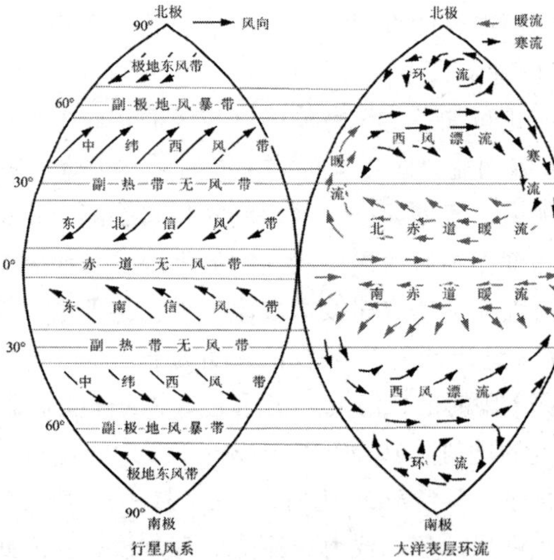

图 3.2.2　世界洋流和行星风系模式图及风海流的形成示意图

4. 大洋传送带

大洋传送带是一种全球性的温度、盐度循环系统（图 3.2.3）。高盐度的低温海水在北大西洋北部下沉，自深海向南流动返回赤道，一直到达环南极。它在南大西洋、南印度洋及南太平洋上升至海水表层，流向北大西洋、印度洋及北太平洋，汇合成一支温暖且盐度低的洋流，自热带太平洋向西穿过印度洋，绕过非洲南部，最后到达大西洋一直向北，从而形成一个闭合的环流。其中，在北大西洋海域，海水表层向北，深层向南的传送有着特别重要的意义，它不断地将低纬度地区赤道附近的热量和盐度低的海水带到中高纬度的海域，从而缓和了北半球中高纬度地区温度的变化，维持着全球气候系统的平衡。

表层水与深层水大约每 2000 年围绕地球循环一圈。

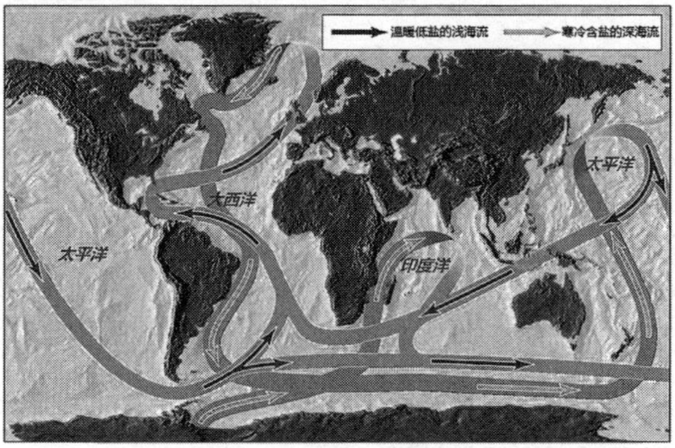

图 3.2.3　大洋传送带

三、相关高考地理试题示例

（一）2012 年高考海南地理单科卷 1~2 题

图 3.2.4 中格陵兰岛大部分终年被冰雪覆盖，甲、乙分别是北美洲和英国的港口，甲乙之间的虚线示意航线。18 世纪邮政长官富兰克林调查发现，沿北美洲和英国之间航线航行的邮船，往、返航程耗时明显不同。据此完成 1 ~ 2 题。

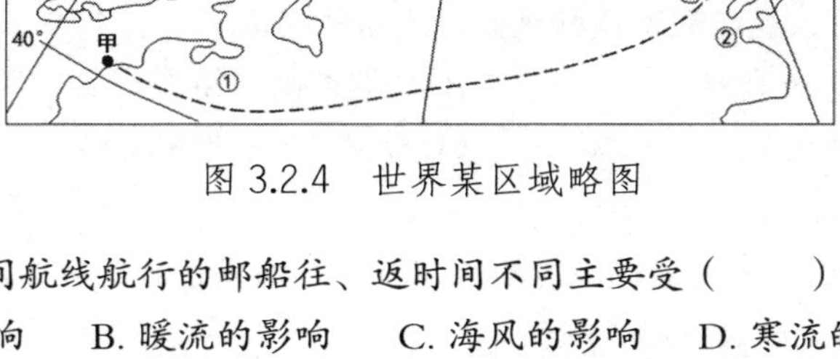

图 3.2.4　世界某区域略图

2. 沿甲乙之间航线航行的邮船往、返时间不同主要受（　　）

A. 海浪的影响　　B. 暖流的影响　　C. 海风的影响　　D. 寒流的影响

【答案】B

【解析】本题考查洋流分布及读图判断能力。由图可知，甲、乙之间航线与北大西洋暖流基本一致，北大西洋暖流自西向东流，由甲到乙顺流省时，由乙到甲逆流耗时。

与此题类似的是，哥伦布从欧洲去美洲时，走了图中 A、B 两条不同的路线。有趣的是走距离较短的 A 路线用了 37 天，而走距离较长的 B 路线却只用了 22 天。

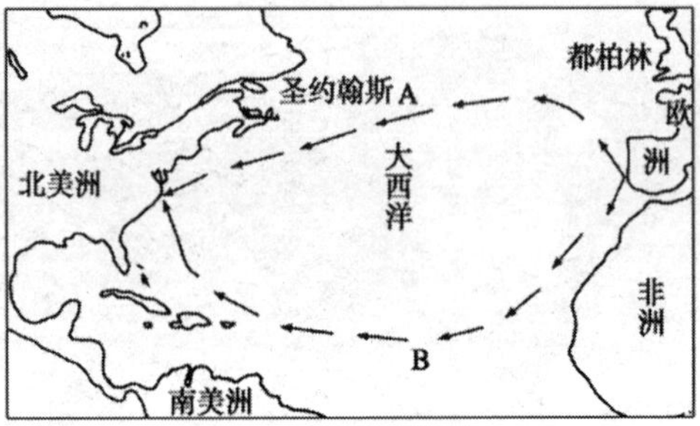

图 3.2.5　哥伦布从欧洲去美洲两次路线图

（二）2015 年高考四川文综卷地理 1 题

2013 年 4 月 5 日，我国帆船手驾驶“青岛号”帆船荣归青岛港，实现了中国人首次单人不间断环球航海的壮举。下图为此次航行的航线图。据材料回答下题。

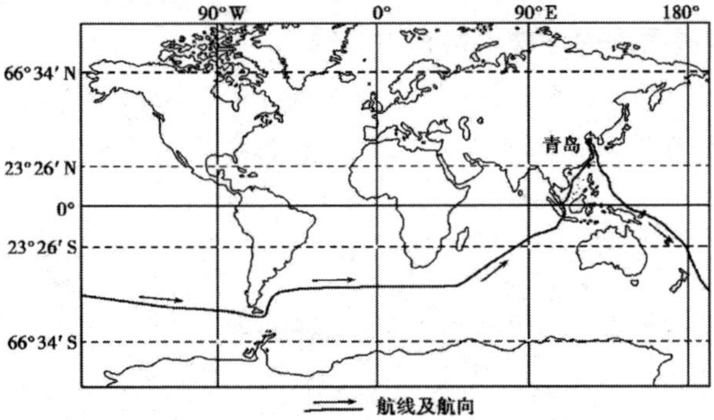

图 3.2.6　“青岛号”帆船某次航行航线图

1. 此次航行中，最能利用盛行风和洋流的航程是（　　）

A. 南美洲以南→非洲以南　　　　B. 非洲以南→南海

C. 南海→台湾海峡　　　　　　　D. 台湾海峡→青岛

【答案】A

【解析】南美洲以南至非洲以南航程正好处在西风带和西风漂流影响之下，帆船可以顺风顺流航行。故选 A。

歪打正着：结果正确，方法也得正确

歪打正着：结果正确，方法也得正确。

歪打正着，比喻方法本来不对头，却侥幸得到满意的结果。

清·西周生《醒世姻缘传》第二回："将药煎中，打发晁大舍吃将下去，谁想歪打正着，又是杨太医运好的时节，吃了药就安稳睡了一觉。"又第四回："他（杨古月）心里说：'……补旺了气血，自然好了。况我运气好的时节，凭他怎么歪打，只是正着。'"①

（一）2014 年高考安徽文综卷地理 33 题

通过海面的热收支方式主要有辐射、蒸发和传导。图 3.2.7 示意世界大洋海面年平均热收支随纬度的变化。读图完成 33 题。

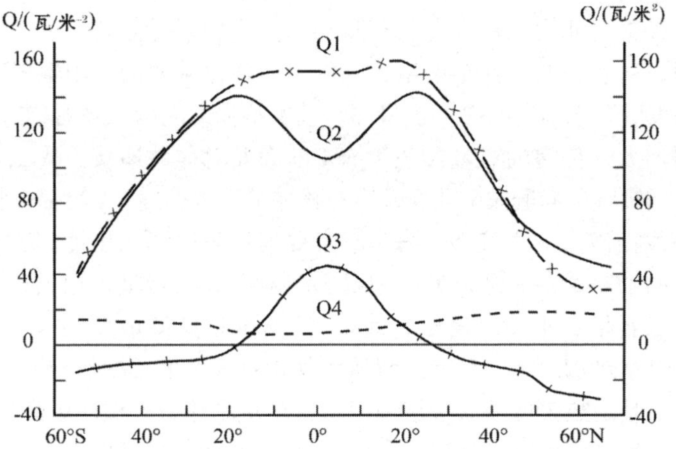

图 3.2.7　世界大洋海面年平均热收支随纬度的变化

33. 图中表示海面热量总收支差额、辐射收支差额、蒸发耗热量、海—气热传导差额的曲线，依次是（　　）

A.Q4、Q1、Q3、Q2　　B.Q3、Q4、Q2、Q1

C.Q3、Q1、Q2、Q4　　D.Q2、Q3、Q1、Q4

【答案】C

【解析】本题组主题为自然地理，以全球海面热收支平衡为切入点。主要考查"大

① 刘万国，侯文富．中华成语大词典[M]．修订版．北京：北大青鸟电子出版社，2004：3116.

气受热过程”“太阳对地球的影响”“地理环境各要素的相互作用，理解地理环境的整体性”“气压带、风带的分布、移动规律及其对气候的影响”，“世界洋流分布规律，说明洋流对地理环境的影响”“世界主要气候类型特征与分布”等。解答本题需要考生具备“获取和解读地理信息”“调动和运用地理知识、基本技能”“描述和阐释地理事物、地理基本原理与规律”“论证和探讨地理问题”的能力。

海水表层热量收支包括海水表层与大气之间，海水表层与深海之间的热量输送；题中信息有“通过海面”几个字，界定了是海水表层与大气之间的热量传送。

本题对考生的解答能力要求较高。考生一方面应该从图中提取信息：曲线 Q1、Q2、Q3 在图示纬度表层海域均为正，而曲线 Q4 则大致在低纬度区为正，中高纬度区为负；曲线 Q1 所代表的值在低纬度区相对较高，随纬度的增大而降低，基本对称；曲线 Q2 在赤道附近海域较低，向两侧（副热带）增大，然后随纬度的增大而减小，呈“马鞍”形分布；曲线 Q3 最特殊，有正有负，且正值区的面积同负值的面积大致相等；曲线 Q4 为正，变化平缓且值偏低。

另外，考生需要调动以下知识和技能：

辐射收支差额等于海面所获得辐射量与所失去辐射量之差，前者包括太阳辐射和大气逆辐射；后者包括海面辐射给大气的量。到达海面的太阳辐射基本上从赤道向两极递减（表层海水温度 SST 赤道最高，基本从赤道向南北极对称递减）；海面通过海面热辐射向大气传递的热量类似于 SST 的南北对称性递减。故二者之差也基本上在赤道最高，然后从赤道向南北极基本对称递减。故曲线 Q1 为辐射收支差额。

蒸发是海水由液态变为气态，海水蒸发要消耗表层海水热量，蒸发耗热量的大小主要取决于两个因素：一是 SST（表层海水温度），二者呈正相关；二是近海面大气相对湿度，二者呈负相关。就 SST 而言，大致赤道海域最高，向两侧递减；赤道海域降水量大于副热带海域，故赤道海域大气相对湿度大于副热带海域。两相结合，蒸发耗热量应该是副热带海域大于赤道海域，再从副热带海域向更高纬度海域减少，呈“马鞍”形（类似海水盐度分布）。故曲线 Q2 为蒸发耗热量。

热传导的概念学生在初中物理中学过，主要指在相同状态且直接接触的两种物质间传递，海—气热传导差额为海洋通过传导传递给大气的热量与大气通过传导传递给海洋的热量差。由于近洋面大气是由海洋表层加热的，故海洋通过传导传递给大气的热量大于大气通过传导传递给海洋的热量，即海—气热传导差额应为正值，此其一；其二，传导是指两种相态相同物质之间的一种热量输送方式，在不同相态物质之间的输送量很小，海洋与大气是两种不同相态的物质，故不论是海洋通过传导传递给大气的热量还是大气通过传导传递给海洋的热量值都应很小，二者之差值也应很小；其三，由于洋面对底层大气的加热作用，二者温度差值随纬度的变化很小。综上所述，海—气热传导差额应该为正值，低值，且变化较小，即曲线 Q4。

海面热量总收支为海面所获得总热量与海面所失去总热量之差。海面所获得的热量包括到达海面的太阳辐射、大气逆辐射、大气通过热传导传递给海面的热量；海面所失去的热量则包括海面辐射给大气的热量、蒸发耗热量、海面通过传导传递给大气的热量，见表 3.2.1。

表 3.2.1　海面所获得和失去的热量

	1	2	3
海面所获得的热量 A	到达海面的太阳辐射	大气逆辐射	大气通过热传导传递给海面的热量
海面所失去的热量 B	海面辐射给大气的热量	蒸发耗热量	海面通过热传导传递给大气的热量
小 计	Q1=A1+A2−B1	Q2=B2	Q4=B3−A3

故有：海面热量总收支 =A1+A2+A3−B1−B2−B3=（A1+A2−B1）−B2−（B3−A3）=Q1−Q4−Q2。很显然，海面热量总收支在纬度达到一定值（北纬在 20 多度，南纬在近 20 度）后即为负，即曲线 Q3。

综上所述，正确答案为 C。

1. 另类解析。观察四个选项，总收支差额对应有 2 个 Q3（1 个 Q2，1 个 Q4），辐射收支差额对应有 2 个 Q1（1 个 Q3，1 个 Q4），蒸发耗热量对应有 2 个 Q2（1 个 Q1,1 个 Q3），传导差额对应有 2 个 Q4（1 个 Q1,1 个 Q2）。综上,C 选项的概率最大。

2. 另类“解法”简析。①即便答案正确，也并不代表解析是合理的。②另类解析得不出正确答案的概率计算。对于“安徽省 2014 年高考文综卷地理第 33 题”来讲，即图 3.2.7 中表示海面热量总收支差额、辐射收支差额、蒸发耗热量、海—气热传导差额的曲线，依次是……Q1、Q2、Q3、Q4 有 P_4^4=24 种排列，详见表 3.2.2。

表 3.2.2　2014 年高考安徽文综卷地理第 33 题答案选项排列可能

序	排 列	序	排 列	序	排 列	序	排 列
1	Q1、Q2、Q3、Q4	7	Q2、Q1、Q3、Q4	13	Q3、Q1、Q2、Q4	19	Q4、Q1、Q2、Q3
2	Q1、Q2、Q4、Q3	8	Q2、Q1、Q4、Q3	14	Q3、=Q1、Q4、Q2	20	Q4、Q1、Q3、Q2
3	Q1、Q3、Q2、Q4	9	Q2、Q3、Q1、Q4	15	Q3、Q2、Q1、Q4	21	Q4、Q2、Q1、Q3
4	Q1、Q3、Q4、Q2	10	Q2、Q3、Q4、Q1	16	Q3、Q2、Q4、Q1	22	Q4、Q2、Q3、Q1
5	Q1、Q4、Q2、Q3	11	Q2、Q4、Q1、Q3	17	Q3、Q4、Q1、Q2	23	Q4、Q3、Q1、Q2
6	Q1、Q4、Q3、Q2	12	Q2、Q4、Q3、Q1	18	Q3、Q4、Q2、Q1	24	Q4、Q3、Q2、Q1

从四个选项设置角度，理论上可以出现的选项组合情况有 C_{24}^4=10626 种。当然，这种组合是不考虑四个选项相对先后顺序的。

原题正确答案为组合 13。从理论上讲，通过适当的选项组合，上述 24 种选择都可能在上述另类解析中成为正确答案。在此仅举几例（且限定为“海面热量总收支差额、辐射收支差额、蒸发耗热量、海—气热传导差额”都只在正确位置出现两次。当在正确位置出现一次或三次的情况，限于篇幅，不再讨论），如表 3.2.3。

表 3.2.3　几种可能的答案选项组合举例

A	Q1、Q2、Q3、Q4	Q1、Q3、Q4、Q2	Q2、Q3、Q1、Q4
B	Q1、Q4、Q3、Q2	Q2、Q4、Q3、Q1	Q2、Q4、Q3、Q1
C	Q3、Q2、Q1、Q4	Q4、Q1、Q2、Q3	Q3、Q4、Q2、Q1
D	Q4、Q3、Q2、Q1	Q4、Q3、Q2、Q1	Q4、Q1、Q3、Q2
另类解析答案	Q1、Q2、Q3、Q4（组合 1）	Q4、Q3、Q2、Q1（组合 24）	Q2、Q4、Q3、Q1（组合 12）

上述分析只在于为说明另类分析的不合理。如果再把正确答案置入的话，一样可以通过适当组合来说明另类解析的错误。如表 3.2.4（同上，限于篇幅，只举三例）。

表 3.2.4　几种可能的答案选项组合举例（续）

A	Q3、Q1、Q2、Q4	Q3、Q1、Q2、Q4	Q3、Q1、Q2、Q4
B	Q1、Q2、Q4、Q3	Q2、Q3、Q4、Q1	Q1、Q3、Q4、Q2
C	Q4、Q2、Q1、Q3	Q4、Q2、Q1、Q3	Q4、Q2、Q1、Q3
D	Q1、Q3、Q4、Q2	Q4、Q3、Q2、Q1	Q4、Q3、Q1、Q2
另类解析答案	Q1、Q2、Q4、Q3（组合 2）	Q4、Q3、Q2、Q1（组合 24）	Q4、Q3、Q1、Q2（组合 23）

从理论上分析，四个选项设置包括正确答案“Q3、Q1、Q2、Q4”在内，也可以通过适当组合，让“另类解析”得出的答案为表 3.2.2 中 24 种组合中的任一种。

（二）2011 年高考安徽文综卷地理 31 题

在地理研究中，可用重心移动反映地理事物和现象空间分布的变化，图 3.2.8 表示我国 1978~2005 年能源生产总量、能源消费总量与 GDP 重心变化轨迹。完成 31~32 题。

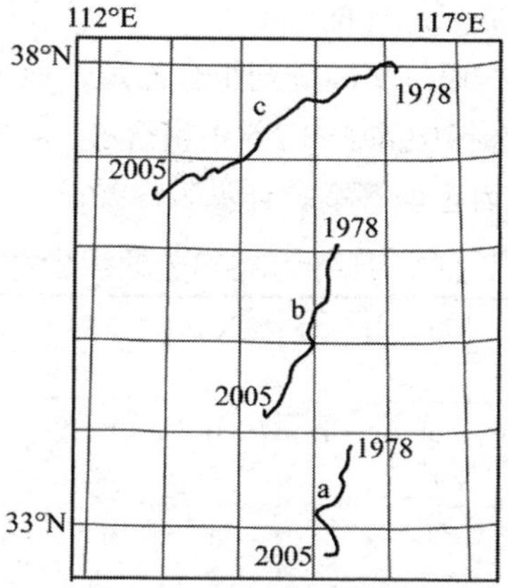

图 3.2.8　我国 1978~2005 年能源生产总量、能源消费总量与 GDP 重心变化轨迹

31. 能源生产总量、能源消费总量与 GDP 重心变化轨迹分别对应图中的（　　）

A. a、b、c　　　　B. c、b、a

C. c、a、b　　　　D. b、c、a

【答案】B

（1）正确解析。我国能源生产基地一直主要分布在北方地区，使得能源生产总量重心位置偏北，对应曲线 c；改革开放后，东南地区经济发展快，对能源的消费大，使得能源消费中心向南移动较快，对应曲线 b；改革开放以来，东部、南部一直是我国经济相对发达区，使得我国 GDP 重心位置偏南，对应曲线 a。

（2）另类解析。观察四个选项，其中能源生产总量对应有 2 个 c（四个选项当中还有 1 个 a、1 个 b，那么 c 选项出现概率最大，后面的依次类推），能源消费总量对应有 2 个 b，GDP 重心变化对应有 2 个 a。综上，B 选项的概率最大。

（3）另类"解法"简析。①即便答案正确，也并不代表解析是合理的。②另类解析得不出正确答案的概率计算。对于"安徽省 2011 年高考文综卷地理第 31 题"来讲，即能源生产总量、能源消费总量与 GDP 重心变化轨迹分别对应图 3.2.8 中的……a、b、c 有 P_3^3=6 种排列，详见表 3.2.5。

表 3.2.5　2011 年高考安徽文综卷地理第 31 题选项排列可能

序	排列	序	排列
1	a、b、c	4	a、c、b
2	b、a、c	5	b、c、a
3	c、a、b	6	c、b、a

从四个选项设置角度，理论上可以出现的选项组合情况有：C_6^4=15 种。当然这种

组合是不考虑四个选项相对先后顺序的。

原题正确答案为组合 6。通过实际排列组合发现，通过适当的选项组合（且包含正确答案在内），上述 6 种选择中除表 3.2.5 中组合 2、4 不能实现外，其余四种组合都可以在上述另类解析中成为正确答案。详见表 3.2.6。

表 3.2.6　几种可能的选项组合举例

A	c、b、a	c、b、a	c、b、a
B	a、c、b	b、a、c	a、c、b
C	b、a、c	a、c、b	b、a、c
D	a、b、c	c、a、b	b、c、a
另类解析答案	a、b、c 组合 1	c、a、b 组合 3	b、c、a 组合 5

综上所述，所谓“另类”解析，其成功的概率其实和不做任何分析即任选一个的概率完全相等，即为 25%。

这种另类解析，不管过往成功率多高，即不管这种解析方法同获得正确答案之间的相关性有多高，都不能成为解题方法。

不过，这种解析方法，为命题人员提供了一种思路，即今后在设置类似选项时，要有意识地避免“另类解析即可得出正确答案”；反之，要让这种解析付出代价——另类解析一定得出错误答案。而这也正是高考试题教育功能的体现。当然也不能让其根据“另类解析一定得出错误答案”来淘汰相关选项。

第四章　地貌与地表形态的塑造

第一节　常见的地貌类型

“崇山峻岭”部分在分析山脉不同高度的基础上，对世界主要的崇山峻岭进行了介绍，列析了三道高考试题。

“如履平地”部分则在描述高原和平原不同之后，简要介绍了世界主要的高原和平原，并对涉及高原和平原的两道高考地理试题进行了点评。

崇山峻岭：山在那里

峻：高而陡峭。高大而陡峭的山。①

晋·王羲之《兰亭集序》：“此地有崇山峻岭，茂林修竹，又有清流激湍，映带左右……”

宋·胡仔《苕溪渔隐丛话前集·周明老》：“(周知微)《上巳日寒食有句》云：‘疾风暴雨悲游子，峻岭崇山非故乡’亦为可赏。”②

一、“崇山峻岭”的标准

山是地上被平地所围绕的具有较大的绝对高度和相对高度而凸起的地貌区。山地或山脉是指高于周围平地，内部又有一定高差的正地形。通常把山脉一词限于带状延伸的山地。

山地，属地质学范畴，地表形态按高程和起伏特征定义为海拔500米以上，相对高差200米以上。按山的高度不同，可分为极高山、高山、中山和低山。海拔在5000米以上的称为极高山；海拔在3500~5000米的称为高山；海拔在1000~3500米的称为中山；海拔在500~1000米的称为低山。海拔低于500米时，称为丘陵。

①② 刘万国，侯文富．中华成语大词典[M]．修订版．北京：北大青鸟电子出版社，2004: 345.

二、常见崇山峻岭

（一）各大洲最高峰

1. 珠穆朗玛峰：亚洲最高峰

位于我国与尼泊尔边界上的珠穆朗玛峰，简称“珠峰”，是喜马拉雅山脉的主峰，海拔 8848.86 米，是亚洲的最高峰，也是世界第一高峰，有世界屋脊之称。珠穆朗玛藏语意为女神第三。

清朝康熙年间（清康熙五十六年，即公元 1717 年）测绘西藏地图时，测注了珠穆朗玛峰，标明其位置在中国境内，并在《皇御全览图》第六排六号图上，用汉、满文注出“朱母朗马阿林”这一名称。有关珠峰高度，国内外曾进行了多次测绘。

我国测绘工作者分别于 1966 年、1968 年对珠峰高度进行了两次实地测量，获得了完整的测量数据，经过室内计算和各种修正，求得中国第一次从北坡测得的珠峰海拔高程。但这两次测量未在峰顶竖立测量觇标，也未测量峰顶冰雪厚度，高程未公布。

1975 年 3 月我国第三次对珠峰进行测量。1975 年 5 月 27 日 14 时 30 分，中国登山运动员从北坡登上珠峰峰顶，竖起红色金属测量觇标（高 3.52 米），测量了峰顶积雪厚度。1975 年 5 月 27 日至 29 日，国家测绘局第一大地测量队和总参测绘官兵，在我国登山队员的配合下，用常规测量技术对珠峰进行了连续观测，最后计算出珠峰的海拔高程为 8848.13 米（已减去积雪厚度 0.92 米）。这一数据立即得到联合国和世界各国的公认。

2005 年 3 月的珠峰复测大型科考活动启动开始，5 月 22 日 11 时 08 分中国重测珠峰高度测量登山队第一批登顶队员成功登上珠穆朗玛峰峰顶，中国国家测绘局这次测量珠峰高度采用了经典测量与卫星 GPS 测量结合的技术方案，并首次在珠峰测量中动用了冰雪深雷达探测仪。

2005 年 10 月 9 日测绘局公布珠峰的岩面海拔高度应该为 8844.43 米（测量精度为 ±0.21 米），峰顶冰层厚度 3.50 米。

2020 年 12 月 8 日，中国和尼泊尔共同宣布珠穆朗玛峰最新高程为 8848.86 米。

2. 厄尔布鲁士山：欧洲最高峰

厄尔布鲁士山简称“厄峰”，位于欧、亚两洲交界处的俄罗斯和格鲁吉亚边界的高加索地区。海拔 5642 米，是欧洲的最高峰，为地质史上火山长期连续喷发的产物。

3. 乞力马扎罗山：非洲最高峰

乞力马扎罗山位于赤道附近的坦桑尼亚和肯尼亚边界的坦桑尼亚一侧，是非洲最高的山脉，以“赤道雪山”而闻名于世。主峰基博峰，海拔 5895 米，是非洲的最高峰，被称为“非洲之巅”。乞力马扎罗山是一个死火山，主峰基博峰顶有一个直径 2400 米、深 200 米的火山口。

因全球气候变暖和环境恶化，近百年来，乞力马扎罗山顶的积雪融化，冰川退缩非常严重（图 4.1.1）。

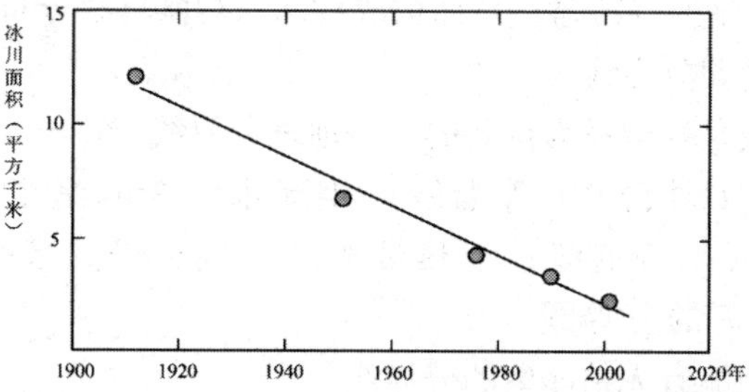

图 4.1.1　乞力马扎罗山冰川面积变化图

4. 麦金利山：北美洲最高峰

麦金利山位于美国阿拉斯加州的中南部，是阿拉斯加山脉的中段山峰，海拔 6194 米，为北美洲的第一高峰，为一巨大的背斜褶皱花岗岩断块山。

5. 阿空加瓜山：南美洲最高峰

阿空加瓜山位于阿根廷门多萨省西北端，临近智利边界，海拔 6960 米，是世界最高的死火山，也是南美洲最高峰。

6. 查亚峰：大洋洲最高峰

位于印度尼西亚大洋洲部分新几内亚岛苏迪曼山脉，海拔 5030 米。

7. 文森峰：南极洲最高峰

文森峰位于西南极洲，是南极大陆埃尔沃斯山脉的主峰。海拔 5140 米，是南极洲最高峰。文森峰山势险峻，且大部分终年被冰雪覆盖，交通困难，夏季气温也在零下 40℃左右，被称为“死亡地带”。

文森峰的高度虽然不高，但在七大洲最高峰中，它是最后一座被登顶的山峰。世界上首次登顶文森峰的是美国一支登山队在 1966 年 12 月 17 日实现的。

（二）中国几条重要山脉

中国山脉走向大致包括：

（1）南北走向的山脉，如贺兰山、六盘山以及著名的横断山脉等。

（2）东西走向的山脉，主要有三列：最北的一列是天山和阴山；中间的一列西部为昆仑山，中部为秦岭；最南的一列是南岭。

（3）北西走向的山脉，主要分布在我国的西半壁，主要有阿尔泰山、祁连山、喀喇昆仑山、可可西里山、唐古拉山、冈底斯山、念青唐古拉山等。

（4）北东走向的山脉，主要分布在东部，自西向东分为西列、东列与外列。西列包括大兴安岭、太行山、巫山、雪峰山等。东列北起长白山，经千山、鲁中低山丘陵到武夷山。外列为台湾山脉。

上述众多的山脉纵横交织，把中国大地分隔成许多网格，镶嵌于这些网格中的分别是高原、盆地、平原和海盆，从而构成我国地貌网格状分布的格局。

1. 秦岭：中国南北分界线

秦岭—淮河一线是我国极为重要的一条地理分界线。

气候方面，是 1 月份 0℃等温线；年降水量 800 毫米等降水量线；日均温≥ 10℃积温 4500℃等值线；亚热带季风气候和暖温带季风气候的分界线；湿润地区与半湿润区的分界线。

水文方面，是河流有无结冰期的分界线。

植被方面，是常绿阔叶林与落叶阔叶林的分界线。

农业方面，水田农业（如水稻）与旱地农业（如小麦）的分界线。

东亚季风是低空环流系统，东亚冬季风南移至秦岭进受其阻挡。

2. 横断山脉：中国地势一二级阶梯分界线

横断山脉，是中国最长、最宽和最典型的南北向山系，唯一兼有太平洋和印度洋水系的地区，位于青藏高原东南部，通常为四川、云南两省西部和西藏自治区东部南北向山脉的总称。因阻隔东西交通，所以叫横断山。“二山之间必有一水，二水之间夹一山。”其范围界线有“广义”和“狭义”之说，按“广义”说，即东起邛崃山，西抵伯舒拉岭，北界位于昌都、甘孜至马尔康一线，南界抵达中缅边境的山区。山川南北纵贯，东西骈列，自东而西有邛崃山、大渡河、大雪山、雅砻江、沙鲁里山、金沙江、芒康山（宁静山）、澜沧江、怒山、怒江和高黎贡山等。呈现“多江并流”奇观。

3. 大兴安岭：中国地势二三级阶梯分界线

位于东经 121° 12′ ~127° 00′；北纬 50° 10′ ~53° 33′。东西横跨 6 个经度，南北纵越 3 个纬度。大兴安岭是松辽平原和内蒙古高原的重要分界。东坡夏季受海洋季风影响，雨水较多，西坡却较干旱，成为森林和草原的分界线。它是全国面积最大的林区，木材贮量占全国的一半。

大兴安岭北起黑龙江畔，南至西拉木伦河上游谷地，东北—西南走向，全长 1200 多千米，宽 200~300 千米，海拔 1100~1400 米，主峰索岳尔济山。

（三）世界上海拔超过 8000 米的高峰

世界 8000 米以上高峰共有 14 座，简介如下：

（1）珠穆朗玛峰。海拔 8848.86 米，属于喜马拉雅山脉，中国—尼泊尔。“你们为什么要去登珠穆朗玛？”1924 年，美国《纽约时报》记者问当时世界上最负盛名的英国登山家乔治•马洛里。“因为它(山)在那里。”他说。1924 年马洛里攀登珠峰，几天之后，他和同伴欧文将生命留在了珠峰（1999 年，马洛里的遗体在海拔

8150 米处被发现，他随身携带的照相机失踪，因此无法确定他和欧文是不是登顶成功的世界第一人）。1953 年 5 月 29 日，新西兰登山运动员首次成功登顶珠峰。1960 年 5 月 25 日，中国登山运动员王富洲、贡布、屈银华 3 人首次从北坡登上珠穆朗玛峰。

（2）乔戈里峰。海拔 8611 米，属于喀喇昆仑山脉，中国—克什米尔（已控区）。1954 年 7 月 31 日，意大利登山队从巴基斯坦一侧沿东南山脊开创首次登顶的纪录。2004 年 7 月 27 日 6 时 50 分，西藏高峰探险队队员次仁多吉、边巴扎西、仁那、洛则登顶。

（3）干城章嘉峰。海拔 8586 米，属于喜马拉雅山脉，尼泊尔—印度。1955 年 5 月，英国登山队 4 名队员首次登峰，几乎到顶。1998 年，中国西藏攀登世界 14 座 8000 米以上高峰探险队登顶干城章嘉峰。

（4）洛子峰。海拔 8516 米，属于喜马拉雅山脉，中国—尼泊尔。1955 年 5 月 8 日，瑞士登山队从尼泊尔王国沿西坡首次登上顶峰。1998 年，中国西藏攀登世界 14 座 8000 米以上高峰探险队登顶该峰。

（5）马卡鲁峰。海拔 8463 米，属于喜马拉雅山脉，中国—尼泊尔。1955 年 5 月，法国登山队从尼泊尔境内越过西北山脊鞍部，从中国境内的西北侧成功首登马卡鲁峰。2003 年 5 月，中国西藏攀登世界 14 座 8000 米以上高峰探险队登顶马卡鲁峰。

（6）卓奥友峰。海拔 8201 米。属于喜马拉雅山脉，中国—尼泊尔。1954 年 10 月 19 日，奥地利登山队在夏尔巴的帮助下，一共 4 人首次沿西北坡登顶成功。1985 年 5 月 1 日，西藏登山队九名队员在队长仁青平措的带领下沿西北坡登顶卓奥友峰。

（7）道拉吉里峰。海拔 8172 米，属于喜马拉雅山脉，尼泊尔。1960 年 5 月 13 日，一支国际联合登山队首次登顶道拉吉里峰。1993 年 5 月，中国西藏攀登世界 14 座 8000 米以上高峰探险队登顶该峰。

（8）马纳斯卢峰。海拔 8156 米，属于喜马拉雅山脉，尼泊尔。1956 年 5 月 9 日，日本登山队的两名队员和尼泊尔向导共 4 人沿北坡首次登顶马纳斯卢峰。1996 年 4 月至 5 月，中国西藏攀登世界 14 座 8000 米以上高峰探险队成功攀登马纳斯卢峰。

（9）南伽帕尔巴特峰。海拔 8125 米，属于喜马拉雅山脉，克什米尔。1953 年 7 月 3 日，奥地利登山队首登南伽帕尔巴特峰成功。1997 年，中国西藏攀登世界 14 座 8000 米以上高峰探险队登顶该峰。

（10）安那布尔纳峰。海拔 8091 米，属于喜马拉雅山脉，尼泊尔。1950 年 6 月 3 日，法国登山队首次登上顶峰（北壁路线）。这也是人类首次登上海拔 8000 米以上高峰的顶峰。1993 年，中国西藏攀登世界 14 座 8000 米以上高峰探险队登顶该峰。

（11）迦舒布鲁姆 I 峰。海拔 8068 米，位于喀喇昆仑山脉、中巴边界上。1958 年，美国登山队穿过南刃脊首登迦舒布鲁姆 I 峰。

（12）布洛阿特峰。海拔 8047 米，位于喀喇昆仑山脉、中巴边界上。1975 年，波兰登山家维利斯基创下了从 BC（Base Camp 大本营）出发仅用 14 小时登顶布洛阿特峰的纪录。2001 年 8 月，中国西藏攀登世界 14 座 8000 米以上高峰探险队登顶布洛阿特峰。

（13）迦舒布鲁姆Ⅱ峰。海拔 8034 米，位于喀喇昆仑山脉、中巴边界上。1956 年 7 月 7 日，奥地利的 3 名登山队员，首次从西南山脊登顶成功。1995 年，中国西藏攀登世界 14 座 8000 米以上高峰探险队攀登迦舒布鲁姆Ⅱ峰成功。

（14）希夏邦玛峰。海拔 8012 米，位于喜马拉雅山脉中段、中国境内。1964 年 5 月 2 日，中国登山队共 10 名运动员从北坡首登希夏邦玛峰成功，这是人类最后登顶的一座 8000 米级山峰。

三、相关高考地理试题示例

（一）2012 年高考安徽文综卷地理 32~33 题

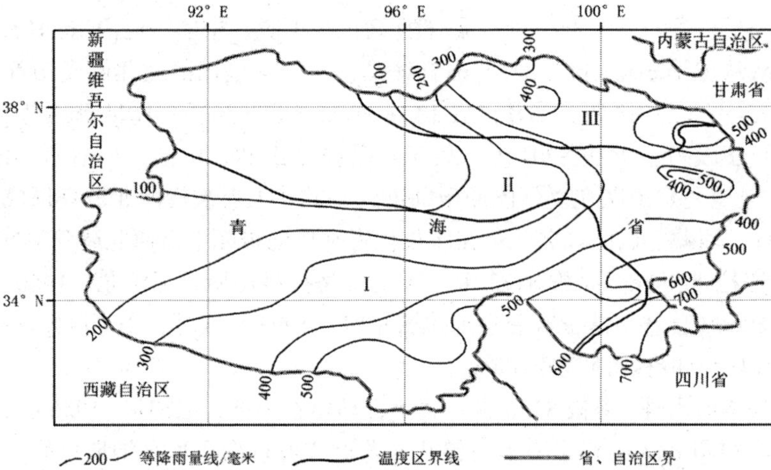

图 4.1.2　青海省年降水量分布和年平均气温分区图

青藏高原四周多高山。青海省位于青藏高原东北部，平均海拔 3500 米以上；柴达木盆地位于青海西北部，面积约占全省的三分之一。图 4.1.2 为青海省年降水量分布和年平均气温分区图。完成 32~33 题。

32. 青海省东南边缘降水较多，其水汽主要来自（　　）

A. 大西洋　　B. 北冰洋　　C. 太平洋　　D. 印度洋

【答案】D

【解析】源于印度洋的西南季风，不仅可以影响横断山脉，还可越过横断山脉，于 7、8 两月以极微弱的湿气进入柴达木盆地。

（二）2013 年高考安徽文综卷地理 30~31 题

图 4.1.3 为 1959~2009 年秦岭山地 1 月 0℃等温线位置变化图。完成 30~31 题。

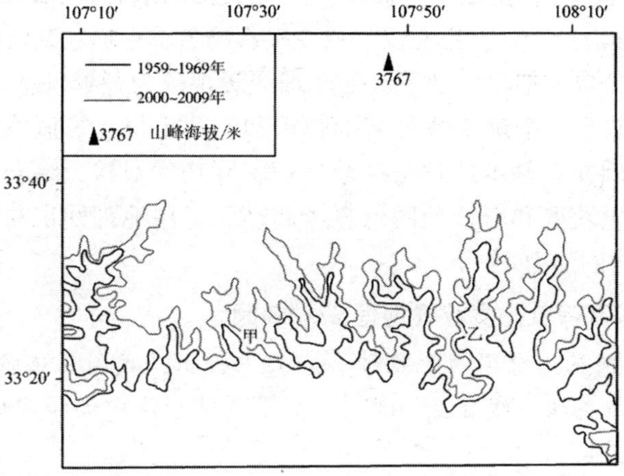

图 4.1.3　1959~2009 年秦岭山地 1 月 0℃等温线位置变化图

30. 该地 1 月 0℃等温线的位置总体上（　　）

A. 向亚热带地区偏移　　B. 向海拔较低地区偏移

C. 向低纬度地区偏移　　D. 向落叶阔叶林带偏移

31. 根据图中等温线的位置及其变动可知（　　）

A. 甲地为山岭、冬季平均气温趋于下降

B. 乙地为山谷、冬季平均气温趋于上升

C. 甲地海拔低于乙地海拔

D. 甲地年平均气温高于乙地

【答案】30.D　31.D

【解析】该题组考查《课程标准》中“举例说明地理环境各要素的相互作用，理解地理环境的整体性”“运用地图分析地理环境的地域分异规律”“我国重要地理分界线（如秦岭—淮河一线）”“根据有关资料，说明全球气候变化对人类活动的影响”等内容。

第 30 小题，根据题干中的“秦岭山地”、经纬网、北部山峰和 1 月 0℃等温线经过等信息，可判断该地处于秦岭南坡，再调动区域地理中的 1 月 0℃等温线经过秦岭—淮河一线，而且是我国的亚热带与暖温带、亚热带常绿阔叶林与温带落叶阔叶林分界线的知识，可以得出 1 月 0℃等温线向北移动，即为向高纬度、暖温带、高海拔、落叶阔叶林带方向偏移的结论。

第31小题，1月0℃等温线向高海拔方向偏移是全球变暖的具体反映，同时山区等温线的形态深受地形地势的影响，海拔相同的地方气温大体相同，因此可以将等温线看作等高线，1959~2009年线海拔相对较高，可由甲处等高线向低处突出的形态特征判断甲为山岭，由乙处等高线向高处突出的形态特征判断乙为谷地，甲海拔高于乙、年平均温低于乙，甲乙受气候变暖影响冬季平均气温均趋于上升。

本题虽构图简单，却以广受关注的全球变暖现象为背景信息，融合了地形、气候、温度带、自然带、全球变暖等基础知识和空间定位、等值线的判读基本技能，将高中地理的基础知识基本原理与区域地理实际巧妙对接，综合性强，立意新颖。较好地考查了考生获取和解读地图信息，调动和运用地理知识与技能，通过分析、判断解决地理问题的能力。

（三）2014年高考安徽文综卷地理27~28题

1958年竺可桢在《中国的亚热带》一文中指出：我国亚热带北界接近34° N，即淮河、秦岭、白龙江一线直至104° E；南界横贯台湾中部和雷州半岛南部……完成27~28题。

27. 我国亚热带在34° N以南、104° E以西分布范围小，主要影响因素是（　　）

A. 纬度位置　　B. 地形　　C. 季风　　D. 海陆位置

28. 北半球亚热带在我国分布总体偏南，是因为我国（　　）

A. 冬季气温南高北低　　B. 地形阻挡了夏季风深入西北

C. 夏季南北普遍高温　　D. 冬季风势力强且影响范围广

【答案】27.B　28.D

【解析】本题组主题为中国地理，以竺可桢划分亚热带为切入点。主要考查“我国主要气候的主要特征、成因”“我国地形、地势的主要特征，主要山脉和地形区”“我国重要自然地理分界线”“我国疆域与行政区划”“气压带、风带的分布、移动规律及其对气候的影响”“地理环境的地域分布规律”“自然地理要素在地理环境形成和演变中的作用”等内容。解答本题组，不仅要求考生具备“获取和解读地理信息”“调动和运用地理知识、基本技能”的能力，还需要具备“能够运用所学的地理知识和相关学科知识，通过比较、判断、分析，阐释地理基本原理与规律”的能力。

27题：本题考查中国地形分布大势，需要考生在温度带与地形之间构建知识联系。“亚热带”是温度带，划分温度带的主要依据是热量（气温），影响气温的因素主要有纬度因素、海陆因素、地形因素等，基本规律有“气温从低纬度向高纬度递减；同一纬度，海陆气温不一样；气温随海拔升高而递减”。题干“我国亚热带在34° N以南、104° E以西分布范围小”主要反映的是同纬度地区的热量差异，可以排除“纬度位置”，A错误；“海陆位置”主要影响的是降水的东西差异，D错误；“季风”对中国的影响主要在东部地区，对“34° N 以南、104° E 以西”影响小，C 错误；“34° N 以南、104° E 以西”地区主体为青藏高原，海拔高，气温低，大多数地区无法达到“亚热带”的热量标准，故分布范围小，B 正确。

28 题：考查同纬度中外地理差异，体现中国地理环境的独特性。题干“北半球亚热带在我国分布总体偏南”，无图考图，首先需要考生调动“世界气候类型分布”或者“世界自然带分布”等知识，明确北半球亚热带的范围一般在 30° ~ 40°，如地中海地区，使“北半球亚热带在我国分布总体偏南”的信息落到“脑地图”中，化抽象为具体。另外，要正确解读“北半球亚热带在我国分布总体偏南”的含义，“总体偏南”意味着“和北半球其他地区相比，我国亚热带的南、北界线都偏南，即向低纬度偏移”。而影响亚热带南、北界线的重要因素是 1 月平均气温（北界在 0℃、南界 16℃左右）。冬季，大陆西岸受海洋气团（西风）影响，气温较高；我国东部受大陆气团（蒙古—西伯利亚冷气团）控制，且冬季风势力强盛，影响范围广，导致气温比同纬度偏低，这是北半球亚热带在我国分布总体偏南的主要原因，D 正确；“地形阻挡了夏季风深入西北”主要影响我国夏季降水的分布，与冬季气温无关，B 错误；“冬季气温南高北低”是我国冬季气温分布的特点，不是气温分布的成因，且气温“南高”应该导致亚热带位置偏北，亦不符合题意，A 错误；“夏季南北普遍高温”与冬季气温无关，C 错误。

如履平地：高原和平原的区别

像走在平地上一样，比喻做某件事情非常容易。[①]

唐·裴铏《周邯》："贞元中有处士周邯，文学豪俊之士也。因夷人卖奴，年十四五，视其貌甚慧黠，言善入水，如履平地。"

明·冯梦龙《警世通言》第二十三卷："有那一班弄潮的子弟们，踏着潮头，如履平地，贪着利物应声而住。"[②]

一、何为平地

（某一大洲内部）陆地表面五种地形类型包括山地、丘陵、高原、平原和盆地。其中可以界定为平地的为高原和平原。

高原和平原地形平坦，或略有起伏。两者海拔高度不同，但没有明确指标。一般将平原限于海拔高度200米以下，内陆地区往往放宽到几百米（有时称为高平原），海拔高度超过1000米（一说为500米）时通常称为高原。高原面积广大，地形开阔，周边以明显的陡坡为界，是比较完整的大面积隆起地区。

二、部分高原

（一）青藏高原：世界上最高的高原

青藏高原，是中国最大、世界海拔最高的高原。总面积近300万平方千米。中国境内面积257万平方千米，平均海拔4000~5000米，有"世界屋脊"和"第三极"之称。是亚洲许多大江大河的发源地。

由于青藏高原对大气的热力作用，高原地面气温与同高度的自由大气相比，冬季高原气温偏低，出现冷高压（主体部分为羌塘高原），空气从高原向外辐散；夏季高原气温则偏高，出现热低压，空气向高原辐合。在近地面层的山谷风层之上，气流有相反性年变化，形成"高原季风"，该季风层与（印度的）西南季风和（我国东部的）东南季风之间都有明显的气候平均界线[③]。"高原季风"的概念最早由高由禧和汤懋苍于1962年在甘肃省气象学会年会上提出。1983年Tang[④]对美国西部高原分析，

①② 刘万国，侯文富．中华成语大词典[M]．修订版．北京：北大青鸟电子出版社，2004: 2638.

③ 汤懋苍，沈志宝，陈有虞．高原季风的平均气候特征[J]．地理学报，1979，34（1）: 33-42.

④Tang M C, Reiter E R. Plateau monsoons of the Northern Hemisphere[J]. Monthly Weather Review, 1984, 112（4）: 617- 637.

发现它与青藏高原相仿，亦存在高原季风现象，其基本特征与青藏高原季风一致。

青藏高原季风发生在对流层中部，对大气环流和气候影响巨大。一方面它使我国冬夏对流层低层的季风厚度增大，尤其在我国西南地区。这种作用可以从两个角度加以理解，一种理解是冬季青藏高原冷高压叠加在亚洲高压上，夏季青藏高原热低压叠加在亚洲低压上，加大了亚洲大陆和印度洋热力性质差异，进而导致南亚季风增强，包括冬季东北季风和夏季西南季风。另一种理解是我国西南地区冬季和夏季分别位于青藏冷高压和热低压东南方，分别盛行东北季风和西南季风，这与由于海陆热力性质差异所形成的低层季风方向一致，二者叠加增大了我国西南地区季风的厚度。另一方面，青藏高原季风破坏了对流层中部的行星气压带和行星环流，形成这一地区的各种天气气候特征。

冬夏高原季风季节开始的早迟、强度的强弱、中心位置的偏移和高低压范围的大小，会使青藏高原季风和我国其他地区冬夏季风反常，进而形成我国天气气候的反常。高原季风的强弱，对高原季风区的旱涝有很大影响。季风活动的范围决定了雨带位置，而季风的强度则又影响到季风雨量大小。位于青藏高原东侧的长江上游地区，地形复杂，既受东南季风和西南季风的影响，又受青藏高原季风的控制。[①]

（二）巴西高原：世界上最大的高原

巴西高原面积500多万平方千米，是世界上面积最大的高原。巴西高原北邻亚马孙平原，西接安第斯山麓，南与拉普拉塔平原相连，东临大西洋。巴西高原和寒冷的青藏高原不同，巴西高原分布最广的气候是热带草原气候，其次是热带雨林气候。

（三）澳大利亚西部高原

澳大利亚西部高原是大陆上最古老的部分，和古陆台范围大致相符，包括西澳大利亚州、北部地方大部、南澳大利亚州西半部和昆士兰州西北端，约占大陆面积60%。地形平坦，以平均海拔450~600米的低高原为主，只有部分山区海拔1000~1200米，其间沙漠与半沙漠占大陆面积的35%。

（四）高原内部近地面气温与同纬度低海拔地区比较

高原内部近地面气温与同纬度低海拔地区比较，不能根据每上升100米，气温大约下降0.6℃计算，因为其热源非低海拔区地面。

三、部分平原

（一）华北平原

华北平原是中国东部大平原的重要组成部分。又称黄淮海平原。位于北纬32°~40°，东经114°~121°。北抵燕山南麓，南达大别山北侧，西倚太行山—伏牛

① 齐冬梅，李跃清．高原季风研究主要进展及其科学意义[J]. 干旱气象，2007，25（4）:74-79.

山，东临渤海和黄海，跨越京、津、冀、鲁、豫、皖、苏7省市，面积30万平方千米。华北平原地势平坦，河湖众多，交通便利，经济发达，自古即为中国政治、经济、文化中心，华北平原人口和耕地面积约占中国1/5。

华北平原是华北陆台上的新生代断陷区。晚第三纪和第四纪时期，形成连片的大平原，与此同时，平原边缘断块山地相对隆起，大平原轮廓日趋鲜明。新生代相对下沉，接受了较厚的沉积，局部沉积可达1000米。

华北平原海拔多不及百米，地势平缓倾斜。由山麓向滨海顺次出现洪积倾斜平原、洪积—冲积扇形平原、冲积平原、冲积—湖积平原、海积—冲积平原、海积平原等地貌类型。黄河、淮河、海河、滦河等河流所塑造的地貌构成了华北平原的主体，即黄河冲积扇平原、淮河中下游平原、海河中下游平原、滦河下游冲积扇平原。

（二）河套平原

河套平原位于内蒙古自治区和宁夏回族自治区境内，是黄河沿岸的冲积平原。由贺兰山以东的银川平原（又称西套平原），内蒙古狼山、大青山以南的后套平原和土默川平原（又称前套平原）组成，面积约25000平方千米，是鄂尔多斯高原与贺兰山、狼山、大青山间的陷落地区。地势平坦，土质较好，有黄河灌溉之利，为宁夏与内蒙古重要农业区和商品粮基地。

河套平原海拔900~1200米，地势由西向东微倾，西北部第四纪沉积层厚达1000米以上。山前为洪积平原，面积占平原总面积的1/4，其余为黄河冲积平原，地表极平坦。

（三）人教版高中地理必修一有关平原的描述

人教版高中地理必修一（2008年第三版）第78页有关河流堆积地貌有如下描述：

被河流搬运的物质，在河流搬运能力减弱的情况下，会堆积下来，形成堆积地貌。冲积平原是比较典型的一种河流堆积地貌，包括洪积—冲积平原、河漫滩平原和三角洲三种类型（图4.1.4）。

图4.1.4　三种类型的冲积平原

该图只是示意图，故未标注海拔。当然，三角洲不只形成于河流入海口的海滨地区，也可形成于河流入湖口地区。

四、相关高考地理试题示例

（一）2012 年高考安徽文综卷地理 35 题

35.（24 分）根据材料和图 4.1.5，结合所学知识，回答下列问题。

云南苍山洱海地区山清水秀、林茂粮丰，大理古城宛如一颗明珠镶嵌在青山绿水之间，人与自然和谐统一。

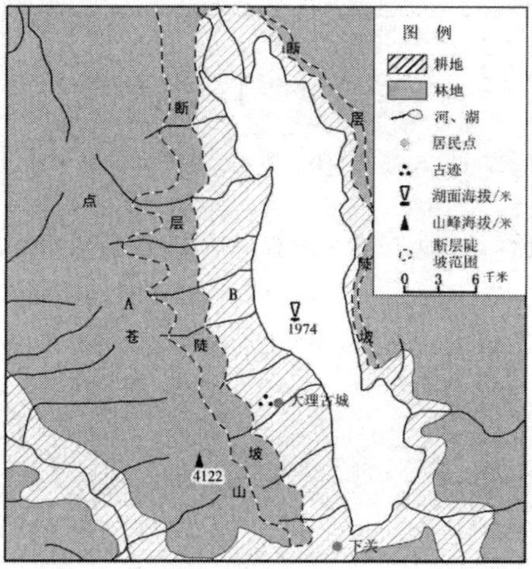

图 4.1.5　云南苍山洱海地区土地利用类型示意图

（1）图中 A 地、B 地的地貌分别为______、______，从内外力作用的角度分别说明它们形成的主要过程。（12 分）

（2）如果在洱海西岸大规模建设住宅，可能对地理环境产生哪些不利影响？（12 分）

【答案】（1）断块山、洪积—冲积平原。内力作用形成断层，断裂面两侧岩体以垂直方向运动为主，A 侧岩体相对上升，形成断块山；B 侧岩体相对下降，形成谷地，同时流水等外力不断将风化、侵蚀产物搬运到谷地边缘堆积，形成洪积—冲积平原。

（2）① 占用耕地和湿地，影响农业生产；② 湿地的功能减弱、效益降低；③ 人口增多，入湖污水增多；④ 林地遭破坏，生物多样性减少；⑤ 环境质量下降，自然灾害增多，人地关系恶化；⑥ 不利于大理古城的保护。

从图中可以看出，洱海湖面海拔为 1974 米，故其西侧的 B 地海拔大概在 2000 米以上，答案中的“（洪积—冲积）平原”属于非常高的平原。

（二）2014 年高考浙江地理 7~8 题

图 4.1.6 为我国某地沿北纬 38.5° 所作的地质构造、地貌剖面图，图中一般地势越高，地下水埋藏越深，读图完成 7~8 题。

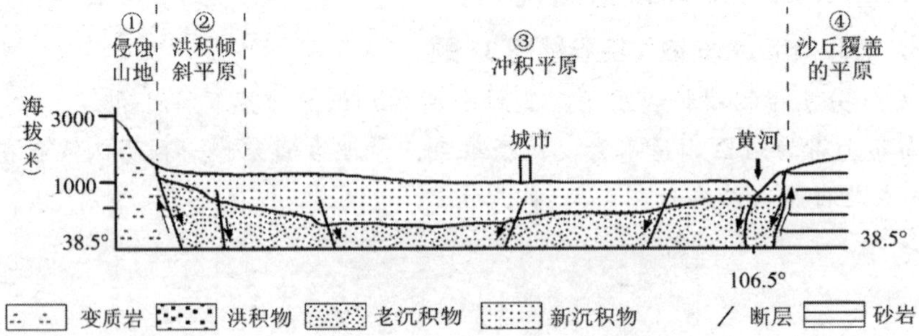

图 4.1.6　我国某地沿北纬 38.5° 所作的地质构造和地貌剖面图

如图所示，题中平原海拔也在 1000 米以上，也属于非常高的平原。

第二节　塑造地表形态的力量

“飞沙走石”部分对其地质营力、黄土和黄土高原进行了解读，列析了两道高考试题。

“泥沙俱下”部分对机械和化学沉积作用以及碎屑粒级分类进行了详细解释，列析了一道高考试题。

飞沙走石：粉尘的故事

沙：沙土。又同“砂”。走：跑。沙土飞扬，石块滚动。形容风力极大。①

《三国志·吴志·陆胤传》：“苍梧、南海，岁有风瘴气之害，风则折木，飞沙转石，气则雾郁，飞鸟不经。”

晋·干宝《搜神记》：“王言此树神何须损我百姓，乃以兵围，正欲诛伐之。乃有神飞沙走石，雷电霹雳。”

唐·谷神子《博异志·吕乡筠》：“若人间吹之，飞沙走石，翔鸟坠地，走兽脑裂。”②

《宋史·李廌传》：“轼谓其笔墨澜翻，有飞沙走石之势，拊其背曰：‘子之才，万人敌也，抗之以高节，莫之能御矣。’廌再拜受教。”

明·吴承恩《西游记》第二十八回：“尤窍怒号天噫气，飞沙走石乱伤人。”

清·曾朴《孽海花》二十三回：“一语未了，不提防西边树林里，陡起了一阵撼天震地的狂风，飞沙走石，直向东边路上刮刺刺的卷去。”

亦作“飞砂转石”“飞砂走石”“扬砂走石”“走石飞砂”“走石飞砾”。③

类似成语如千沟万壑、沟壑纵横。

一、“飞沙走石”的地理解读

（一）何谓“沙”，何谓“石”

粒度是表征碎屑颗粒大小的一个参数。关于粒度分级的方法，可根据不同标准。一般是根据颗粒大小及其与水力学性质的内在联系为依据，把碎屑划分为砾（直径大于 2 毫米，成分以岩屑为主，搬运方式以底部滚动为主）、沙（0.05~2 毫米，成分以矿物碎屑为主，搬运方式以跳跃为主）、粉沙（0.005~0.05 毫米，成分以矿物碎屑

①③ 汉辞网．飞沙走石 [EB/OL]. [2015-02-23]. http://www.hydcd.com/.

② 谷神子．博异志·吕乡筠 [EB/OL]. [2015-02-23]. http://chengyu.aies.cn/?id=NDc3Ng==.

为主，多呈悬浮状态搬运）、泥（小于0.005毫米，成分以黏土为主，有布朗运动现象和明显的凝聚现象）。

成语“飞沙走石”中的“沙”和“石”是指粒径的相对比较，“沙”相对小而“石”相对大。飞“沙”可能更多指的是相对小的粉沙和泥；“石”可能更多指相对大的砾和沙；当然这还取决于风力大小。

（二）沙“飞”石“走”的地质营力——西北季风、西风

对于我国西北地区来讲，导致沙“飞”石“走”的地质营力主要有两种，一是西北季风，一是西风。目前，相对于夏季风而言，冬季风势力强劲，影响范围广；冬季风南限可以到达南海中北部。但季风是低空环流系统，其高度一般不超过3000米。也正是由于这个原因，由西北季风搬运堆积而成的黄土组成的黄土高原（黄土下伏第三纪红黏土，再往下即为基岩）的南界为秦岭，东界为太行山。

季风是低空环流系统的另一个典型实例是澳大利亚季风区（图4.2.1）。澳大利亚东部大分水岭位于新南威尔士州以北，与海岸线大致平行，自约克角半岛至维多利亚州，绵延约3000千米，宽160千米至320千米。它的最高峰科修斯科山海拔2230米，是澳大利亚的最高点。

由于受到大分水岭的影响，亚热带季风性湿润气候分布基本沿分水岭呈“线”状延展。

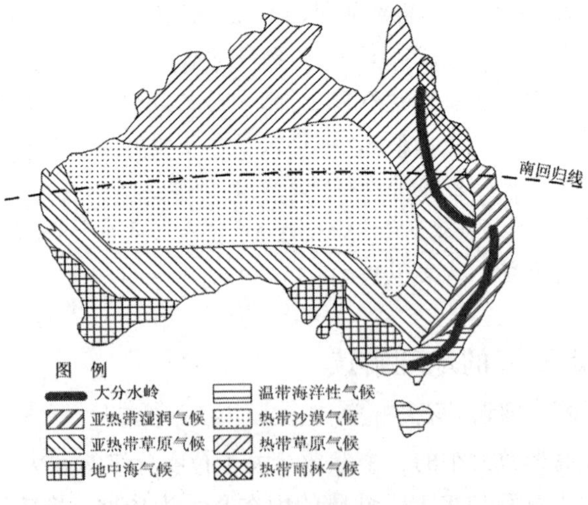

图4.2.1　澳大利亚气候分布图

西风是高空环流系统，其上界可达5000米以上。北半球源于北大西洋的西风可以一路向东，影响到北太平洋。西风到达青藏高原时分为南北两支。南支沿喜马拉雅山南侧向东流动，北支从青藏高原的东北边缘开始向东流动，这支高空气流常年存在于3500~7000米的高空，成为搬运沙尘的主要动力。

（三）为何沙“飞”石“走”——风力的机械搬运作用

颗粒物在随风搬运过程中，相对来讲，颗粒粗、密度大的在下；颗粒细、密度小的在上。一般而言，砾（直径大于2毫米）很难被风搬运；沙（0.05~2毫米）一般在近地面通过蠕移和跃移的形式向前运动；粉沙（0.005~0.05毫米）和泥（小于0.005毫米）则可通过悬移的形式向前运动。

（四）飞沙走石的结局——风力的机械沉积分异作用

被风搬运的颗粒物在风速降低时，便先后沉积下来。密度大、粗大的碎屑首先沉积下来，密度小、细小的碎屑随后沉积下来。粗、细、密度小、密度大等各种碎屑本来是混杂在一起的，在沉积过程中却按一定顺序依次沉积下来，这种作用叫机械沉积分异作用。这种作用的结果使沉积物按照砾石→沙→粉沙→黏土的顺序，沿搬运的方向形成有规律的带状分布。

具体到我国西部偏北地区，大致从西北向东南依次形成戈壁砾、沙漠沙、黄土的沉积。

同时，在黄土高原内部，沿风搬运的方向形成的黄土堆积也有粒径上的不同。高原西北沉积颗粒相对粗大的“沙”黄土，中部分布代表黄土高原平均状态的粉沙质黄土，高原东南部分布颗粒相对较细的“泥”黄土。

（五）沙尘暴

沙尘暴是指强风将地面沙尘吹起使空气很混浊，水平能见度小于1000米的天气现象。沙尘暴天气主要发生在冬春季节，其形成离不开（但不限于）两个基础，一是物质基础，即沙尘；二是动力基础，即大风。

中国黄土之父刘东生院士曾算过这么一笔账：1980年4月20日，北京有一次很大的沙尘暴，那一次的沙尘暴只是在北京普遍地沉下来0.01毫米厚的黄土。如果一年有十次这样的沙尘暴的话，就是0.1毫米。如果是200万年呢，就是200米。所以黄土本身这250万年以来，200多米厚，实际上是代表很多次的有沙尘暴的天气和没有沙尘暴的天气。

刘先生的计算很粗略和简单，其实如果再考虑到250万年黄土堆积过程中的压实作用的话，则黄土高原的沙尘暴天气现象将更显著。即沙尘暴在人类活动出现以前（包括在人类出现以前）即大量存在，其频率和强度甚至远远超过现在。所以不能简单地认为沙尘暴是人类活动不合理的产物，准确地讲应该是：人类的不合理行为加剧了沙尘暴的发生。

同时，沙尘暴也有其利好的一面。研究表明，沙尘暴所挟带的一些颗粒当中也经常带有一些碱性的物质，所以往往可以减缓沙尘暴附近沉降区的酸雨作用或土壤酸化作用。此外，它从沙漠地带带走的营养成分落到海洋，为鱼类提供了充足的养料。如澳大利亚的赤色沙暴中所夹带的大量铁质已证明是南极海浮游生物重要的营养来源。而中国科学院地球环境研究所联合国际上著名科学家共同提出“全球碳循环中的粉尘铁联系理论”，该研究工作描述了由含铁粉尘联系的全球生物地球化学循环过程与气候反馈机制，表明我国内陆频发的沙尘暴现象虽然对邻近区域环境造成负面影响，但从全球角度来看，大气输送的粉尘物质促进了北太平洋的渔业生产，降低了大气中的二氧化碳浓度。粉尘、大洋古生产力和大气二氧化碳密切联系的“全球铁假说”在我国环境外交和国家安全上具有重要意义。①

二、特殊的“飞沙”：黄土

中国黄土分布面积约为631000平方千米，约占全国领土面积的6.6%，主要分布在北纬33°~47°、东经75°~127°。黄土高原分布于甘肃兰州以东、山西太原以西、秦岭以北、陕北长城以南，面积达275600平方千米，黄土厚度达200~500米。

（一）黄土成因

黄土的成因主要有风成说、水成说和风化残积说几种观点，其中以风成说的历史最长，影响最大，赞同者也多。②

1. 风成说。黄土风成说认为，亚洲中部（包括我国北方地区）的黄土，是由内陆干旱荒燥、半荒燥区强大的反气旋从中部吹向外围，把大量的黄土物质吹送到生长草本灌木的草原地带，逐渐堆积而成的，故称荒漠黄土。黄土是风成的，其主要证据有：其一，黄土分布区以北依次出现沙漠和戈壁，三者逐渐过渡，并呈带状排列。其二，黄土区内的西北部分靠近沙漠地区的黄土颗粒较粗，黄土层中夹有风成沙层，越往东南距沙漠越远，其颗粒逐渐变细。其三，黄土披盖在多种成因的、形态起伏显著的各种地貌类型上，并保持相近似的厚度。其四，黄土层中发育有随下伏地貌形态变化的多层埋藏古土壤层。其五，黄土中含有陆生草原动、植物化石。其六，黄土的矿物成分具有高度的一致性，但与所在区域的下伏基岩没有多大关系。

除荒漠黄土外，欧洲和北美洲还有冰缘黄土，它是冰期时大陆冰川区干冷的反气旋风，将冰水平原上的细颗粒吹送到外缘草原地带沉积而成的黄土。

2. 水成说。黄土水成说认为，在一定的地质、地理环境下，成土物质可为各种形式的流水作用所搬运堆积（包括坡积、洪积、冲积等），从而形成各种水成黄土。水成黄土具有层理结构特征。有人认为，水成黄土是原生的风成黄土经过流水搬运，

①Jickells T D, An Z S, Andersen K K, et al. Global Iron Connections Between Desert Dust, Ocean Biogeochemistry, and Climate[J]. Science, 2005, 308 (5718): 67-71.
② 严钦尚，曾昭璇. 地貌学[M]. 北京：高等教育出版社，1985：119-120.

与当地岩石碎屑相混合而成的堆积物，系次生黄土。但次生黄土在黄土高原只是局部现象，似不足以概括全部黄土的成因。

3. 风化残积说。黄土的风化残积说认为，黄土是当地各种岩石在干燥气候条件下经过风化和成土作用而形成的，它不是从外地搬运来的。风化成土作用在黄土的形成中虽有一定作用，但是，它难以解释数十米以至百数十米厚的黄土层中的种种现象，如黄土的均质性和含碳酸钙，以及含有古土壤和大型古生物化石等特征。

（二）黄土与古土壤

黄土中黄土层和古土壤层互层，黄土层一般为灰黄色，质地均一；古土壤层则为棕红色，有明显土壤结构和土壤发生层次。黄土一般是在干旱气候条件下由冬季风搬运堆积而成；古土壤则是在夏季风作用于之前的黄土层，成壤作用加强而形成的。

（三）黄土在环境演变研究中的意义

黄土中黄土层和古土壤层序列是已知陆地上连续性最好，且能够很好地与深海沉积序列对比的沉积物，利用黄土与古土壤序列重建过去的全球变化是我国在世界上独具特色的研究之一。[①] 对黄土剖面的物理、化学和生物学研究表明，许多分析结果具有指示古气候、古环境的意义，其中某些数据可以被用作气候代用指标。

1. 粒度：冬季风强弱

黄土剖面粒度大小与冬季风的强弱直接相关，粒度分布表现为由西北向东南逐渐减小的趋势，与现代东亚冬季风和现代沙尘暴天气的移动路径完全吻合。

2. 磁化率：夏季风强弱

黄土与古土壤的磁化率值大小取决于其中磁铁矿、磁赤铁矿、赤铁矿的丰度。古土壤的磁化率值大于黄土的磁化率值正是由于古土壤中的磁性颗粒丰度大于黄土的。在黄土成壤过程中，由于淋溶与土壤化作用，促成了铁磁性颗粒的富集，形成大量极细微颗粒（<1 微米）。土壤中的磁性颗粒丰度增加，特别是极细小磁性颗粒的增加，造成了较高的古土壤磁化率值。古土壤高磁化率值指示了潮湿气候，而黄土的低磁化率值指示了干冷的气候。黄土磁化率值具有反映气候环境的意义。故中科院地球环境研究所安芷生院士提出，黄土剖面磁化率变化可以作为衡量东亚夏季风演变的代用指标。

3. 碳酸钙含量（及有机碳含量）：湿润程度

黄土中的碳酸钙作为易溶盐类，在次生风化改造过程中变化非常明显，因而可以当作探索大气降水或湿润程度的指标。碳酸钙含量在黄土层显著高于古土壤层，表明碳酸钙形成于湿润多雨环境。有研究表明，古土壤剖面碳酸钙淀积深度的变化，也可以作为衡量气候湿润程度的指标。

---

① 朱诚，谢志仁，李枫，等．全球变化科学导论[M]．北京：科学出版社，2012：81-93.

黄土中总有机碳含量曲线的峰值与古土壤层对应良好，反映古土壤形成于温暖湿润、生物繁茂的时期。

4.10Be 浓度：风尘堆积通量变化

宇宙射线作用于大气圈物质产生 10Be，它通过大气降水沉降于地表。假设 10Be 沉降通量恒定，则在冰期时黄土以较大速率堆积的话，黄土中的 10Be 的浓度降低；间冰期黄土堆积速率极小，10Be 的浓度必然很高。

三、黄土高原

黄土高原包括基岩、红黏土、黄土。红黏土和黄土是风力搬运堆积形成的。其中，黄土是第四纪浅灰黄色粉沙，红黏土是第三纪产物。

（一）千沟万壑的黄土高原

黄土高原面沟壑纵横，其原因有二：一方面源于黄土的特点，黄土为粉沙，具有直立性、松散性和湿陷性；另一方面源于黄土高原的气候和环境特点，包括夏季多暴雨，植被稀疏，坡度较大。

（二）黄土地貌

黄土地貌在我国黄土高原地区最为典型，主要包括沟谷地貌、沟间地貌和潜蚀地貌三大类。

1. 沟谷地貌。黄土地区具有众多的沟谷，这是流水侵蚀作用造成的地貌。流水对黄土的直接侵蚀作用，主要有面状（片状）散流侵蚀和沟状线流侵蚀两种方式。散流侵蚀形成细沟、浅沟等细小的沟谷；线流侵蚀主要形成较大的沟谷。黄土沟谷通常分为三类：处于强烈下切阶段的切沟；冲沟；作为河流主要支流的河沟。

2. 沟间地貌。黄土沟间地的形态继承了各种埋藏古地貌形态，通常可以划分出塬、梁、峁等地貌类型。塬区的下伏基岩属平缓的盆地或倾斜平原；梁和峁区的下伏基岩则呈丘陵形态。即塬是平坦的黄土高地，塬面平坦，四周为沟谷环绕；梁是长条形的黄土高地，包括平顶梁和斜梁二种；峁是一种孤立的黄土丘。

3. 潜蚀地貌。流水沿黄土中的裂隙和孔隙下渗，进行潜蚀，使土粒流失，产生洞穴，最后引起地面崩塌，进而形成黄土特有的潜蚀地貌，包括黄土碟、黄土陷穴、黄土柱等。

（三）窑洞的秘密

黄土为黄土层和古土壤层互层，黄土为冬季风产物，为粉沙，松散；古土壤为夏季风产物，为泥，相对致密。挖窑洞，即在黄土层挖洞，而以古土壤为顶和底。每个窑洞的顶上，就像我们房子的天花板似的，全是一层很厚的红黏土。

（四）第三纪红黏土

黄土高原黄土剖面往往下伏有厚度不等的晚第三纪红黏土地层。研究表明，红黏土与黄土的形成环境背景是相同的，为陆相风尘沉积成因。其中一个证据为红黏土与第四纪黄土—古土壤具有相似的沉积物粒度组成与分布特点，表明其物质来源的搬运动力可能相似；其他证据则包括扫描电镜颗粒的微结构特点等。[①]

（五）亚洲内陆干旱化

中国黄土高原晚新生代风成黄土和红黏土沉积蕴含丰富的古气候信息，是研究亚洲季风—干旱环境耦合演化的理想载体。人类活动加剧了亚洲内陆荒漠化，对亚洲内陆干旱化起源的时代研究先后出现了距今 2.6Ma（1Ma=100 万年）、8Ma、22Ma[②]、25.6Ma[③] 等不同结论，将亚洲内陆干旱化的出现时间逐渐向前推展。其中，安芷生院士领导的研究组对黄土高原西部庄浪钻孔 654 米的岩芯进行了系统的磁性地层学、沉积学和地球化学研究。结果表明，庄浪岩芯主要由高分辨率的风成红黏土序列构成，记录了 4.8~25.6Ma 的连续磁极性变化序列。这表明早在 2500 万年前，适合红黏土形成的亚洲季风和荒漠环境在我国北方就已经形成。

四、相关高考地理试题示例

（一）2010 年高考安徽文综卷地理 31~32 题

石英是一种稳定物质，广泛存在于岩石、沙土中，深海沉积物中的石英短时期内不会自生自灭，是研究自然界物质运动和环境变迁的重要载体。图 4.2.2 为北太平洋沉积物中石英含量分布。完成 31~32 题。

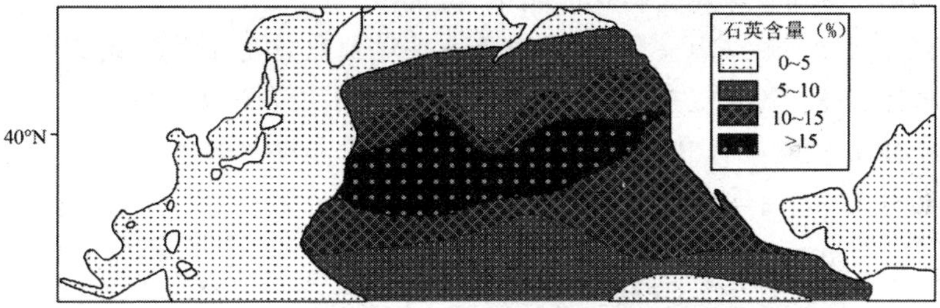

图 4.2.2　北太平洋沉积物中石英含量分布

31. 北太平洋沉积物中的石英主要源自（　　）

A. 北美西部荒漠地区　　　　B. 日本东侧海底火山

① 弓虎军．中国黄河中游地区新近纪红黏土的成因 [D]. 西北大学博士学位论文，2007.

②Guo Z T, Ruddiman W F, Hao Q Z, et al. Onset of Asian desertification by 22 Myr ago inferred from loess deposits in China [J]. Nature, 2002, 411 : 62-66.

③Qiang X K, An Z S, Song Y G, et al. New eolian red clay sequence on the western Chinese Loess Plateau linked to onset of Asian desertification about 25 Ma ago[J]. SCIENCE CHINA Earth Sciences, 2011, 54 (1): 136-144.

C. 亚洲内陆荒漠地区　　　　　　　　D. 北美西侧海底火山

【答案】C

32. 石英粉尘从源地到达北太平洋主要通过（　　）

A. 大气环流　　　　　　　　　　　　B. 大洋环流

C. 水循环　　　　　　　　　　　　　D. 岩石圈物质循环

【答案】A

本题素材源于刘东生所著《黄土与干旱环境》第二十五章《干旱化的海洋记录》第一节“风尘沉积”第一部分“北太平洋的风尘沉积”如下材料：

由于石英是一种稳定矿物，而且在短暂的地质时期内不会在洋底自生或自灭，因此它们几乎无例外地被认为是来自大陆的碎屑物质。早已认识到在北太平洋洋底30° N~40° N存在一条从日本南部经夏威夷到北美西海岸几乎贯穿整个大洋中央的富含石英的沉积带。根据西北太平洋现代大气环流的实际资料可知，在对流层上部，冬季最强劲的风经常位于30° N~40° N，而高空急流带则位于表层海水温度最大梯度带以南几个纬度，因此与这个富含石英沉积带的分布十分吻合。同时，根据近3万年来北太平洋不同纬度的站位，若干时间断面风尘堆积速率在平面上的投点表明，不论风力强度的变化如何，风尘输入的极大值始终保持在38° N~40° N，这正好与中国尘暴区的位置一致。研究表明，风成粉尘在深海沉积物中起着极为重要的作用，亚洲的干旱地区是北太平洋风尘沉积最主要的物源区。

（二）2014年高考安徽文综卷地理31-32题

鄱阳湖地区夏季的风向、降水等受西太平洋副热带高压脊位置变化的影响。鄱阳湖汛期水位上升，湖面辽阔；枯水期水位下降，水流归槽成为“赣江”（图4.2.3 b）。图中的沙岭沙山（29.5° N附近）形成于2万年前，由松散沙粒组成。沙山临湖一侧发育了一系列垄（脊）槽（谷）相间的地形。读图4.2.3，完成31~32题。

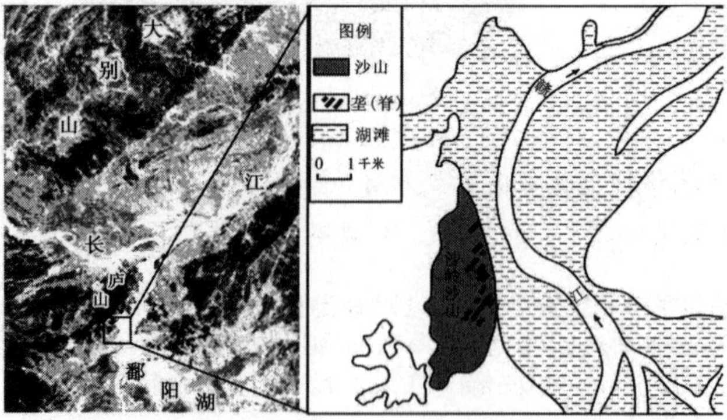

图4.2.3　鄱阳湖（沙岭沙山）及周边地区示意图

31. 受大气环流和地形分布（图 4.2.3 a）的影响，图 4.2.3 b 所示地区（　　）

A. 全年以偏北风为主，冬半年风速较大

B. 夏半年以西南风为主，风速较大

C. 全年以偏南风为主，夏半年风速较小

D. 冬半年以东北风为主，风速较小

32. 沙山及沙山上垄槽相间地形形成的主要外力作用分别是（　　）

A. 风力堆积、流水侵蚀　　　　B. 流水堆积、风力侵蚀

C. 风力堆积、风力侵蚀　　　　D. 流水堆积、流水侵蚀

【答案】31.A　　　32.C

本题主题为自然地理，以鄱阳湖滨湖沙山的形成和变化为切入点。主要考查“气压带、风带的分布、移动规律及其对气候的影响”“我国主要气候的主要特征、成因”“地表形态变化的内、外力因素”“我国主要河流、湖泊及其水文特征”“地理环境各要素的相互作用，理解地理环境的整体性”“地壳内部物质循环过程”等内容。解答本题，不仅要求考生具备“获取和解读地理信息”“调动和运用地理知识、基本技能”的能力，还要求考生能够“透过现象看本质”，能够“运用所学的地理知识和相关学科知识，通过比较、判断、分析，阐释地理基本原理与规律”，具备良好的地理学科学习能力和地理学科应用能力。

第 31 题解析

本题考查图 4.2.3 b 所示地区盛行风向和风速（全年、夏半年、冬半年）。

风是大气的水平运动，水平气压梯度力是形成风的根本原因。风的方向最初由高压指向低压，随后受诸多力（地转偏向力、惯性离心力、摩擦力等）的影响而偏向。风速大小主要取决于两地间气压梯度差值，同时也受地形的影响（如“狭管效应”对风的加速作用）和下垫面影响（如植被对风的减速作用）。

（1）风向。图示地区位于我国东部季风区。就风向而言，如果只考虑由于海陆热力性质差异所致季风影响的话，则该区夏半年盛行东南风，冬半年盛行西北风。

在此基础上叠加西太平洋副热带高压脊移动的影响，局部区域的具体风向可能异于一般性规律。西太平洋副热带高压脊的位置变化具有明显的季节性，一般冬季位置最南，夏季最北；总体而言，夏季初期（6 月中旬），副高脊线越过 20° N，长江流域开始受其控制，7 月中旬越过 25° N，7 月底至 8 月初副高脊线越过 30° N。这个时段（6 月中旬至 8 月初），沙岭沙山（约 29.5° N）位于高压脊偏南偏西位置，受副高压控制，盛行偏北风（东北风）。9 月份副高压急速南撤，9 月底退到 20° N，撤出长江流域，该地重归冷高压控制，仍受偏北气流影响。因此夏半年除个别月份（6 月中旬至 8 月初）盛行偏南风外，以偏北风为主。

再结合地形影响，庐山市西侧的庐山山体呈北东—南西走向，九江以下长江河

谷段走向与庐山山体基本一致。沙山地区位于鄱阳湖和庐山之间，气流至鄱阳湖湖口（东北—西南向）时，运动的气流顺应地形变化，以及因狭管地形东南部东北—西南走向山脉阻挡后受地转偏向力影响，冬半年盛行东北风；夏半年除少数时段（一两个月）为西南风外（也是由于狭管地形及因狭管地形西北部东北—西南走向山脉——庐山阻挡后受地转偏向力影响，盛行西南风），仍以东北风为主；故本区全年以偏北风（东北风）为主。①详见图 4.2.4。

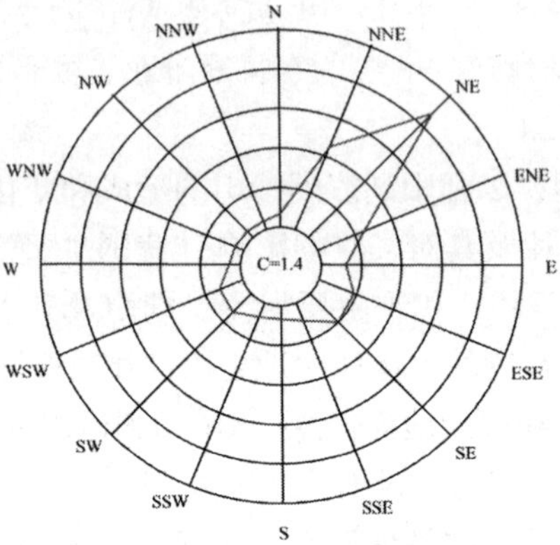

图 4.2.4　沙山多年风向频率图②

（风频间隔为 7%；据沙山 2008 年 8 月至 2009 年 7 月风向数据绘制）

由此可见，选项 A“全年以偏北风为主”和选项 D“冬半年以东北风为主”正确，选项 B“夏半年以西南风为主”和选项 C“全年以偏南风为主”错误。

（2）风速。就风速而言，我国东部季风区目前冬季风势力相对强劲（其影响范围南界可达南海中部），夏季风势力相对偏弱，故就冬夏半年相比较，图示地区冬半年风速相对较大，夏半年风速相对较小。冬半年偏北风较大的风速也与地形有关，长江以北是大于几百千米的北东向郯庐断裂带形成的平原，偏北气流没有地形的阻挡，至鄱阳湖时，湖口段呈瓶颈状，走向北北东，产生狭管效应，风速加大，加之湖面摩擦系数小，风速在湖面上再次增大。③同时，“狭管效应”对冬季和夏季风的共同加速作用，也不会改变无“狭管效应”时的冬季风强于夏季风的事实。选项 A“冬半年风速较大”和选项 C“夏半年风速较小”正确，选项 B“夏半年风速较大”和选项 D“冬半年风速较小”错误。此为冬夏半年风速比较。

① 韩志勇，李徐生，张兆干，等．鄱阳湖湖滨沙山垄状地形的成因 [J]. 地理学报，2010，65（3）：331-338.

② 党淑青．沙岭沙山风蚀地貌特征与成因分析 [D]. 南京大学硕士学位论文，2013.

③ 韩志勇，李徐生，张兆干，等．鄱阳湖湖滨沙山垄状地形的成因 [J]. 地理学报，2010，65（3）：331-338.

综上所述，列表于下（表 4.2.1）。

表 4.2.1　风向、风速描述（冬、夏半年相比）

选项	风向描述	风速描述（冬、夏半年相比）	综合描述
A	“全年以偏北风为主”正确	“冬半年风速较大”正确	正确
B	“夏半年以西南风为主”错误	“夏半年风速较大”错误	错误
C	“全年以偏南风为主”错误	“夏半年风速较小”正确	错误
D	“冬半年以东北风为主”正确	“冬半年风速较小”错误	错误

故本题正确答案为 A。

第 32 题解析

本题考查形成地表形态的外力作用。

（1）考生可以从试题中读出如下信息：

沙山是由风力堆积或流水堆积形成的，沙山上垄槽相间地形是由流水侵蚀或风力侵蚀形成的。

沙岭沙山海拔明显高于赣江及其两侧的河漫滩。

沙山不同海拔高度处均有堆积。

沙山呈“面状”而非“线状”分布。

沙山位于图示赣江以西，而非以东；位于大别山及庐山东南。

沙山由松散沙粒组成。

鄱阳湖枯水期水位下降，水流归槽成为“赣江”，湖滩（或河滩）裸露，可能成为就地起沙的源地。

沙山临湖一侧发育了一系列垄（脊）槽（谷）相间的地形（为此地全年盛行风向上风处）。

“一系列”表明规模较大。

沙山上的垄（脊）槽（谷）几近平行（而非垂直于河岸线或呈放射状或无序状）。

垄（脊）槽（谷）的走向和本地“狭管”地形走向一致，也和本地全年盛行的东北风向、夏半年中一两个月盛行的西南风向一致。

堆积形成沙山在前（2 万年前），垄（脊）槽（谷）侵蚀形成在后。

（2）考生需要调动和运用以下地理知识和基本技能：风力地形和流水地形有共性，也有不同点。

二者相同的地方在于，一方面都有机械分异堆积规律，即粗、密度大的颗粒的先堆积，细的、密度小的颗粒后堆积；另一方面在于堆积的发生都源于流体速度的减缓。

二者不同的地方在于，第一，流水在重力作用下自上而下呈线形流动，故其堆积物往往呈“线状”分布，且只在有流水经过的地方有堆积；风在气压梯度力作用下自上而下或自下而上呈面状流动，故其堆积物呈“面状”分布，且可在不同海拔高度处均应有堆积，在同一地区不同海拔处的堆积厚度差异较小。第二，流水堆积产物一般位于流水凹槽（若为平水，则为河床；若为洪水，则为河漫滩），且不同位置堆积厚度差异较大；风力堆积产物可在不同海拔处都有堆积，且在较小空间尺度内堆积厚度差异不大。第三，风力侵蚀产物走向一般平行于盛行风向，且往往成群出现；流水侵蚀产物走向受控于流水方向，或单一指向，或放射状或垂直于湖 / 河岸线，且一般规模较小。

思维框图见表 4.2.2。

表 4.2.2　第 32 题的思维框图

	可能成因	地质信息	试题信息
沙山	风力堆积	面状，不同海拔均可分布	面状，不同海拔均可分布
	流水堆积	线状，凹槽处分布	
垄槽	风力侵蚀	大规模，平行状	大规模，平行状
	流水侵蚀	小规模，或单一指向，或放射状，或垂直于湖 / 河岸线	
结果		C 正确	

综上所述，沙岭沙山形成的主要外力作用为风力堆积，在每年枯水期，强劲的冬季风可将湖滩裸露的泥沙吹扬起来，再经风力搬运到湖滨地带堆积，慢慢形成沙山。① 而沙山上垄槽相间的地形形成的主要外力作用为风力侵蚀。

故本题正确答案为 C。

3. 沙岭沙山的沙源问题。沙岭沙山为风力搬运堆积形成，从理论上讲，其来源有三种可能：西北沙漠、黄土；大别山、庐山；冬季裸露的鄱阳湖滩。

（1）沙岭沙山的沙源于西北沙漠、黄土？如果沙岭沙山的沙源为西北干旱半干旱区的沙漠或黄土的话，一则其分布范围应更广（在图示赣江以东也应该有大范围分布）；二则其形成的年龄应更老（这取决于两个因素，一为黄土或沙漠的年龄，黄土年龄为 2.48Ma，塔克拉玛干沙漠年龄为 5.2Ma；二为东亚季风形成的年龄，研究表明东亚季风可能最早形成于 2.6Ma、8Ma、22Ma、25~28Ma），这与题组素材“图中的沙岭沙山形成于 2 万年前”不符；三则颗粒应更细（源于风的机械搬运分异沉积，包括水平尺度上和纵向尺度上，如河流自上游到中游、下游，河床堆积物逐渐变细；如“飞沙走石”）。沙漠为典型的沙，黄土则为浅灰黄色的粉沙。当然，黄土高原内部也进一步分为西北部颗粒相对较粗的沙黄土、中部代表黄土高原平均状态的典型

① 韩志勇，李徐生，张兆干，等．鄱阳湖湖滨沙山垄状地形的成因 [J]. 地理学报，2010，65（3）：331-338.

粉沙质黄土和东南部颗粒相对较细的泥黄土。

（2）沙岭沙山的沙源于大别山、庐山？如果沙岭沙山的沙源为大别山或庐山，由于图示地区全年盛行东北风，故“沙岭沙山”应位于二山西南方向。

（3）沙岭沙山的沙源于冬季裸露的鄱阳湖滩？据此可知，沙岭沙山的沙源为冬季裸露的鄱阳湖滩。这也与鄱阳湖西南侧的沙山粒度变化情况一致。①

结合沙源问题，本题组可以考虑出第三道题：

沙岭沙山的沙源为（　　）

A. 西北沙漠、黄土　　　　B. 大别山

C. 庐山　　　　D.“赣江”河滩

4. 几点补充。

（1）沙岭沙山与古环境。我国西北的黄土带处于戈壁、沙漠的外围，中国黄土和粉尘，主要是以强盛的西北风为标志的冬季风的搬运，伴有干冷的气候条件。值得注意的是，这种冬季风对粉尘的搬运并不是仅在西北地区起作用。冰期气候条件下，风的吹扬作用不仅是西北内陆的主要外营力，也是江南鄱阳湖湖区的主要外营力。进入末次冰期，我国北方发育了巨型的沙漠—黄土风成沉积系列，由于当时地处江南的鄱阳湖湖区具有类似的气候条件，因此也应当产生类似的风成沉积序列。即冬季风除在西北地区形成沙漠—黄土堆积系列外，当风力到达具有丰富沙源出露的江南鄱阳湖湖滨滩地以后，在湖滨滩地也会产生同样的地质效果。湖盆地形影响造成的“狭管效应”，使得风力作用明显加强，强劲的冬季风活动又开始新一轮的风蚀、风积作用，在鄱阳湖湖滨及其南缘一带形成风蚀和风积地貌。在风积地貌区，沉积分异作用的结果，首先在滨湖地带形成多处较粗颗粒的沙丘（沙山）堆积，而在风成沙丘（沙山）活动区的下风头地带，则应形成以粉沙粒级为主的细颗粒风尘沉积。

朱海虹②对江西境内岗丘顶部表土层之下的偏红松散沉积物进行了采样测试，发现沿主风方向沉积序列的粒度变化呈现出规律性变细趋势，即沿东北—西南方向，鄱阳湖湖滨沙山是末次冰期特定气候条件下季风活动所产生的风沙堆积体，而新余一带的风尘堆积位于沙山堆积的东南缘方向，正好处于鄱阳湖湖滨风成沙丘活动区的下风头。两者间粒度的空间变化特征与我国北方沙漠—黄土堆积群之间粒度的空间变化特征完全一致，也符合风成堆积序列空间分选的规律。鄱阳湖湖滨及其东南部风成（尘）物质粒度的空间变化规律可能揭示了新余市郊的晚更新世风尘堆积物

① 李徐生，韩志勇，杨达源，等．末次冰期鄱阳湖西南缘地区的风尘堆积 [J]. 海洋地质与第四纪地质，2006，26（1）：101-108.

② 朱海虹，张本．鄱阳湖——水文、生物、沉积、湿地开发整治 [M]．合肥：中国科学技术大学出版社，1997：23-32，55.

来源于鄱阳湖湖滨风成沙丘活动区。

由此可知，鄱阳湖湖滨风成沙丘（沙山）堆积与新余一带的风尘沉积，是在晚更新世末期，在特定的气候条件下经古季风作用所形成的风沙—风尘堆积系统。末次冰期特别是盛冰期，江南地区大陆性气候显著增强，强大的古季风吹蚀赣江下游平原，使裸露的大片河湖滩地出现干旱化、沙漠化环境，河湖滩地上的粗沙物质被吹刮集聚，就近堆积，形成沙丘堆积，即沙山，而细粒的粉尘物质则继续被风力搬运吹扬，在沙山堆积的下风头——新余一带形成风尘堆积体。鄱阳湖湖滨风成沙丘堆积及其西南缘新余一带的风尘沉积是晚更新世以来鄱阳湖地区气—水—地之间相互作用所形成的一个特殊而统一的地理环境系统，它同我国西北沙漠—黄土堆积系统有着相似的形成机制，只不过由于风力和物源供给均比不上西北沙漠—黄土堆积区，因此规模上要小得多。鄱阳湖附近风成沙丘—风尘沉积系统也印证了晚更新世末期是长江中下游地区气候最干冷、风力作用最强的时期，有着与北方沙漠—黄土堆积相类似的气候环境。

（2）注意区分赣江和古赣江。试题材料中有这么一句话：枯水期水位下降，水流归槽成为“赣江”。并且图 4.2.3 b 中还有裸露的鄱阳湖滩和水流归槽形成的“赣江”。

准确地说，这里的“赣江”是指古赣江，而非现在的赣江。

鄱阳湖以松门山为界，分为南北两部分，北面为入江水道，长 40 千米，宽 3~5 千米，最窄处约 2.8 千米；南面为主湖体，长 133 千米，最宽处达 74 千米。鄱阳湖盆地形成于第三纪，但当时并未成湖，而是赣江下游平原。后来由于长江主泓道南移，阻碍了赣江水的宣泄而储水成湖。

在九江以南，湖口—星子大断裂的江湖分水岭，随着断块差异的升降运动下陷，古赣江下游汇注于此，扩展成为较大的水域，并因长江洪水过程的增大而在湖口相通。即约在 2000 年前鄱阳湖形成之前，目前的鄱阳湖入江水道为古赣江下游水道。

而目前的赣江，则是注入鄱阳湖的一条河流而已，而非图中的“归槽而成的赣江”。

（3）图 4.2.3 b 所示地区冬半年或夏半年风速大小问题。31 题中的图 4.2.3 b 所示地区冬半年或夏半年风速大小问题，“较大”或“较小”都是一种相对比较，一种是时间维度上的图 4.2.3 b 所示地区冬、夏半年比较；一种是空间维度上的图 4.2.3 b 所示地区与周边地区某半年风速比较。问题的关键在于周边地区的“空间尺度”空间为多大。

如果是图 4.2.3 b 所示地区与周边地区（根据题意，周边地区也应位于图 4.2.3 a 区域内）风速比较，情形稍微复杂一些。据图可知，周边地区可分为三种情况：一是狭管地形（图 4.2.3 b 地区到长江湖口之间的湖口段）内图 4.2.3 b 外区域，二是图 4.2.3 a 区域内狭管地形外地区，三是图 4.2.3 a 所示区域外。

如果周边地区是狭管地形（图 4.2.3 b 地区到长江湖口之间的湖口段）内图 4.2.3 b 外区域，相比较的两个区域均在狭管地形内，两个对比区域均受狭管效应的影响。冬半年时，图 4.2.3 b 地区位于狭管地形尾端；夏半年时，图 4.2.3 b 地区多数时间位于狭管地形尾端（只有一个月左右位于首端）。而风通过狭管地形区时，出风口附近风速较入风口附近更大。[1] 据此则有表 4.2.3。

表 4.2.3a　风向、风速描述（与周边地区相比：狭管地形内其他地区）

选项	风向描述	风速描述（与周边地区相比：狭管地形内其他地区）	综合描述
A	“全年以偏北风为主”正确	“冬半年风速较大”正确	正确
B	“夏半年以西南风为主”错误	“夏半年风速较大”正确	错误
C	“全年以偏南风为主”错误	“夏半年风速较小”错误	错误
D	“冬半年以东北风为主”正确	“冬半年风速较小”错误	错误

如果周边地区是图 4.2.3 a 区域内狭管地形外地区，则图 4.2.3 b 地区因狭管效应，风速更大。即有表 4.2.3。

如果周边地区是在图 4.2.3a 所示区域外，显然无解。31 题题干“受大气环流和地形分布（图 4.2.3 a）的影响，图 4.2.3 b 所示地区”是否意味着：如果是图 4.2.3 b 所示地区同周边地区进行风速比较的话，周边地区风速也应该“受大气环流和地形分布 (图 4.2.3 a) 的影响”呢？

表 4.2.3b　风向、风速描述（与周边地区相比：图 4.2.3 a 区内狭管地形区外）

选项	风向描述	风速描述（与周边地区相比：图 4.2.3 a 区内狭管地形区外）	综合描述
A	“全年以偏北风为主”正确	“冬半年风速较大”正确	正确
B	“夏半年以西南风为主”错误	“夏半年风速较大”正确	错误
C	“全年以偏南风为主”错误	“夏半年风速较小”错误	错误
D	“冬半年以东北风为主”正确	“冬半年风速较小”错误	错误

① 陈启新．风速的“狭管效应”增速初探 [J]. 山西水利科技，2002（2）：62-64.

泥沙俱下：机械分异沉积

俱：一起。泥土和沙子一起随河水流下来。比喻人或事物不论好坏都一齐显现出来。[①]

清·袁枚《随园诗话》第一卷："人称才大者，如万里黄河，与泥沙俱下。余以为：此粗才，非大才也。"[②]

一、沉积作用

沉积岩的形成过程一般可以分为先成岩石的破坏（风化作用和剥蚀作用）、搬运作用、沉积作用和硬结成岩作用等几个互相衔接的阶段，但这些作用有时是错综复杂和互为因果的，如岩石风化提供剥蚀的条件，而岩石被剥蚀后又提供继续风化的条件；风化、剥蚀产物提供搬运的条件，而岩石碎屑在搬运中又可作为进行剥蚀作用的"武器"；物质经搬运而后沉积，而沉积物又可受到剥蚀破坏重新搬运，如此等等，不一而足。

母岩风化和剥蚀产物在外力的搬运途中，由于水体流速或风速变慢、冰川融化以及其他物理化学条件的改变，使搬运能力减弱，从而导致被搬运物质的逐渐沉积，这种作用称为沉积作用。

沉积作用可以发生在海洋地区，也可以发生在大陆地区，所以沉积作用包括海洋沉积和大陆沉积，前者又分为滨海、浅海、半深海和深海沉积，后者又分为河流、湖泊、沼泽、冰川等沉积。

沉积的方式有机械沉积、化学沉积和生物沉积三种[③]。

（一）机械沉积作用

被搬运的岩石碎屑在重力大于水流、风的搬运能力时，便先后沉积下来，这种作用称为机械沉积作用。粗大的碎屑首先沉积下来，细小的碎屑随后沉积下来；密度大的碎屑首先沉积下来，密度小的碎屑随后沉积下来。粗、细、轻、重等各种碎屑本来是混杂在一起的，在沉积过程中却按一定顺序依次沉积下来，这种作用叫作机械沉积分异作用。这种作用的结果使沉积物按照砾石→沙→粉沙→黏土的顺序，沿搬运的方向形成有规律的带状分布。

这种按照碎屑大小、密度等进行的沉积分异规律，总的来说反映了自然界的一般规律。因此，在进行岩石分析时总是把粗碎屑岩石（如砾岩、砂岩等）代表近岸、浅水沉积环境，而把细碎屑岩石（如粉砂岩、黏土岩等）代表远岸、深水沉积环境。

①② 刘万国，侯文富．中华成语大词典[M].修订版．北京：北大青鸟电子出版社，2004: 2186.

③ 宋青春．地质学基础[M].北京：高等教育出版社，2005: 115-116.

但是，自然界复杂多变，如在流水搬运过程中，地形起伏变化或支流汇入可以导致流速流量的改变，从而造成分异过程错综复杂的现象。

冰川的机械沉积作用与在水中的沉积作用不同。

第一，冰川沉积没有分异作用，所以冰碛物颗粒大小混杂，层理不清楚。有时泥和砾混在一起，称为泥砾。有时冰川能搬运十分巨大的石块，体积可达几千立方米，称为冰川漂砾。

第二，冰碛碎屑大部分都未经磨圆作用，带有棱角。有时冰碛石上带有钉子头状长条擦痕，称冰川擦痕。

第三，当冰川前端融化，或在冰川底部流出水流时，则具有一部分流水沉积的特征，称为冰水沉积。如果冰川前端汇水成湖，在冰川湖中经常沉积着细泥。春夏之际，融水较多，沉积物稍粗，有机质多，颜色略深；秋冬之际，融水较少，沉积物稍细，有机质少，颜色略浅；冬季冰川不融化，沉积也暂告中断。如此周而复始，便形成薄层的、条带状的、有节奏的沉积物，称为纹泥。根据纹泥可以计算冰川活动的年龄。

（二）化学沉积作用

化学沉积包括胶体溶液沉积和真溶液沉积。

1. 胶体溶液沉积。胶体颗粒极小，一般不受重力作用影响，搬运很远，沉积很慢。同时，胶体质点带有电荷，如 Al_2O_3、Fe_2O_3、$CaCO_3$、$MgCO_3$ 等带有正电荷，称正胶体；SiO_2、MnO_2、黏土、腐殖质等带有负电荷，称负胶体。

在一定介质中带有相同电荷的胶体质点互相排斥，可以长时间保持悬浮状态。但当胶体溶液中加入一定量不同性质的电解质时，即发生中和作用，并在重力影响下引起胶体沉淀。如在海岸地带，挟带胶体的大陆淡水与富含电解质的海水混合时，常发生胶体沉淀。许多浅海相的沉积铁矿、锰矿多是这样形成的。此外，在干燥气候条件下，胶体溶液因蒸发脱水也可引起沉淀。

2. 真溶液沉积。溶解于水中的物质是多种多样的，由于溶解质的溶解度不同，以及溶液的性质、温度、pH 值等因素的影响，真溶液物质沉积也有先后远近的顺序，这种作用叫化学沉积分异作用。化学沉积分异次序大体如下式：

氧化物（Fe_2O_3、MnO_2、SiO_2）→铁的硅酸盐（海绿石等）→碳酸盐（$CaCO_3$、$CaMg[CO_3]_2$）→硫酸盐（$CaSO_4$）→卤化物（$NaCl$、KCl、$MgCl_2$ 等）。

总的说来，上式基本反映了浅海地区的化学沉积分异规律。氧化铁、氧化锰等胶体物因受海水电解质影响，常在滨海、近海最先沉积，并和沙、泥等共生。其次，部分氧化铁和二氧化硅化合成含铁的硅酸盐，如海绿石是代表浅海环境的典型矿物。再次是石灰岩、白云岩等碳酸盐沉积。最后是石膏等硫酸盐以及石盐、钾盐、镁盐等卤化物沉积，由于它们溶解度大，在海水中停留的时间很长，只有在强烈蒸发条件下才沉积下来，它们代表化学分异作用的后期产物。

上述机械的和化学的沉积分异作用总称为沉积分异作用。研究这种分异作用，对于了解沉积岩和沉积矿产的形成和分布规律，阐明沉积环境和古地理特征，都有重要意义。但如前所述，自然界影响沉积分异的因素甚多，简单的规律不能概括复杂的事实。例如，有时碳酸盐沉积可以形成于浅水环境，而碎屑沉积也可见于相对深水环境。实际上，在沉积岩形成的过程中，即在风化作用、搬运作用、沉积作用各阶段，都始终贯穿着物质的分异作用，甚至在沉积物和沉积岩形成之后，由于某些物质的溶解、淋滤、凝聚、集中、分解和改造，也会导致物质的重新调整和分配，使一部分物质迁移，一部分物质富集，并可形成有用的矿产。这也是一种分异作用——沉积期后的分异作用。

（三）生物沉积作用

生物沉积作用包括生物遗体的沉积和生物化学沉积。前者指生物死亡后，其骨骼、硬壳堆积形成磷质岩、硅质岩和碳酸盐岩等；后者指生物在新陈代谢中引起周围介质物理化学条件的变化，从而引起某些物质的沉淀。例如，海中藻类进行光合作用，吸收海水中的 CO_2，可以引起 $CaCO_3$ 的沉淀，形成石灰岩。有时是生物遗体沉积后，又经过复杂的化学变化，形成新的沉积物质，如煤、石油等。

生物沉积过程实际上也是一种特殊形式的物质分异过程。例如植物被埋藏后形成煤炭，硅藻沉积形成硅藻土，铁细菌作用形成铁矿床等，都可以看作是通过生物作用，直接或间接地使某些成分从自然界中分异出来并在特定条件下进行富集的过程。

二、碎屑粒级分类

沉积岩的结构是指沉积岩组成物质的形状、大小和结晶程度。它又可分为碎屑结构、泥质结构、化学结构和生物结构，这些结构是把沉积岩划分为碎屑岩类、黏土岩类、化学和生物化学岩类的重要依据。①

母岩风化和剥蚀的碎屑物质，经搬运、沉积、胶结而成的岩石叫碎屑岩。碎屑岩的结构叫碎屑结构。碎屑结构通常由两部分物质组成，即碎屑物质和胶结物质。碎屑物质包括矿物碎屑和岩石碎屑（岩屑）两种；胶结物质指填充于碎屑孔隙之间的物质，最常见的为各种化学沉淀物或胶体物质。

碎屑本身有各种大小，碎屑颗粒的大小称为粒度。它不但是碎屑岩进一步分类的根据，也是研究其成因的重要标志。

关于粒度分级的方法，可根据不同标准。一般是根据颗粒大小及其与水力学性质的内在联系为依据，把碎屑划分为：

（1）砾：直径大于 2 毫米，成分以岩屑为主，搬运方式以底部滚动为主。

（2）沙：直径 0.05~2 毫米，成分以矿物碎屑为主，搬运方式以跳跃为主。其中

① 宋青春．地质学基础 [M]. 北京：高等教育出版社，2005: 120-122.

又以 0.5 毫米、0.25 毫米、0.1 毫米为界将沙进一步分为粗沙、中沙、细沙和微细沙。

（3）粉沙：直径 0.005~0.05 毫米，成分以矿物碎屑为主，多呈悬浮状态搬运。其中又以 0.01 毫米为界将粉沙进一步分为粗粉沙和细粉沙。

（4）泥：直径小于 0.005 毫米，成分以黏土为主，有布朗运动现象和明显的凝聚现象。

在一种碎屑岩中，经常由多种粒级的碎屑组成。如果碎屑粒级大小近乎相等，或其中某一粒级碎屑含量大于 75%，就是分选性好；碎屑粒级相差悬殊或没有一种粒级含量达到 50%，就是分选性差。碎屑的分选程度可以反映碎屑岩的形成条件和环境。

三、相关高考地理试题示例

（一）2011 年高考上海地理卷 19~20 题

（八）下图表明，河流流速不同，搬运物质颗粒大小不同。

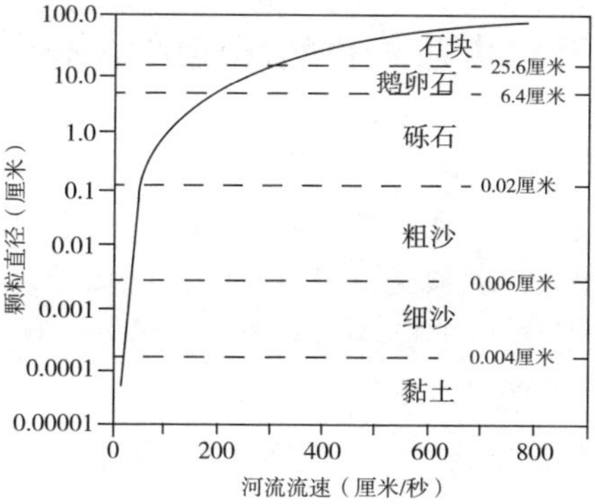

图 4.2.5　河流流速与搬运物质颗粒大小关系

19. 根据该关系图，河流能够搬运鹅卵石的流速至少是（　　）

A. 100 厘米 / 秒　　B. 200 厘米 / 秒

C. 300 厘米 / 秒　　D. 400 厘米 / 秒

20. 当流速低于某一物质搬运速度时，流速低于该物质会发生沉积，据图可以推测在一般情况下，河流某一河段自上而下随着流速逐渐降低先后沉积的是（　　）

A. 黏土、粗沙、砾石、石块　　B. 黏土、石块、粗沙、砾石

C. 石块、砾石、黏土、粗沙　　D. 石块、砾石、粗沙、黏土

【答案】19.B　20.D

【解析】本题隐含两个前提：一是某河段河水挟带的颗粒物包括从石块到黏土不同粒径；二是某河段流速变化范围从约 300 厘米 / 秒到 10~20 厘米 / 秒不等。

故该河段要么较长，要么在较小空间范围内落差较大。

第五章 其 他

第一节 自然环境的整体性与地域差异性（选择性必修）

“唇亡齿寒”部分对自然地理环境的整体性进行了描述，列析了两道高考试题。

“南橘北枳”部分则对自然地理环境的地域差异性进行了描述，并对涉及该成语的一道高考试题进行了评析。

唇亡齿寒：自然环境的整体性

亡：没有。嘴唇没有了，牙齿就会感到寒冷。①

比喻双方关系密切，相互依存，利害相关。

《左传·僖公五年》：晋侯复假道于虞以伐虢。宫之奇谏曰：‘虢，虞之表也。虢亡，虞必从之。晋不可启，寇不可玩，一之谓甚，其可再乎！谚所谓‘辅车相依，唇亡齿寒’者，其虞、虢之谓也。”

《晋书·陶侃传》：“实恐理失于亡，事败于外，毫厘之差，将至千里，使荆蛮乖离，西嵎不守，唇亡齿寒，侵逼无限也。”

《红楼梦》第七十三回：“探春冷笑道：‘俗语说的，‘物伤其类，唇亡齿寒，’我自然有些心惊么。’”②

一、自然环境的整体性

能量转换和物质循环是自然地理环境最基本的运动形式，在这个运动的过程中，自然地理环境的某一要素必然影响另外的要素，某一部分必然影响另外的部分，它们相互作用、相互联系，共同组成自然地理环境的整体。这就是内存联系性，该属性是整体性最基本的内容。

在自然地理环境内部，各组成要素和组成部分按某种地带性规律，以一定的方式进行排列组合，从而呈现其特定的空间结构。这就是空间组合性，该属性是内在联系性在空间上的反映。

①② 刘万国，侯文富．中华成语大词典[M]．修订版．北京：北大青鸟电子出版社，2004：427.

自然地理环境外部的能量和物质输入具有可变性和阶段性，同时，所有组成要素和组成部分都有其自身演化发展的特点，从而使自然地理环境的整体始终处在不断演化发展的过程中。这就是动态演变性，该属性是内在联系性在时间上的反映。

整体性规律的表现有三个方面：

（1）构成自然地理环境的要素包括气候、地形、水文、岩石、生物、土壤等，每一要素的变化都会影响其他要素。比如地形坡度会对岩石风化作用的强弱有影响，这是地形对岩石的影响。

（2）某一要素的变化可能导致整体改变。比如黄土高原的环境变迁：过度砍伐、开垦、放牧等导致植被破坏，而植被破坏又会导致水土流失，水土流失导致土壤贫瘠和沟壑纵横，最终导致生态恶化。这就是所谓的“牵一发而动全身”。

（3）某一要素的变化可能影响其他地区。研究表明，当西风势力强劲的时候，我国西北地区更多的沙漠粉尘及黄土颗粒被风力搬运到北太平洋沉降到海洋，颗粒中包含的铁离子成为鱼类重要的营养物质。即我国西北地区的粉尘迁移，会影响北太平洋的鱼类生长。

二、相关高考地理试题示例

（一）2009 年高考安徽文综卷地理 33 题

33. 根据材料和图 5.1.1，结合所学知识，回答下列问题。

新疆罗布泊水面在古代曾经超过 3000 平方千米，100 多年前尚存 500 多平方千米，1972 年完全干涸。塔里木河曾经是罗布泊的主要水源。20 世纪后半期，塔里木河流域修建水库 200 多座，耕地面积扩大约 1 倍。

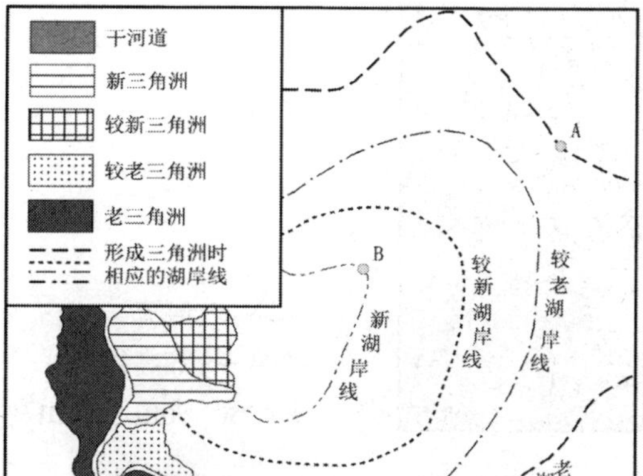

图 5.1.1　古罗布泊湖岸线及河流入湖口三角洲分布示意图（改绘）

（1）指出自A地至B地地势的变化，并说明理由。

（2）运用地理环境整体性原理，说明三角洲位置变化的主要过程。

（3）简述罗布泊的干涸对干旱区流域开发的启示。

【答案】

（1）地势逐渐降低。自A地至B地湖岸线由老到新，湖面逐渐萎缩，老湖岸线海拔高，新湖岸线海拔低。（也可根据水流方向或湖盆地势特点判断）

（2）地理环境是各要素相互联系、相互渗透和相互影响的整体；受气候和人类活动等因素的影响，注入罗布泊的水量减少，湖泊水位下降，河流入湖口向湖心延伸，三角洲位置前移；后来，河流水量锐减，搬运作用显著减弱，三角洲位置后退。

（3）充分考虑流域地理环境整体性，因地制宜进行综合开发。统筹上、中、下游用水，协调生活、生产、生态用水关系；控制人口过快增长和资源开发规模，调整产业结构，节约和合理利用水资源。

（二）2016年高考全国文综卷（课标Ⅰ）地理37题

37. 阅读图文材料，完成下列要求。

某科考队于8月考察堪察加半岛。考察中发现，堪察加半岛北部发育苔原，南部生长森林；东西向气候区域差异显著；大型植食性和肉食性野生动物数量较少，但冬眠、杂食性且善捕鱼的熊的数量较多；大量来自海洋的鲑鱼溯河流而上，成为熊的重要食物。下图示意堪察加半岛的地形。

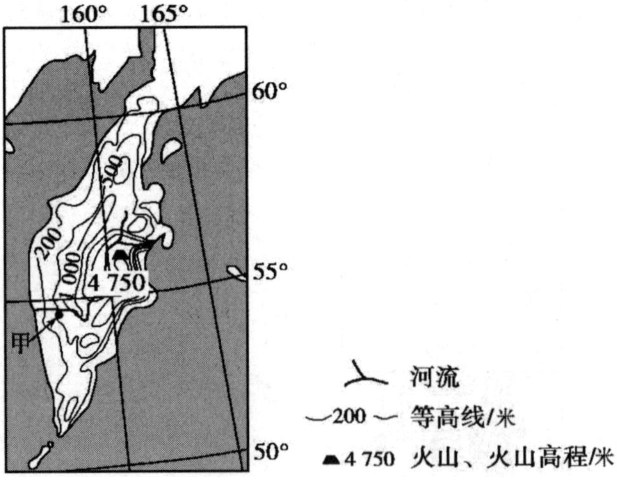

图5.1.2 堪察加半岛的地形

（1）说明堪察加半岛地形对气候区域差异的影响。

（2）分析堪察加半岛大型植食性和肉食性野生动物数量较少的原因。

【答案】（1）山脉大致呈南北向，阻挡季风，形成多雨区和雨影区；地形高差大，形成气候垂直差异。

（2）纬度高，植物生长缓慢，食物供应量少；环境空间差别大，适宜生存的空间小；冬季寒冷漫长，生存条件恶劣。

【解析】（1）本题主要考查地形因素对气候的影响。根据图中信息可知，堪察加半岛地处季风气候区，图中等高线反映山脉大致呈南北走向且高差较大。因此山脉对季风起阻挡作用，形成多雨区和雨影区，且形成明显的气候垂直分异。

（2）本题主要考查地理环境的整体性。关键信息是：气候影响植物生长，植物数量影响动物的数量，气候对动物生长也有影响。

【疑难突破】（1）地形对气候的影响，首先从材料中明确气候差异有：南北差异、东西差异，其中南北植被差异与纬度相关。其次结合地形特征：南北向山脉、高差大。最后运用地形对气温、降水的影响知识分析。

南橘北枳：自然环境的地域差异性

枳：落叶灌木，味苦酸，球形。也叫枸橘。①

南方之橘移植淮河之北就会变成枳。比喻同一物种因环境条件不同而发生变异。

《晏子春秋·内篇杂下》：橘生淮南则为橘，生于淮北则为枳，叶徒相似，其实味不同。所以然者何？水土异也。

明·冯梦龙《古今小说·晏平仲二桃杀三士》："名谓南橘北枳，便分两等。"②

一、自然环境的地域差异性

空间分异，就自然地理环境而言，简单地说就是六大自然地理环境要素或自然综合体沿着确定的方向（纬向、经向或垂向）发生分化而引起的差异。

（1）纬向地带性。表现为自然地理要素或自然综合体大致沿纬线延伸，按纬度发生有规律的排列，进而产生南北向的分化。在热量分带的基础上，各自然要素表现出明显的纬向地带性。对应于一定的热量带、气候、水文、风化壳和土壤、生物群落，乃至外力所形成地貌都具有对应该热量带热力特征的性质。于是产生了各自然要素或自然综合体沿纬度的地域分化。比如世界陆地自然带的分布，从低纬向高纬有规律地变化，从低纬的热带雨林带、热带草原带，过渡到亚热带常绿阔叶林带、亚热带常绿硬叶林带，到温带草原带、温带混交林带和温带落叶阔叶林带，再到亚寒带针叶林带，最后变为苔原带和冰原带。

（2）经向地带性。表现为自然地理要素或自然综合体大致沿经线方向延伸，按经度由海向陆发生有规律的东西向分化。经向地带性的本质在于干湿差异导致其他因素差异。实际上与经线无本质联系。比如中国北方地区自东向西地表景观的变化：自东向西地表植被由草原变为荒漠草原，再由荒漠草原变为荒漠。导致这种变化的原因就在于我国北方地区由东向西水分的逐渐减少。

（3）垂直地带性。自然地理要素和自然综合体大致沿等高线方向延伸，随地势高度，按垂直方向发生有规律的分异。山体高度越大，垂直带就越多。形成垂直地带性的必要条件是有足够高的山地（山地水热条件随高度发生变化）。

也有学者倾向于认为只有纬向地带性，把经向地带性和垂向地带性界定为非地带性。

①② 刘万国，侯文富．中华成语大词典[M]．修订版．北京：北大青鸟电子出版社，2004：2168.

二、相关高考地理试题示例

（一）2015 年高考广东卷地理 3 题

3. 有文献表述：“地带性就是地球形状和地球的运动特征引起地球上太阳辐射分布不均而产生有规律的分异”。按此理解，下列景观变化属于地带性的是（　　）

A. 非洲西部从赤道向南北出现的森林—草原—荒漠景观

B. 阿尔卑斯山从山麓向上出现的森林—草甸—寒漠景观

C. 内蒙古自治区从东向西出现的森林—草原—荒漠景观

D. 新疆维吾尔自治区塔里木盆地出现的荒漠—绿洲景观

【答案】A

【解析】本题考查自然带地域分异规律。依文献表述，该地带性是指纬度地带性，非洲西部从赤道向南北出现的森林—草原—荒漠景观是典型的纬度地带性现象，故选 A。B 选项表现的是山地垂直地带性；C 选项表现的是经度地带性；D 选项表现的是非地带性现象，故 B 、C 、D 三项都不符合题意。

第二节 常见自然灾害与防灾减灾

“地动山摇”部分详细介绍了地震的概念、成因、分布、影响和应对措施，列析了一道高考试题。

“曹冲称象”部分则以“台风诱发慢地震”为例，详细阐述了化整为零这一科学思维和方法，并对涉及该成语的一道高考试题进行了评析。

地动山摇：都是地震惹的祸

地震发生时大地颤动，山河摇摆。

宋·欧阳修《欧阳文忠公集·奏议集一二·论修河第一状》：“地贵安静，动而有声……臣恐地动山摇，灾祸自此而始。”

形容声势浩大或斗争激烈。

《敦煌变文集·伍子胥变文》：“子胥祭了，发声大哭，感得日月无光，江河混沸。忽即云昏雾暗，地动山摧。”

宋·吴曾《能改斋漫录·始事二》：“至酉时，鼓角大鸣，地动山摇。”

明·凌濛初《二刻拍案惊奇》第三十一卷：“诸生读罢祭文，放声大哭。哭得山摇地动，闻之者无不泪流。”

亦作“地动山摧”“山摇地动”。

林斤澜《春雷》：“他胯下的坐骑，两眼放亮光，呼吸如春雷，脚步到处，地动山摇。”①

向春《煤城怒火》第十五章：“他（小岛）认为煤城的共产党一出世就地动山摇，没法招架。”②

一、地震概述

（一）地震、震源和震中

地震指某种自然或人为原因引起的地球特别是岩石圈的快速震动。一般地震指自然作用产生的震动，它主要是岩石圈内能量积累和释放的一种形式，也是自然界经常发生的一种地质作用。人为的原因也可以造成地震，称为人工地震。地球上差不多天天都有地震，一年数以百万次计；但其中绝大部分是人们觉察不到的无感地震。

① 林斤澜．春雷 [EB/OL]. [2015-02-23]. http://www.chengyuw.com/doc-view-2012.html.

② 向春．煤城怒火 [EB/OL]. [2015-02-23]. http://www.chengyuw.com/doc-view-2012.html.

震源是地壳或地幔内部发生地震的地方。

震源在地面上的垂直投影点叫震中。

（二）震源深度

地震不是发生在地表，而是有一定深度，绝大部分是在地壳里面，也有深入地幔的。从震中到震源的距离叫震源深度。

地震按震源深度可以分为：浅源地震（深度0~70千米）；中源地震（深度70~100千米）；深源地震（深度超过300千米），目前已知最深地震为1934年6月29日发生于印度尼西亚苏拉威西岛东边的6.9级地震，震源深度为720千米。

大多数地震属于浅源地震，约占地震总数的72.5%，所释放的能量占地震总能量的85%；破坏性最大的地震震源深度多在10~20千米，一般不超过10千米。中源地震发震次数较少，占地震总数的23.5%，释放能量约占总能量的12%；深源地震仅占地震总数的4%，释放能量只占总能量的3%左右。有的中、深源地震尽管震级很大，但危害较小。

（三）震中距和震源距

震中距是从震中到某一观测点（如地震台）的地面距离。通常把震中距小于100千米的地震，叫地方震；100~1000千米的叫近震；超过1000千米的叫远震。

震源距是从震源到地面某一地震台站的距离。

（四）震级

震级代表地震本身释放能量的多少，是根据地震仪记录的地震波最大振幅经过计算求出的，它是一个量纲为一的数值。震级由于每次地震所积蓄的能量是有一定限度的，所以地震的震级也不会无限大。一次地震只有一个震级。一般我们说的震级都是里氏震级。用里氏的测算方法计算，目前已知最大的地震是2011年3月11日在日本东北部海域发生的9.0级地震；最小的地震已可用高倍率的微震仪测到–3级。

地震震级 M 与所释放能量 E 之间的关系为

$$\lg E=11.8+1.5M \tag{1}$$

据式（1）可知，震级相差1级，能量相差约32倍。如一次8级地震的释放能量相当于32次7级地震所释放能量的总和。

按照震级大小，可以把地震划分为微震、弱震、强震和大震。

微震：震级小于3的地震，人们不能感觉，只有靠仪器测出。

弱震：又称小震，震级大于3小于5的地震，人们可以感觉到，但一般不会造成破坏。

强震：又称中震，震级大于5小于7的地震，可以造成不同程度的破坏。

大震：指 7 级及其以上的地震，常造成极大的破坏。

【延伸阅读】唐山 7.8 级地震所释放的能量相当于 400 颗广岛原子弹，据此可以计算：

（1）汶川 8.0 级地震大概相关于多少颗广岛原子弹所释放能量；

（2）广岛原子弹相当于几级地震所释放能量。

【解析】（1）唐山 7.8 级地震能量与震级关系为 $\lg E_T=11.8+1.5\times7.8$

汶川 8.0 级地震能量与震级关系为 $\lg E_W=11.8+1.5\times8.0$

$E_T=10^{(11.8+1.5\times7.8)}$

$E_W=10^{(11.8+1.5\times8.0)}$

$E_W/E_T=10^{(11.8+1.5\times7.8)}/10^{(11.8+1.5\times8.0)}=10^{[(11.8+1.5\times7.8)-(11.8+1.5\times8.0)]}=10^{0.3}$

≈ 2

即汶川 8.0 级地震大概相当于 800 颗广岛原子弹所释放能量。

（2）设广岛原子弹相当于 N 级地震所释放能量，则有

$E_T/E_N=10^{(11.8+1.5\times7.8)}/10^{(11.8+1.5\times N)}=10^{[(11.8+1.5\times7.8)-(11.8+1.5\times N)]}$

$=10^{1.5\times(7.8-N)}=400$

$N\approx 6$

即广岛原子弹大致相当于 6 级地震所释放能量。

（五）烈度

地震对地表和建筑物等破坏强弱的程度，称为地震烈度。显然，一次地震只有一个震级，但有若干烈度。

1. 影响烈度的因素。影响地震烈度的因素有很多，包括：

（1）地震震级：一般说来，在其他条件相同的情况下，震级越高，震中烈度也越大，地震影响波及的范围也越广。

（2）震源深度：如果震级相同，则震源越浅，对地表的破坏性越大。

（3）震中距：在震级和震源深度相同的情况下，烈度与震中距一般呈负相关。

（4）土壤和地质条件。

（5）建筑物性能。

（6）其他：如震源机制、地貌和地下水位等。

2. 中国地震烈度表（2008）。由中国地震局提出，全国地震标准化技术委员会（SAC/TC225）归口，中国地震局工程力学研究所、中国地震局地球物理研究所起草了《中国地震烈度表》（GB/T 17742—2008），见表 5.2.1。

表 5.2.1　中国地震烈度表 (GB/T 17742—2008)

地震烈度	人的感觉	房屋震害			其他震害现象	水平向地面运动	
		类型	震害程度	平均震害指数		峰值加速度 米 / 秒 ^{2}	峰值速度 米 / 秒
Ⅰ	无感	–	–	–	–	–	–
Ⅱ	室内个别静止中人有感觉	–	–	–	–	–	–
Ⅲ	室内少数静止中人有感觉	–	门、窗轻微作响	–	悬挂物微动	–	–
Ⅳ	室内多数人、室外少数人有感觉，少数人梦中惊醒	–	门、窗作响	–	悬挂物明显摆动，器皿作响	–	–
Ⅴ	室内绝大多数、室外多数人有感觉，多数人梦中惊醒	–	门窗、屋顶、屋架颤动作响，灰土掉落，个别房屋抹灰出现细微细裂缝，个别有檐瓦掉落，个别屋顶烟囱掉砖	–	悬挂物大幅度晃动，不稳定器物摇动或翻倒	0.31（0.22~0.44）	0.03（0.02~0.04）
Ⅵ	多数人站立不稳，少数人惊逃户外	A	少数中等破坏，多数轻微破坏和 / 或基本完好	0.00~0.11	家具和物品移动；河岸和松软土出现裂缝，饱和沙层出现喷沙冒水；个别独立砖烟囱轻度裂缝	0.63（0.45~0.89）	0.06（0.05~0.09）
		B	个别中等破坏，少数轻微破坏，多数基本完好				
		C	个别轻微破坏，大多数基本完好	0.00~0.08			

续表

地震烈度	人的感觉	房屋震害			其他震害现象	水平向地面运动	
		类型	震害程度	平均震害指数		峰值加速度 米/秒^2	峰值速度 米/秒
Ⅶ	大多数人惊逃户外，骑自行车的人有感觉，行驶中的汽车驾乘人员有感觉	A	少数毁坏和/或严重破坏，多数中等和/或轻微破坏	0.09~0.31	物体从架子上掉落；河岸出现塌方，饱和沙层常见喷水冒沙，松软土地上地裂缝较多；大多数独立砖烟囱中等破坏	1.25（0.90~1.77）	0.13（0.10~0.18）
		B	少数毁坏，多数严重和/或中等破坏				
		C	个别毁坏，少数严重破坏，多数中等和/或轻微破坏	0.07~0.22			
Ⅷ	多数人摇晃颠簸，行走困难	A	少数毁坏，多数严重和/或中等破坏	0.29~0.51	干硬土上出现裂缝，饱和沙层绝大多数喷沙冒水；大多数独立砖烟囱严重破坏	2.50（1.78~3.53）	0.25（0.19~0.35）
		B	个别毁坏，少数严重破坏，多数中等和/或轻微破坏				
		C	少数严重和/或中等破坏，多数轻微破坏	0.20~0.40			
Ⅸ	行动的人摔倒	A	多数严重破坏或/和毁坏	0.49~0.71	干硬土上多处出现裂缝，可见基岩裂缝、错动，滑坡、塌方；独立砖烟囱多数倒塌	5.00（3.54~7.07）	0.50（0.36~0.71）
		B	少数毁坏，多数严重和/或中等破坏				
		C	少数毁坏和/或严重破坏，多数中等和/或轻微破坏	0.38~0.60			

续表

地震烈度	人的感觉	房屋震害			其他震害现象	水平向地面运动	
		类型	震害程度	平均震害指数		峰值加速度米/秒^2	峰值速度米/秒
X	骑自行车的人会摔倒，处不稳状态的人会摔离原地，有抛起感	A	绝大多数毁坏	0.69~0.91	山崩和地震断裂出现；基岩上拱桥破坏；大多数独立砖烟囱从根部破坏或倒毁	10.00（7.08~14.14）	1.00（0.72~1.41）
		B	大多数毁坏				
		C	多数毁坏和/或严重破坏	0.58~0.80			
XI		A	绝大多数毁坏	0.89~1.00	地震断裂延续很大，大量山崩滑坡	–	–
		B					
		C		0.78~1.00			
XII	–	A	几乎全部毁坏	1.00	地面剧烈变化，山河改观	–	–
		B					
		C					

备注：

1. 地震烈度划分为 12 等级，分别用罗马数字Ⅰ、Ⅱ、Ⅲ、Ⅳ、Ⅴ、Ⅵ、Ⅶ、Ⅷ、Ⅸ、Ⅹ、Ⅺ和Ⅻ表示。

2. 用于评定烈度的房屋，包括以下三种类型：

A 类：木构架和土、石、砖墙建造的旧式房屋；

B 类：未经抗震设防的单层或多层砖砌体房屋；

C 类：按照Ⅶ度抗震设防的单层或多层砖砌体房屋。

3. 表中的数量词："个别"为 10% 以下；"少数"为 10%~45%；"多数"为 40%~70%；"大多数"为 60%~90%；"绝大多数"为 80% 以上。

房屋破坏等级及其对应的震害指数。房屋破坏等级分为基本完好、轻微破坏、中等破坏、严重破坏和毁坏五类，其定义和对应的震害指数 d 如下：

（1）基本完好：承重和非承重构件完好，或个别非承重构件轻微损坏，不加修理可继续使用。对应的震害指数范围为 $0.00 \leq d < 0.10$。

（2）轻微破坏：个别承重构件出现可见裂缝，非承重构件有明显裂缝，不需要修理或稍加修理即可继续使用。对应的震害指数范围为 $0.10 \leq d < 0.30$。

（3）中等破坏：多数承重构件出现轻微裂缝，部分有明显裂缝，个别非承重构件破坏严重，需要一般修理后可使用。对应的震害指数范围为 $0.30 \leq d < 0.55$。

（4）严重破坏：多数承重构件破坏较严重，非承重构件局部倒塌，房屋修复困难。对应的震害指数范围为 $0.55 \leq d < 0.85$。

（5）毁坏：多数承重构件严重破坏，房屋结构濒于崩溃或已倒毁，已无修复可能。对应的震害指数范围为 $0.85 \leq d \leq 1.00$。

3. 等震线。在宏观地震烈度调查后，把各调查点的烈度标记在地图上，然后把烈度相同的点连成封闭的曲线，这样的线叫等震线，由不同等震线所组成的平面图叫等震线图。实际上，等震线就是不同烈度区的分界线。

二、地震成因和类型

引起地震的原因很多，据此可分为构造地震、火山地震、冲击地震、诱发地震。

（一）构造地震

构造地震是由构造变动特别是断裂活动所产生的地震。全球绝大多数地震是构造地震，约占地震总数的90%。其中大多数又属于浅源地震，影响范围广，对地面及建筑物的破坏非常强烈，常引起生命财产的重大损失。

在一定时间内（几天，几周，几年），在同一地质构造带上或同一震源体内，可发生一系列大大小小具有成因联系的地震，这样的一系列地震叫地震序列。在一个地震序列中，如果有一次地震特别大，称为主震；在主震之前往往发生一系列微弱或较小的地震，称为前震；在主震之后也常常发生一系列小于主震的地震，称为余震。

根据1949年10月以来我国所发生强震的分析研究，地震序列可以归纳为3种类型：

（1）单发型地震：又称孤立型地震。这种地震的前震和余震都很少而且微弱，并与主震震级相差悬殊，整个序列的地震能量几乎全部通过主震释放出来。此类地震较少。

（2）主震型地震：是一种最常见的类型，主震震级特别突出，释放出的能量约占全系列的90%以上；前震或有或无，但有很多余震。

（3）震群型地震：由许多次震级相近的地震组成地震序列，没有突出的主震。此类地震的前震和余震多而且较大，常成群出现，活动时间持续较长，衰减速度较慢，活动范围较大。有时这种类型的地震是由两个主震型地震组合在一起形成的。

（二）火山地震

指火山活动引起的地震。这种地震可以是直接由火山爆发引起地震；也可能是因火山活动引起构造变动，从而发生地震；或者是因构造变动引起火山喷发，从而导致地震。因此，火山地震与构造地震常有密切关系。

火山地震的强度一般不大，震源较浅，一般不超过10千米，影响范围小。这类地震为数不多，约占地震总数的7%。

有些地震发生在火山附近，震源深度为1~10千米，其发生与火山喷发活动没有直接或明确的关系，但与地下岩浆或气体状态变化所产生的地应力分布的变化有关，这种地震称为A型火山地震。还有些地震集中发生在活火山口附近的狭小范围内，震源深度浅于1千米，影响范围很小，称为B型火山地震。有时地下岩浆冲至接近地面，但未喷出地表，也可以产生地震，称为潜火山地震。

（三）冲击地震

这种地震因山崩、滑坡等引起，或因碳酸盐岩地区岩层受地下水长期溶蚀形成许多地下溶洞，洞顶塌落引起。后者又称塌陷地震。本类地震为数很少，约占地震总数的3%。震源很浅，影响范围小，震级也不高。

（四）诱发地震

诱发地震，指由于人为的干预，譬如核爆炸、化学爆炸、采矿、蓄水，原本已经积蓄到一定程度的能量释放出来，进而导致地震发生。有些地方原来没有或很少发生地震，后来由于修了水库，经常发生地震，称为水库地震。说明这种地震与水的作用有关，当然也与一定的构造和地层条件有关，而水的作用只是一种诱发因素。此外，因深井注水、地下抽水等也可触发地震。

三、地震的分布

（一）时间分布规律

根据历史地震资料，在全世界、一个地区或一个地震带，在一段时间内表现为多震的活跃期，在另外一段时间内则表现为少震的平静期。这种活跃期和平静期交替出现的现象，叫地震的周期性或地震的间歇性。在一个地震带内，又往往表现为自己特有的周期性。

具体到一个活动断裂带或地震带，活跃期和平静期交替出现的情况也很明显。这种地震活动的周期性现象，是一个地震带的应变积累和释放的全过程的表现。

（二）地震的空间分布

地震震中集中分布的地带，称为地震带。从世界范围看，有些地区没有或很少有地震，有些地区则地震频繁而强烈。地震带往往与活动性很强的地质构造带一致。

1. 全球地震带的分布。全球地震带的分布包括环太平洋地震带、地中海—喜马拉雅地震带、大洋中脊（海岭）地震带、大陆断裂地震带（图5.2.1）。

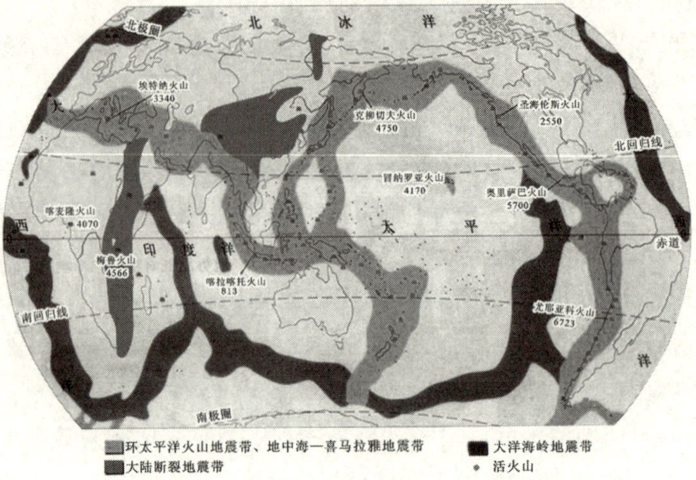

图 5.2.1　全球地震带分布示意图

（1）环太平洋地震带：全世界约 80%的浅源地震、90%的中源地震和几乎全部深源地震都发生在这一带。所释放的地震能量约占全世界地震能量的 80%，但其面积仅占世界地震总面积的一半。

（2）地中海—喜马拉雅地震带：这是一条横跨欧亚大陆，并包括非洲北部，大致呈东西方向的地震带，总长约 15000 千米，宽度各地不一，在大陆部分常有较大的宽度，并有分支现象。太平洋地震带外几乎其余的较大浅源地震和中源地震都发生在这一带。释放能量占全世界地震释放总能量的 15%。

（3）大洋中脊（海岭）地震带：①大西洋中脊（海岭）地震带。自斯匹次卑尔根岛经冰岛向南沿亚速尔群岛、圣保罗岛等至南桑德韦奇群岛、色维尔岛，沿大西洋中脊分布，向东与印度洋南部分叉的海岭地震带相连。②印度洋海岭地震带。从亚丁湾开始，沿阿拉伯—印度海岭，南延至中印度洋海岭；向北在地中海与地中海—南亚地震带相连；向南到南印度洋分为两支，东支向东南经澳大利亚南部，在新西兰与环太平洋带相接；西支向西南绕过非洲南部与大西洋中脊地震带相接。③东太平洋中隆地震带。从中美加拉帕戈斯群岛起向南至复活节岛一带，分为东西二支，东支向东南在智利南部与环太平洋地震带相接；西支向西南在新西兰以南与环太平洋地震带和印度洋海岭地震带相连。以上三带皆以浅源地震为主。

（4）大陆断裂地震带：分布于一些区域性断裂带或地堑构造带，主要有东非大断裂带，红海地堑，亚丁湾及死海，贝加尔湖以及太平洋夏威夷群岛等。此带主要为浅源地震。

上述各地震带的分布，基本上与板块的各类分界线一致。

2. 中国地震活动带的分布

我国地震活动带分为五带 23 区（图 5.2.2）

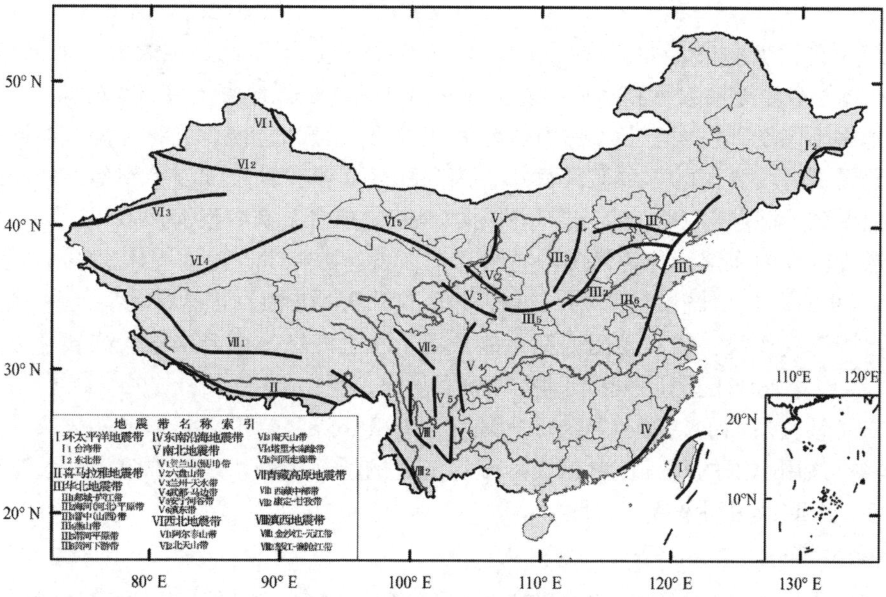

图 5.2.2　中国地震活动带示意图

（1）华北地区（含东北南部）：包括郯城—庐江带（沿郯庐断裂，从安徽庐江经山东郯城，穿越渤海至辽东半岛、沈阳一带），燕山带，河北平原带（太行山东麓），山西带（主要沿汾河地堑），渭河平原带（主要沿渭河地堑）。

（2）东南沿海地区：包括东南沿海带（主要在福建及广东潮汕地区），台湾西部带，台湾东部带。

（3）西北地区：包括银川带，六盘山带，天水—兰州带，河西走廊带，塔里木南缘带，南天山带，北天山带。

（4）西南地区：包括武都—马边带，康定—甘孜带，安宁河谷带，滇东带，滇西带，腾冲—澜沧带，西藏察隅带，西藏中部带。

（5）东北深震带：主要在吉林、黑龙江的东部。

四、地震的危害

地震灾害，一般包括直接灾害、次生灾害和诱发灾害。

（一）直接灾害

由于地震直接导致的房倒屋塌、人员伤亡等灾害。

（二）次生灾害

地震次生灾害是指地震引起的一系列其他灾害。地震次生灾害大致可分为两大类：

一是自然层面的，如滑坡、堰塞湖、崩塌落石、泥石流、地裂缝、地面塌陷、沙土液化等次生地质灾害和水灾，发生在深海地区的强烈地震还可引起海啸。

地震不仅发生在大陆上（称为陆震），也常发生于大洋底部，称为海震。同样级别的地震，海震要比陆震的破坏性小，因为陆震横渡和纵波都能传到地面，而海震只能把纵波传播上来（由于海水不能传播横波）。但是，有时候海震可以掀动上覆的海水形成巨大的海浪，称为海啸。这种海浪波长达数百米，振动周期也很长，为15分钟~1小时，在广阔的大洋中，这种波浪不明显，波浪高度也较小，但一接近海岸，由于海底变浅，波浪受阻变高，能量集中冲上海岸，可产生极大的破坏力。在2004年12月26日的印尼8.7级地震导致大海啸，死亡29万人。

二是社会层面的，如道路破坏导致交通瘫痪、煤气管道破裂形成的火灾、下水道损坏对饮用水源的污染、电信设施破坏造成的通信中断，还有瘟疫流行、工厂毒气污染、医院细菌污染或放射性污染等。

（三）诱发灾害

诱发灾害指地震导致社会功能性在一定程度上的瓦解，也有把这种诱发灾害叫第三次灾害或社会灾害。如社会秩序混乱、生产停滞、家庭破坏、生活困苦和人们心理的损害等。

五、地震的应对

地震应对措施包括震前应对措施、震时应对措施和震后应对措施。本文主要就部分震前应对措施（预报预测、防震教育、抗震设计）和一项震时措施（地震预警）进行简单分析。

（一）地震预报、预测

2009年5月1日，《中华人民共和国防震减灾法》开始施行。其中第26条规定：国务院地震工作主管部门和县级以上地方人民政府负责管理地震工作的部门或者机构，根据地震监测信息研究结果，对可能发生地震的地点、时间和震级作出预测。这也就意味着今后地震预报工作过程中如有发生失察、失当行为，将在法律层面上以“不作为”来追究责任。

在很多时候，地震预报和预测被混为一谈。严格意义上讲，地震预测属于科学研究范畴，主要预测哪里会或即将发生地震；预测并没有官方的声音。而地震预报则只能由政府官方来发布，由政府对来自科学家的地震预测进行科学评估，做出预报与否的决定。个体可以预测，但不能预报。

1. 地震预测内容。地震预测的内容包括三个方面，即地震发生的地点、时间和强度（震级）。

另外，对于专业工作者来说，还要给一个预报概率，即有多大的可能性，跟天气预报一样，以及说如果发生，它的灾害可能是多大的程度，包含灾害预测。

2. 地震预报四类型——基于时间的角度。地震预报可分为长期预报（预报 10 年或更长期的地震活动情况）、中期预报（预报数年内的地震活动情况）、短期预报（预报几天到半个月内将要发生的地震）和临震警报（预报 24 小时或几小时内即将发生的地震）。

3. 地震预测方式。

（1）地震地质方向。这种方法是认识地震孕育和发生的物理过程，研究地震发生的地质构造特点。一方面需要监测岩层受力及变形情况；另一方面，地震是能量积累到岩层临界点时的一种释放，因此需要确定临界值。

人们目前还不能深入地球内部直接或间接观测其介质的物化状态及其变化过程，而只能做到在地面上进行某些物理量的观测，有时这种观测是不完全或不完善的，甚至也不能确知这种观测的物理量异常变化是否与地震发生真正相关。这就是地震预测研究工作进展缓慢的原因。岩层发生断裂的最大受力临界值，目前很难判断。

（2）统计。着重地震统计，即运用数理统计方法，设法得出地震发生的规律，特别是地震发生时间序列的规律，这种根据过去以推测未来的方法，可称为地震统计方向。

汶川地震发生后，有两篇“经典”论文[①②]逐渐为人熟知。

龙小霞一文利用可公度方法，得出“在 2008 年左右，川滇地区有可能发生≥ 6.7 级强烈地震”的结论；陈学忠一文则利用统计方法，得出“在 2008 年左右，川滇地区有可能发生≥ 6.7 级强烈地震”的结论。

我们知道，地震活动具有周期性，即能量积累期和能量释放期相间。但上述二文至少存在两方面的问题：一是方法的科学性；二是结论的适用性。

（3）前兆。地震前兆可能在地震前发生，也可能在地震后发生；地震前兆可能离震中很近，也可能离震中很远；地震前兆可能由地震所引起，也可能由非地震现象所引起。可见这些地震前兆完全可以由诸多非地震因素引发，即使是由地震所引起，我们也根本无法据此判断地震可能发生的时间、地点。

1）地震常见前兆。地震是地球内能的一种释放形式。可能看过电影《唐山大地震》的观众对片头地震发生前一天蜻蜓满天飞的情形还有印象。电影似乎从片头就以这

① 龙小霞，延军平，孙虎，等．基于可公度方法的川滇地区地震趋势研究 [J]. 灾害学，2006，21（3）：82-84.

② 陈学忠．四川地区 7 级以上地震危险性分析 [J]. 国际地震动态，2002（12）：5-8.

样一种“地震前兆”的形式预示地震即将来临。

地震前兆，指地震发生前在自然界发生的与地震有关的异常现象，包括微观前兆和宏观前兆两大类。常见的地震前兆类型和现象成百上千，包括地下水异常、生物异常、气象异常、地声异常、地光异常、地气异常、地动异常、地鼓异常、电磁异常等。①

地下水异常包括地下水中氡气含量或其他化学成分的变化；发混、冒泡、翻花、升温、变色、变味、突升、突降、井孔变形、泉源突然枯竭或涌出等。

动物异常表现，如牛、马、驴、骡惊慌不安，不进厩，不进食，乱闹乱叫，打群架，挣断缰绳逃跑，蹬地，刨地，行走中突然惊跑等。除此之外，有些植物在震前也有异常反应，如不适季节的发芽、开花、结果或大面积枯萎与异常繁茂等。

气象异常主要有震前闷热，人焦灼烦躁，久旱不雨或霪雨绵绵，黄雾四塞，日光晦暗，怪风狂起，六月冰雹等。

地声异常是指地震前来自地下的声音。其声有如炮响雷鸣，也有如重车行驶、大风鼓荡等多种多样。

地光异常指地震前来自地下的光亮，其颜色多种多样，可见到日常生活中罕见的混合色，如银蓝色、白紫色等，但以红色与白色为主；其形态也各异，有带状、球状、柱状、弥漫状等。一般地光出现的范围较大，多在震前几小时到几分钟内出现，持续几秒钟。

地气异常指地震前来自地下的雾气，又称地气雾或地雾。这种雾气，具有白、黑、黄等多种颜色，有时无色，常在震前几天至几分钟内出现，常伴随怪味，有时伴有声响或带有高温。

地动异常是指地震前地面出现的晃动。地震时地面剧烈振动，是众所周知的现象。但地震尚未发生之前，有时感到地面也晃动，这种晃动与地震时不同，摆动得十分缓慢，地震仪常记录不到，但很多人可以感觉得到。

地鼓异常指地震前地面上出现鼓包。

电磁异常指地震前家用电器如收音机、电视机、日光灯等出现的异常。最为常见的电磁异常是收音机失灵，在北方地区日光灯在震前自明也较为常见。

民间有关于地震前兆的歌谣，如：

震前动物有前兆，发现异常要报告；
牛马骡羊不进圈，猪不吃食狗乱咬；
鸭不下水岸上闹，鸡飞上树高声叫；
冰天雪地蛇出洞，大量蟾蜍搬家逃；

① 百度百科．地震前兆．[EB/OL]．[2015-1-18]．http：//baike.baidu.com/view/249374.htm?fr=Aladdin.

兔子竖耳蹦又撞，鱼儿惊慌水面跳；

蜜蜂群迁闹哄哄，鸽子惊飞不回巢。

2）地震前兆与地震之间的关系。正如前文对成语“狐假虎威”所分析的那样，有关地震前兆与地震之间的关系，首先要确定二者之间的相关性，其次要探讨二者之间的成因联系。具体而言，有三个至关重要的问题需要解决：

①地震前兆是否只在地震发生之前出现。仅以发生于 2008 年 5 月 12 日的汶川地震为例，在地震发生以后，网上即有人贴出“2008 年 5 月 9 日，江苏泰州市区东风大桥上突然出现数万只小蟾蜍集体迁移”，进而发出感叹：养专家不如养蟾蜍！

经简单不完全查询，在汶川地震之前，涉及大规模蟾蜍迁移的现象有很多：

2005 年 7 月：吉林长春上万只蟾蜍集体大迁移；

2006 年 5 月：四川绵竹发生了上万只蟾蜍集体大迁移；

2007 年 5 月：四川绵竹发生了上万只蟾蜍集体大迁移；

2007 年 5 月 23 日：河北唐山成千上万只蟾蜍大迁移；

2007 年 9 月 19 日：山东临沂成千上万只蟾蜍大迁移。

其中，大致在汶川地震发生前几天的大规模蟾蜍迁移现象：

2008 年 5 月 4 日：江苏省江都市武坚镇新楼村约数百万只蟾蜍在该村刘垛闸附近扎堆出现；

2008 年 5 月 5 日：四川省绵竹市西南镇檀木村出现大规模蟾蜍迁徙，数十万只蟾蜍走上马路；

2008 年 5 月 9 日：江苏省泰州市的东风大桥上突然出现数万只小蟾蜍；

2008 年 5 月 11 日：江苏省常熟市古里镇珠泾苑数万只小蟾蜍迁徙；

在汶川地震之后，涉及大规模蟾蜍迁移的现象也有很多：

2009 年 2 月 3 日：四川省雅安市某村连续三天晚上 8 时之后出现了大量蟾蜍集体上岸、上坎、上路、进家院现象；

2009 年 5 月 5 日：四川省绵阳市安州区桑枣镇香溪村 4 组上百万只蟾蜍出现。

由此可见，大规模蟾蜍迁移的现象在汶川地震发生之前即普遍存在，而在汶川地震发生之后也普遍存在。“前兆”一说从何体现？即使假定地震前的大规模蟾蜍迁移现象是地震的前兆，我们如何根据这些前兆来判定地震发生的时间？

②地震前兆是否只在震中附近出现。同时，有关汶川地震的所谓前兆还有很多，如：

2008 年 4 月 26 日早上 7 时，湖北省恩施市白果乡下村坝村直径约百米、水深数十米、常年不干的观音塘约 8 万立方米的蓄水 5 小时内全部消失，水面突然出现漩涡，并伴有轰鸣声。

2008 年 5 月 12 日 13 点 56 分，天水市秦州区南廓寺出现百年罕见佛光。

汶川地震前，深圳野生动物园出现“鸵鸟成群狂奔、大雁集体拒食、亚洲象不断长鸣、长角羚羊焦躁不安”等现象。

2008年5月9日，山东临沂看见大片地震云。

可见，这些“前兆”发生的地方离汶川地震发生地点有的相对较近，如甘肃天水、湖北恩施；有的相对很远，如深圳、临沂。

从上述大规模蟾蜍迁移现象也可以看出，所谓的“前兆”可以在离汶川很远的地方出现（如江苏泰州、吉林长春、河北唐山、山东临沂、江苏江都、江苏泰州、江苏常熟），也可以在离汶川很近的地方出现(如四川绵竹）。我们又如何根据这些“前兆”判断地震发生的地点呢?

③地震前兆可否由非地震现象引起。对电影《唐山大地震》片头描述的地震发生前一天蜻蜓满天飞的情形还有印象的观众，不知道可还记得片中蜻蜓满天飞时父子之间的一段对话：

儿子：爸爸，怎么那么多蜻蜓呢?

父亲：这是要憋着一场大雨呢。

从逻辑上讲，这段对话其实在一定程度上揭示了地震前兆可能由非地震现象引起。

上文所提及的诸多常见地震前兆现象往往并不一定是由地震引起的，要注意与非震干扰因素加以区别。例如地下水位的升降就与气候（降雨、蒸发、气温、气压、干旱等)、人为因素（包括灌溉、开采、注水、排水等）、水文、地质、土壤、生物等有关。再如动物异常往往与天气变化、饲养条件的改变、生存条件的变化（如水体污染、敌害侵扰）以及动物本身的生理状态变化（如动物生病、发情）等有关。植物异常的因素则可能包括植物生长发育中遭病虫害或气象异变、地表形变等。因此，我们必须在首先识别出这些变化原因的基础上，再来考虑是否与地震有关。

从成语“狐假虎威”的角度分析，即地震前兆即使与地震有良好相关性，也并不代表二者之间有必然的成因联系。

综上所述，所谓的地震前兆可能在地震前发生，也可能在地震后发生；所谓的地震前兆可能离震中很近，也可能离震中很远；所谓的地震前兆可能由地震所引起，也可能由非地震现象所引起。

可见这些地震前兆一方面完全可以由诸多非地震因素引发，另一方面即使是由地震所引起，我们也根本无法据此判断地震可能发生的时间、地点。

有关地震的更多介绍会在成语“地动山摇”中呈现。

4.东汉张衡候风地动仪简介。有这样一种说法：世界上出现最早的地震仪，是我国东汉张衡（公元78—139年）于公元132年发明的候风地动仪。候风地动仪用精铜制作而成，直径2.7米，其外形像一个大型酒樽。地动仪里面有精巧的结构，主要为中间的都柱（相当于一种倒立型的震摆）和它周围的八道（装置在摆的周围的8

组机械装置）。在樽的外面相应地设置 8 条口含小铜珠的龙，每个龙头下面都有一只蟾蜍张口向上。如果发生较强的地震，都柱因受到震动而失去平衡，这样就会触动八道中的一道，使相应的龙口张开，小铜珠即落入蟾蜍口中，由此便可知道地震发生的时间和方向。

从上述描述可知：候风地动仪只是对地震发生之后的大致时间和方位的事后感知。严格意义上讲，算不上地震仪。地震仪是 19 世纪 80 年代后，才出现的记录地震时地面质点运动的位移、速度和加速度的各种仪器，并且利用专门方法，分析地震谱可以求得地震发生的时间、强度、震中距、震中方向、震源深度等。

5. 地震预测的国际主流观点。1996 年 11 月，"地震预测框架评估"国际会议在伦敦召开。与会者达成一个共识：地震本质上是不可预测的，不仅现在没法预测，将来也没法预测。他们认为，地球处于自组织的临界状态，任何微小的地震都有可能演变成大地震。这种演变是高度敏感、非线性的，其初始条件不明，很难预测。如果要预测一个大地震，就需要精确地知道大范围（而不仅仅是断层附近）物理状况的所有细节，而这是不可能的。换言之，任何一个小的变动都会产生具有各种时间和空间尺度的较大变动，地震在任何时间、任何地点都有可能发生。①

当然也有学者②提出不同意见，争论的焦点之一在于地球是否处于自组织临界状态，以及自组织临界状态有无标度等方面。

从世界范围来说，大部分专家认为，我们目前无法真正认识地震的物理特征，我们还没有获得足够致密、详细的观察数据，特别是在断层带上的数据。在广泛变化的时间和空间尺度上，地球外壳确实是不稳定的。因此，应该将重点转向基础科学如工程抗震等问题上。

（二）防震教育

这里我们仅简单谈谈防震演习，即在没有地震的时候，演习假定地震发生，我们应该何时以及如何从家庭、单位、学校疏散开来，疏散到什么地方，如何避震等。

这里举一实例，2008 年 5 月 12 日下午，当汶川大地震发生时，离汶川很近的桑枣中学 2200 名学生都在教学楼或实验楼里上课。当他们感觉到大地的震动时，各个教室里的学生们都立刻按照老师的要求钻进课桌下，在第一阵地震波过后，大家又在老师的指挥下立刻进行了快速而有序的紧急疏散。在地震发生后短短 1 分 36 秒左右的时间里，桑枣中学的 2200 名学生和上百名老师，就已经全部安全地转移到了学校开阔的操场上，师生无一伤亡。

原因在于从 2005 年开始，学校经常组织师生进行疏散演习。

---

①Geller R J, Jackson D D, Kagan Y Y, et al. Earthquakes Cannot Be Predicted [J]. Science, 1997, 275 : 1616.

②Wyss M. Cannot Earthquakes Be Predicted [J]. Science, 1997, 278 : 487-490.

（三）抗震设计

在地震预测很难进行的情况下，更现实的做法是在地震多发区加强抗震建筑规划、建设与检测，尤其是针对我国多砖混结构的建筑物。

我国早在 1974 年就制定了一个国家抗震规范。唐山大地震后，我国制定了建筑物抗震强制性规范。此后一系列相关规范发布，建立起了相对完整的体系。

按目前的建筑标准，抗震设防烈度从 6 度到 7 度，土建成本增加 5%~10%；7 度到 8 度，土建成本增加 10%~20%；8 度到 9 度，土建成本增加 15%~30%。

（四）地震预警

1. 地震波简介。地震波可以在三维空间向任何方向传播，这种波称为体波；但地球是有边界的，在边界附近，体波衍生出另一种沿着地面传播的波，称为面波。体波又分为纵波和横波，纵波传播时，介质质点的振动方向与波的传播方向一致，使介质质点之间发生张弛和压缩的更替，即质点发生疏密更替的变化，所以又叫压缩波或疏密波，通常记作 *P* 波。横波传播时，介质质点的振动方向与波的传播方向互相垂直，介质体积不变，但形状发生切变，所以又叫切变波或剪切波，通常记作 *S* 波（图 5.2.3）。纵波一般表现为周期短、振幅小的特点，传播速度较快，到达地面后使地面上下晃动；横波一般有周期较长、振幅较大的特点，传播速度较慢，到达地面后使地面左右晃动。地震危害主要源于横波。

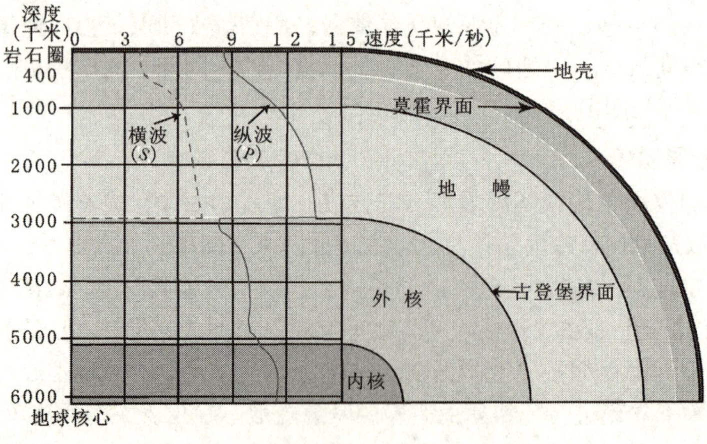

图 5.2.3 地震横波和纵波速度比较

地震发生时，*P* 波总是最先到达观测点，随后才是横波和面波。所以 *P* 波又称为初至波。纵波和横波到达的时间差，称为走时差。观测点距离震中愈远，其走时差愈大。

2. 地震预警原理。《国家中长期科学和技术发展规划纲要（2006—2020 年）》和《地震科学技术发展规划（2006—2020年）》都明确提出了应该在中国建设地震预警系统。

地震预警技术是为了适应减轻地震灾害的要求而产生的。其技术原理是利用电磁波与地震波的速度差，以及地震 *P* 波与 *S* 波的速度差来实现地震发生后的及时预警。它是在地震发生以后，抢在地震波传播到某一地区前，提前几秒至数十秒向该地区及周边地区发出警报，以减小损失。地震预警系统提供的警告只有几秒至十几秒，但这足以让人们采取保护措施。

地震预警系统由地震检测系统、中央处理控制系统、通信系统、信息发布与用户接收系统4个部分组成，每一部分的处理时间之和与地震波走时之差形成了最终的预警时间。只有远离震中的城市，预警才起作用。

地震预警的核心技术是快速可靠地确定地震位置、大小并估计其影响范围及影响大小。破坏性地震波到来前预估目标区的可能影响是预警信息发布的准则，也是地震预警技术的核心之一。

3. 地震预警的条件。首先要有密集的地震台网，及时监测全国各地的情况。2010年时日本就有4235个永久性地震仪。

其次，对收集来的数据要能做高速、有效的分析、估算。不仅要能快速确定震中，还要根据初步监测到的纵波估计出地震的强度，向可能被地震危及的地区发出预警。日本规定只有在烈度达到5弱以上时才发出预警。

此外，有关部门还要能对预警做出快速反应。应当通过电视、手机等终端形成地震预警的立体警报网络，即收到预警后，电视台、电台自动播放通知；电厂自动停电；电梯自动在最近的楼层停下、开门；高速列车可以停下来；核电站也可以做出相应的处理；外科医生暂停手术等；工人将工厂的生产线停下。

4. 地震预警盲区。当地震 *P* 波和 *S* 波时差小于地震预警系统四个部分处理时间之和时，地震波到来之前尚未收到预警，这样的区域即为地震预警盲区。

假定某次地震的预警时间为8秒，由于 *S* 波的传播速度一般为4千米/秒左右，故发出预警时地震波已经传播了近32千米。这就是地震预警盲区的大致半径。如果是按照 *P* 波8千米/秒速度计算的话，则预警盲区达64千米。

故地震预警主要是为震中以外的地区服务的，对于震中地区及震中附近地区来说作用都不大。震中盲区的危险性最高，破坏力最大，却也是最难及时预警的地区。

预警盲区不可避免，只能凭借技术逐渐缩小范围。

另外，对于震级较低或远离震中的地方，则无须发布地震预警，因为地震烈度达不到破坏程度，地震预警反而会干扰居民正常的工作与生活。当然也有另外一种观点认为，这些“稍远地区”的预警尽管对于减灾没有多少实际价值，但对于安定民心，还是有一定的作用的。当“稍远地区”的人们在没有预警的情况下感受到晃动时，无法判断是近处大震初期晃动（无法判断后面是否有更大的晃动到来），还是远震影响。如果有一个能够给他提供预估烈度，倒计时的地震预警信息，那么他就有可参考的信息来对这个晃动做出有针对性的反应。当然这取决于平时对普通民众的教育。

地震预警信息具有高度的社会敏感性，如果处理不当，极有可能影响到社会的稳定，甚至造成不必要的人员伤亡和经济损失。因此，必须通过建立相关的法律制度和技术标准，从正确应用地震预警信息，维护社会稳定，最大限度发挥减灾效益的角度出发，对地震预警信息的发布主体、触发条件以及预警信息内容、发布对象、社会协同、法律责任等问题，制定出规范，保障地震预警信息发布的科学合理、有序有效。

六、相关高考地理试题示例

（一）2011 年高考北京文综卷地理 5~6 题

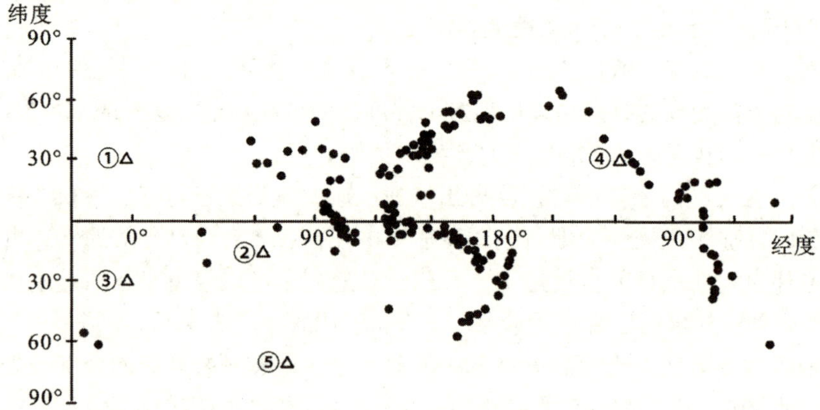

图 5.2.4　某地理现象分布示意图

5. 图中各点最可能表示世界（　　）

A. 主要能源矿产产地　　B. 百万人口以上的城市

C. 自然和文化遗产地　　D. 近 10 年 7 级以上地震震中

根据上述分析，很容易得出正确答案为 D。

曹冲称象：化整为零

出自《三国志·魏书·武文世王公传》邓哀王冲字仓舒。少聪察岐嶷，生五六岁，智意所及，有若成人之智。时孙权曾致巨象，太祖欲知其斤重，访之群下，咸莫能出其理。冲曰："置象大船之上，而刻其水痕所至，称物以载之，则校可知矣。"太祖大悦，即施行焉。[①]

后来人们以曹冲称象形容一个人聪明；如新编成语故事绘本《曹冲称象》。[②]

曹冲称象能够顺利进行,还得益于化整为零这一科学思维。在自然界,类似于"化整为零"的地学现象也时有发生。

一、台风诱发慢地震

20 世纪 70 年代，地震学家发现了一种发生机制完全和正常地震相同的"慢地震"（又名"静地震"）。包括低频地震、超低频地震、深部不连续颤动地震、缓移地震及静默地震等，它也会释放原本断层上所累积的能量，只是断层破裂得比较慢，或是发生的时间比较长。一般而言，典型的地震用数秒到数十秒来释放其所储存的能量，但慢地震却花费数十分钟、数小时，甚至数天到一星期来释放其所累积的能量。[③]

由 GPS 观测的速度场发现，台湾海岸山脉（菲律宾海板块）每年以 6~8 厘米的速度向西移动，而海岸山脉西边（纵谷，欧亚大陆板块）只以每年 4 厘米的速度向西移动。这速度的差异显示此地地壳来自菲律宾海板块的快速挤压，但这些掠夺的能量跑到哪里去了？最一般的方式是由地震消耗大部分的能量，或是部分能量用来抬高海岸山脉，储存于位能之中，然而实际情况并非如此。

如图 5.2.5 所示，图中黑色虚线框范围虽然板块相对缩减率达每年 8 厘米，但自 1900 年以来却没有发生过 8 级以上地震，7 级以上地震也只有 6 次。在日本西南部的南开海槽也同样位于菲律宾海板块和欧亚板块聚合带，板块相对缩减率仅为每年 4 厘米，约是台湾板块聚合活动量的一半，同样的百年内却有 2 次 8 级以上地震，8 次 7 级以上地震。理论上来说，中国台湾因为滑动量较大，应该比南开海槽更容易发生大地震。可见，台湾东部发生地震的频率相对偏低，"多余"的能量跑到哪里去了呢？会不会因能量累积产生强震呢？值得科学家关注并深入研究。

---

① 许嘉璐．二十四史全译·三国志·第 1 册 [M]. 北京：世纪出版集团，2004：348.

② 宋昇鸿．新编成语故事绘本《曹冲称象》[M]. 北京：北京师范大学出版社，2010.

③ 刘啟清．台风引发慢地震 [J]. 科学人，2009（10）：110-115.

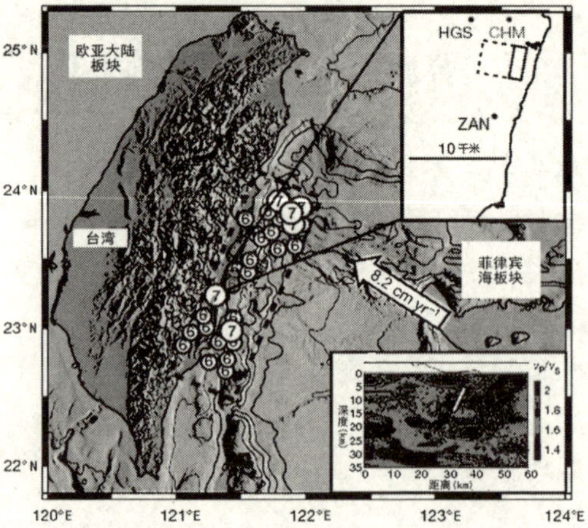

图 5.2.5 中国台湾及周边地区示意图 ①

为此，研究人员在菲律宾板块和欧亚板块交界的台湾东部地下 200~270 米深处凿孔摆放井下应变仪——一种可钻入地下深处的高敏度测量仪器，“应变计探测到无法觉察的岩石移动和变形”，以期观测菲律宾板块与欧亚板块挤压情况，结果监测到慢地震讯息。慢地震的断层能量以数小时、数天缓慢释放，而非突然的剧烈活动，研究进行的 5 年期间记录到 20 场这种慢地震，其中 11 场刚好碰到台风，而且比其他的慢地震还要强烈、地震波形更复杂，研究证实台风与慢地震的相关性。“这些资料明确指出台风是这些慢地震的促发因子。他们出于偶然碰巧一起发生的可能性微乎其微。” ②

如图 5.2.6 所示，当台湾东部的气压降低时（如台风来临），地底下各深度的压力都会降低。海水就会由台风范围之外的远处流往台湾海岸，直到海水面升高到能使每一深度的压力都等同于较远海域。于是在台风来临时，海域底下的地壳中压力维持不变；但此时陆地岩层所受的压力降低，却没有海水可以补充，断层若在海边向西倾斜，则断层上盘压力减小，而下盘不变，会使断层面上产生一个上下的张力。这对引发此处的逆断层活动有两大帮助：其一是在沿着断层面方向，上盘的地层会相对于下盘有往上的力量，即较易引逆断层活动；其二是在垂直断层面上的是个张力，会降低断层面上的正压力，也就是会降低断层面上的摩擦力，也有助于引发此处的逆断层活动。③

①Liu C C, Linde A T, Sacks S. slow earthquakes triggered by typhoons[J]. Nature, 2009, 459 : 833-836.

② 刘啟清．台风引发慢地震 [J]. 科学人，2009（10）: 110-115.

③Liu C C, Linde A T, Sacks S. slow earthquakes triggered by typhoons[J]. Nature, 2009, 459 : 833-836.

图 5.2.6　中国台湾东部气压与断层关系示意图①

在地面上，我们“完全察觉不到”这种方式频繁引发的慢地震可能降低了级别更高、破坏性更大的地震发生频率。

由此可见，台风与慢地震具有相关性，每年侵袭台湾的台风在地震活动上扮演了压力阀的角色，会引发长时间而缓慢释放能量的慢地震，为地壳能量的累积与释放提供了一个重要的均衡管道。这或许反而让中国台湾免于受到可能造成摧毁性灾难的大地震的侵袭。②

二、相关高考地理试题示例

（一）2015 年高考上海地理卷 17-18 题

台风是影响我国东部地区的重要天气系统，它既给人们带来甘露，也会给人们带来灾难。下图为某次台风路径图。

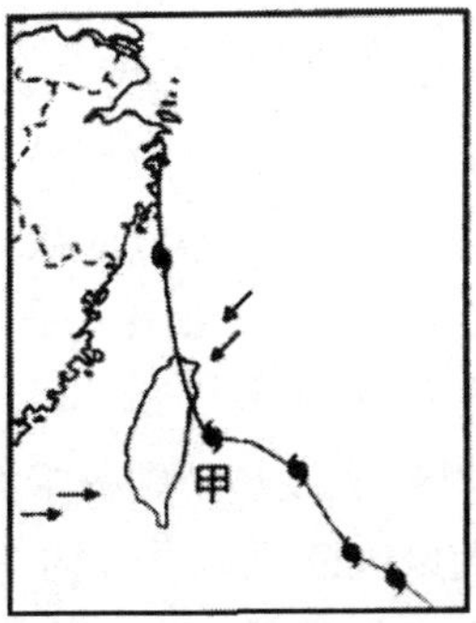

图 5.2.7　某次台风路径图

① 刘啟清．台风引发慢地震 [J]. 科学人，2009（10）：110-115.
②Liu C C，Linde A T，Sacks S. slow earthquakes triggered by typhoons[J]. Nature，2009，459：833-836.

17. 9月间，当台风中心位于图中甲海域时，台湾东北地区暴雨如注，其主要原因是台风气流（　　）

①受山体阻挡影响　　②与盛行偏西风叠加

③受地面增温影响　　④与盛行东北风叠加

A. ①②　　B. ②③　　C. ③④　　D. ①④

18. 如图示台风中心向北移动，在浙江北部沿海登陆时，上海地区的地面天气状况是（　　）

①气压降低　　②风向偏西　　③雨势增强　　④风速减弱

A. ①③　　B. ②③　　C. ②④　　D. ①④

【答案】17.D　18.A

【解析】从略

（二）2017 年高考北京文综卷地理 2 题

下图为影响我国的某台风海面风力分布示意图。读图，回答第 2 题。

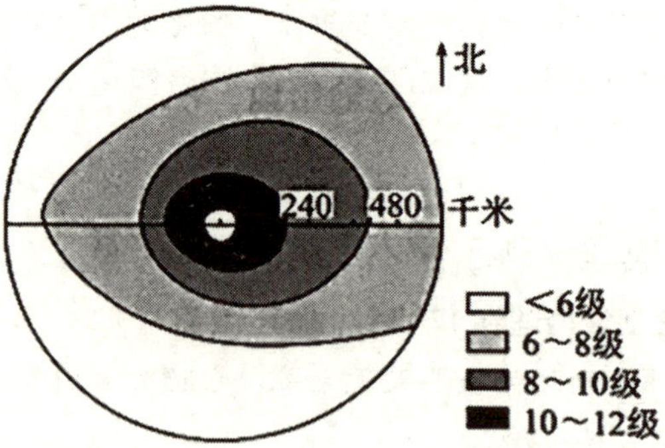

图 5.2.8　影响我国的某台风海面风力分布示意图

2. 该台风（　　）

A. 夏季生成于我国黄海海面　　B. 小于 6 级风的范围降水最强

C. 气压值最低处风速最大　　D. 西北侧的风向为偏北风

【答案】D

【解析】影响我国的台风主要形成在热带副热带海区；台风分外围大风区、漩涡风雨区和台风眼三部分，外围大风区的风速从外向内增加，最强烈的降水产生于漩涡风雨区，故不可能是小于 6 级风的范围；台风是热带气旋形成的，台风中心为低压，台风眼（气压值最低处）无风；北半球的台风西北侧的风向为偏北风。